U0695530

典型税收征管制度研究

与案例评析

黄丽明 / 编著

山东城市出版传媒集团·济南出版社

图书在版编目（CIP）数据

典型税收征管制度研究与案例评析/黄丽明编著.
—济南:济南出版社,2023.8
ISBN 978 - 7 - 5488 - 5843 - 0

Ⅰ.①典…　Ⅱ.①黄…　Ⅲ.①税收征管—税收制度—
研究—中国　Ⅳ.①F812.423

中国国家版本馆 CIP 数据核字(2023)第 160305 号

典型税收征管制度研究与案例评析

黄丽明 编著

出 版 人	田俊林
责任编辑	张智慧
封面设计	张　倩
出版发行	济南出版社
地　　址	山东省济南市二环南路 1 号(250002)
印　　刷	天津画中画印刷有限公司
版　　次	2023 年 8 月第 1 版
印　　次	2023 年 8 月第 1 次印刷
成品尺寸	170mm×240mm　16 开
印　　张	17
字　　数	300 千
定　　价	69.00 元

(济南版图书，如有印装错误，请与出版社联系调换。 联系电话：0531 – 86131736)

前　言

　　党的二十大明确了推进全面依法治国重大决策部署，提出全面依法治国是国家治理的一场深刻革命，关系党执政兴国，关系人民幸福安康，关系党和国家长治久安，必须更好发挥法治固根本、稳预期、利长远的保障作用，在法治轨道上全面建设社会主义现代化国家。随着依法治国的不断深入，社会各界对法治税务建设的要求也越来越高。税务部门作为执法机关，在推进依法行政、严格税收执法、促进纳税遵从和构建税收共治方面，肩负着重要的职责和使命。税收征管理论、税收滞纳金、行政强制以及退税、税务检查等制度，是税收中的典型重要制度。在实际税收工作中，真实的税收案例为税务人依法办事提供了良好样本。为践行法律至上的税收法治化理念，本书对税收征管理论、税收滞纳金、行政强制以及退税税务检查制度进行了比较研究，同时剖析了税收征管、税务稽查等相关的典型案例，每个案例分为摘要、基本案情、争议焦点、法理分析、案件处理及案件点评等部分，总结、提炼出具有参考价值的一般性法理及工作思路。

　　本书撰写过程中始终坚持两个基本原则。一是坚持税收法定原则，凡是有明确法律依据的，坚决维护法律尊严。同时，以开放式、探讨式的分析方法努力探寻税收制度完善之路径，以及案件处理的法律依据与法理基础。二是坚持纳税人权利保护与保障国家税收利益相统一的原则。在没有明确法律依据或现有规定滞后于税收实际的情况下，根据实质课税原则，在综合考虑纳税人权利保护与维护国家税收利益的前提下，科学合理地分析税收制度的完善与税收案件的处理方式。将税收制度研究与税收案例分析相结合的写作考虑，还在于税收案例是真实的、生动的，它有独一无二的特殊性，它要解决过去、思考未来，它反映执法状况，指导实际行动。"理论是灰色的，而生命之树长青"，可以说，没有案例的税收理论是空白的。在剖析税收案例的来龙去脉时，我们必然会领悟税法的真谛、税法的内涵以及税收的魄力，必然会看到浓缩的法治。

由于能力、水平有限，本书难免存在疏漏、不足和失误之处，恳请广大读者原谅，欢迎批评指正。

黄丽明

2023 年 2 月 5 日

（作者单位：北京市税务局）

目　录

第一章 税收征管理论与学说

第一节 税收征管理论与学说

一、 税收征管理论概说

税收征管理论是从税收征管实践中总结、概括和抽象出的具有一般性和普适性的理想模型，具有指导税收征管实践的一般功能。作为实务理论研究，税收征管理论把理论研究的目标落实到解决税收征管的现实问题上，这不仅仅是税收征管理论研究的价值所在，而且也决定着其发展和生命。[①] 这些理论将为税收征管制度构建提供方向性的指引，从而实现税收征管制度体系的不断完善与重构。

明确税收征管理论与学说是研究税收征管制度国际发展趋势的基础性工作。纵观各代表性国家（地区）税收征管立法，重大的制度变革往往都伴随着税收征管理论与学说的创新。先进的税收征管理论是形成具体税收征管制度的基础，也能够为推动税收征管制度革新提供观念性指引。因此，提升国家税收治理能力、实现税收法治、推进税收征管制度改革和完善税收立法，均需要对税收征管理论与学说进行深入理解和精准把握。

二、 世界主要税收征管理论介绍

总体而言，税收征管理论大体可以被区分为两类：传统税收征管理论和

---

① 朱广俊主编：《税收征管模式在税收征管法中的体现问题研究》，中国新闻联合出版社 2010 年版，第 190 页。

现代税收征管理论。

（一）传统税收征管理论

国库主义理论和税收权力关系理论是传统税收征管理论最重要的组成部分，最能阐释传统税收征管理论的核心特征。

1. 国库主义理论

（1）定义与起源

所谓国库主义，是指国家主张一切为了国库收入，将充实国库作为压倒性优先事项的财政观念。

国库主义理论自 17 世纪以来长期盛行，这一理论源于国家与商业力量紧密结合，标志着西欧的君主制国家开始有了明确的经济政策。在这之前，君主制国家的国王们也对商业感兴趣，但其兴趣仅限于如何使他的收入最大化，而不在乎如何采取措施使商事活动成为稳定的、长期的税源，其所奉行的态度是一种简单的国库主义，即纯粹的财政政策，目的在于增加国家的直接收入。但随着经济发展，17 世纪的君主们，特别是英国的君主，开始模糊地意识到税收政策是整个经济政策的一部分，要获得长期稳定的财政收入就有必要建立并巩固可以为国家提供持续经济收入的税收基础。[①]

（2）内涵

国库主义理论的核心在于，其要求国家税收利益始终具有优先地位。在税法适用中，时常遇有法律不明或课税事实不清等情况，此时，国库主义和纳税人主义[②]成为两种相互对立的解释立场。依照国库主义理论，满足财政需要是税收的原始目的，对税法有疑义而难予决定时，做应课税解释，以增加国库收入为目的。[③]

（3）应用

在实践中，遵从国库主义常常是以牺牲纳税人的各项权利为代价的，为了更多地征收税款，采取不合法或者侵犯纳税人权益的手段，税收权益保障与私人权利保护完全失衡，国家财政权压倒一切，公民财产权无足轻重。当前，随着法治化发展和经济环境的改变，虽然国库主义理论并未完全消逝，

[①] 陈国文：《商事活动理性化与国家税权的变迁》，高等教育出版社 2011 年版，第 87 页。

[②] “纳税人主义”强调的是税法适用应当坚持有利于纳税人的立场。

[③] 国家税务总局税收科学研究所：《西方税收理论》，中国财政经济出版社 1997 年版，第 324 页。

但自 20 世纪中叶以来，随着税收征管理论研究方向的整体变革，国库主义理论在世界各国的影响也逐渐淡化，诸多国家和地区或直接或间接地确立了以纳税人主义为中心的税法解释原则。①

2. 税收权力关系理论

（1）定义与起源

税收权力关系理论，由德国行政法学创始人奥托·梅耶（Otto Mayer）提出，该理论认为税收法律关系是国民对国家课税权的服从关系，强调税收法律关系中国家权力主体地位的优越性以及行政行为的重要性。

（2）内涵

该理论认为，在税法领域，课税权的行使必须遵循税收法律——课税决定——征收措施——税收罚则的形态。通俗地讲，该理论认为，税收的课征应当通过所谓的"查定处分"这一行政行为来进行，"查定处分"被认为和刑事判决具有相同的性质。在刑法中，当出现符合犯罪构成要件的行为时，并不是立即出现刑罚权的使用，而是必须通过刑事判决处以刑罚。同样，在税法中，当出现了满足税法规定的税收要素时，也并不立即产生纳税义务，而是通过"查定处分"这一行政行为的行使才产生纳税义务。② 因此，税收法律关系是以课税行政行为为中心所构成的权力服从关系。③ 此外，在很长一段时间里，财税法被认为是行政法的一部分，而传统行政法学中，税收被理解为一种在征税权力动作间的命令与服从的关系。所以，如同将警察法视为"警察权力之法"一样，税法也有被视作带有浓厚的"财政权力之法"的味道。④ 这也从另一个角度印证了税收权力关系理论在税法学中的适用。

（3）应用

随着该理论的发展，国家本位、权力本位和义务本位观念随之确立，同时，依照该理论，纳税人负担较多的义务，享受较少的权利，而税务机关则拥有强大的行政权力，这也从侧面迎合了国库主义理论的需求，因而其更加

---

① 叶金育：《国税总局解释权的证成与运行保障》，载《法学家》2016 年第 4 期。

② ［日］金子宏著，刘多田等译：《日本税法原理》，中国财政经济出版社 1989 年版，第 18 - 19 页。

③ 熊伟主编：《财税改革的法律逻辑》，湖北人民出版社 2015 年版，第 67 页。

④ ［日］北野弘久著，吉田庆子等译：《税法学原论》，中国检察出版社 2001 年版，第 8 页。

深刻地影响着税收立法的进程。反映在征管实践中，征税机关和纳税人的关系被定义为管理者和被管理者的行政隶属关系，强调征税机关的征税权和纳税人的纳税义务，从而割裂了纳税人的权利和义务。[①] 同国库主义理论一样，随着经济社会的飞速发展和国家管理理念的转化，特别是税收法定等现代税收征管理论的快速发展，世界各国的税收征管活动也逐渐消除了国家权力本位的影响，更多趋向于平等地对待征纳双方，税收权力关系理论日趋淡化。

（二）现代税收征管理论

在扬弃传统税收征管理论的基础上，目前，综观各代表性国家（地区）的税收征管理论与学说发展，指引税收制度改革的现代税收征管理论主要有：税收法定理论、正当法律程序理论、风险管理理论、新公共管理理论、国家治理理论、国家能力理论、税收债法理论与纳税人权利理论。

1. 税收法定理论

（1）定义与起源

税收法定，也称税收法律主义，是指税收法律关系主体及其权利义务必须由法律加以规定，没有法律依据，任何主体不得征税，国民也不得被要求缴纳税款。[②]

税收法定理论最早出现在英国，是现代法治理论在税收领域的具体体现，起源于西方代议制度下"无代表、不纳税"[③] 原则。1215 年，英国 25 个贵族迫使约翰王签署《大宪章》（Magna Carta），而签署大宪章的主要目的之一就是遏制国王恣意征税的权力。[④] 就此，税收法定理论与西方议会制度开始了共同发展并完善的历程。与此同时，对征税权的控制也直接催生了法治主义的产生，有关税收的事项逐渐成为各国宪法的重要内容，"无代表、不纳税"的

---

① 叶金育：《理解中国的税收法治意识》，载《人大法律评论》2013 年第 2 期。

② 杨志强：《税收法治通论》，中国税务出版社 2014 年版，第 14 页。

③ "无代表、不纳税"原先是一句口号，最早出现在 1763 年到 1776 年间，集中体现了北美最初十三个英属殖民地居民当时极大的不满情绪。简单地说，殖民地居民中不少人认为，由于北美人民在英国议会中没有自己的直接代表，就等于剥夺了他们作为英国公民的权利，而这是不合法的，因此，那些对殖民地人民要求征税的法律（即可能直接影响大众生活的法律），以及针对殖民地的其他法律，全都是违背宪法的。

④ 王建勋：《欧美征税权演变与政治文明》，载《炎黄春秋》2014 年第 6 期。

税收法定主义在世界上普遍被确立为一项宪法原则，税收领域成为贯彻法律保留和法律优位原则最为坚决的领域，以保障税制的完善和税收职能的实现。①

（2）内涵

传统理论中，税收法定理论仅以保护国民、防止掌握行政权的国王任意课税为目的。而在现代社会，随着法学理论的整体发展和经济社会的不断进步，该理论被赋予了更宽泛的内涵价值，其一方面包含了法治精神，有利于扼制政府权力对公民财产的不法侵犯，促使公民财产得到基本的安全保障，同时对政府的侵权行为建立一个有效的制约机制，另一方面，该理论的应用给公民的经济生活提供了确定性和预测性，使公民知道在什么样的情形下将会有什么样的纳税义务，这对于安定公民的生活、保持社会秩序稳定具有至关重要的作用。②

（3）应用

税收是国家对公民财产权的分割，因而税务机关的税收征管权力往往能够直接侵犯或限制自然人或法人的财产权利。依据税收法定理论，只有具有明确的法律依据，税收的征收才具有正当性，才能合理发挥税收作为国家收入来源的重要作用。实际上，在各国民主法治及税收征管体制的发展进程中，税收法定原则也确实起到了先导和核心作用。③

在本书考察的国家（地区）中，多数国家有成文的税收征管制度，这些制度大多是通过正式法律或议会决议的形式颁布或发布的。税收权力整体运行中的各个程序、各个环节，已基本纳入法治框架，即便是判例法国家，也在税收征管方面尽量适用正式的成文法，如英国于 1970 年颁布的《税收管理法案》。

目前，税收法定理论依旧在不断发展和完善的过程中，在原有注重强调法律形式的同时，也逐渐具有了注重强调法律实质的含义，诸如实质课税原则等实质正义的要求。

---

① 施正文：《税法要论》，中国税务出版社 2007 年版，第 80 页。

② 傅樵：《赋税制度的人本主义审视与建构》，重庆出版社 2015 年版，第 229 页。

③ 施正文：《落实税收法定原则　加快完善税收制度》，载《国际税收》2014 年第 3 期。

2. 正当法律程序理论

（1）定义与起源

正当法律程序源于普通法上的"自然正义"①原则，②其基本含义是，要求一切权力的行使在剥夺私人的生命、自由或财产时，必须听取当事人的意见。③

该原则的基本内容首次出现于 1215 年的英国《大宪章》，并在 1354 年爱德华三世颁布的第 28 号法令《自由法》中正式成文化，该法令的第三章提到："未经法律的正当程序进行答辩，对任何财产和身份的拥有者一律不得剥夺其土地和住所，不得逮捕或监禁，不得剥夺其继承权和生命。"

正当法律程序原则第一次出现在税收领域则是在 1628 年英国的《权利请愿书》中，其中规定："非经国会同意，（陛下臣民）得有不被强迫缴纳任何租税、特种地产税、捐献及其他各种非法捐税之自由。"随后，英国立法中"正当法律程序"的规定以及其所蕴含的法律理念经北美殖民地人民的继受与传承，载入了美国宪法，并作为人权保障的基石，成为现代西方立宪主义的核心。④

（2）内涵

一般而言，正当法律程序主要表现为，任何影响其他主体权利的行为都应当按照一定的顺序、方式和手续来做出。其普遍形态是：按照某种标准和条件整理争论点，公平地听取各方意见，在使当事人可以理解或认可的情况下做出决定。⑤该原则设置的基本目的是保障公民权利不受国家权力的非法侵害，⑥其内涵除了强调程序的合法性外，还强调程序的公正性以及合理性。程序的公正性的实质是排除恣意因素，排除有可能影响决定公正性的因素，以保证决定的客观正确。而程序合理性则是指，所适用的程序应当是一个在普

---

① 自然正义原则：在英国行政法上，经过法院解释的自然正义原则有着确定的内涵，它包含了两项基本的程序规则：（1）任何人不能作为自己案件的法官；（2）人们的辩护必须公平地听取。

② 吴又幼：《美国军法官制度研究》，中国政法大学出版社 2015 年版，第 88 页。

③ "未经正当法律程序，不得剥夺任何人的生命、自由或财产"，这是美国宪法关于正当法律程序的经典表达。

④ 刘东亮：《什么是正当法律程序》，载《中国法学》2010 年第 4 期。

⑤ 季卫东：《法治秩序的建构》，商务印书馆 2014 年版，第 11－12 页。

⑥ 江必新：《程序法治的制度逻辑与理性构建》，中国法制出版社 2014 年版，第 40 页。

遍意义上可以被行政主体和相对人都接受的，符合比例和效率原则的最佳程序。

（3）应用

随着各国法治建设的发展，正当法律程序已经成为贯彻法律、执行法律、监督法律的基础要求。这一特点也充分体现在税收的执法程序当中。可以说，正当法律程序理论贯穿于整体税收法律体系当中，且对税收征管工作而言，该理论的应用格外重要，因为相较实体性规则而言，许多税收制度有效发挥其作用更多依赖于程序性规则。

具体而言，在当前的税收征管制度改革中，需要重点关注的是正当法律程序对征税权的限制功能和对纳税人权利的保障功能。例如在税务检查工作中，如果缺少了正当的法律手续，即便获取了有关证据，也不能够成为对纳税人做出行政决定的依据。

按照平衡保护的原则，税务执法活动需要尽量保护国家税收权益，维护税法尊严，另一方面，在执法的过程中，在做出行政决定的过程中，也要严守程序底线，给予行政相对人应享有的知情权、异议权，允许纳税人以合法手段通过法律程序维护自己的权益。始终坚持公正与效率相结合、权利与义务相统一，尽量平衡协调国家征税权与私人财产权之间的关系，在实体正义的基础上，确保程序也无瑕疵。

3. 新公共管理理论

（1）定义与起源

新公共管理理论起源于英国，是 20 世纪 80 年代兴盛于英、美等西方国家的一种新的公共行政理论。这一理论最初是对英国经验的总结，亦称"市场化公共管理理论"和"企业化政府理论"，是一种新型管理理论。相对于以政府为中心的传统理论，新公共管理理论强调公民的中心地位，主张将权力中心主义转化为服务中心主义。[1]

（2）内涵

新公共管理理论是全球范围内公共管理的重要理论学说，[2] 是西方国家行

---

① 肖华孝编著：《变革中的行政体制改革研究》，中国发展出版社 2013 年版，第 28 页。

② See Kate McLaughlin, Stephen P. Osborne, Ewan Ferlie. ed, New public management : Current Trends and Future Prospects, London：Routledge, 2002, p. 1.

政体制改革的主导理论。① 其内涵十分丰富，主要包括：政府应当采取更加理性的途径和方式处理问题；改变组织结构，使政府结构更加扁平化；依据最经济、效率的原则来做出决策，并使公共组织能在被传统公共服务价值所支配的文化中，转换成"新公共服务模式"，将被管理者视为需要被服务的对象，公共服务不再由行政机关来支配，而是以回应人民真正的需求来提供。

（3）应用

新公共管理理论与税收关系密切，许多国家都逐渐转变税收征管理念，从单纯将税收事务作为一项行政管理工作转变为向纳税人提供高质量的纳税服务工作。而全面改革税收体制，加强约束政府权力，② 更好地满足纳税人的合理需求，是新公共管理理论提出的一项关键性要求。税务机关参照企业的管理模式和组织形式实现自我重构，需要按照企业—顾客关系，实现税务机关与纳税人关系的重构。

4. 风险管理理论

（1）定义与起源

风险管理是指人们有目的、有意识地通过计划、组织和控制等活动来避免或降低风险带来的损失。确切地说，风险管理是利用各种自然资源和技术手段对各种导致人们利益损失的风险事件加以防范、控制以至消除的过程。

风险管理理论起源于 20 世纪 30 年代，最初仅出现于企业经营管理领域，企业的经营者们围绕企业运营中偶发的风险控制问题和资产保全问题，研究讨论如何预测并控制风险。直至 60 年代，风险管理理论作为一门新的管理科学，在美国正式形成。经过 50 多年的发展，风险管理在理论上由浅及深、在应用上由点及面，已广泛应用于国际经济社会生活的各个方面。③ 近年来，作为控制风险的重要手段，该理论也逐步被引入政府管理理论体系，指导政府管理者预测风险、规划决策。

（2）内涵

政府风险管理，是指政府应用风险管理的方式方法进行公共事务管理和公共服务供给。其内涵主要包括三方面：一是围绕社会发展，针对社会生产

---

① 范文：《中外行政体制理论研究》，国家行政学院出版社 2014 年版，第 83 页。

② 范文：《中外行政体制理论研究》，国家行政学院出版社 2014 年版，第 85 页。

③ 马晓颖等编著：《税收风险管理策略》，中国税务出版社 2015 年版，第 1 页。

过程中的风险进行管理，为生产保驾护航。二是围绕政府职责，以部门职能为风险管理对象，确保职能范围内的公共事务尽量不发生主管过失或重大失误。三是围绕公共服务，以公民的生活为中心，将风险管理紧扣国民基础需求，使政府做出的行政决策能够不断提高群众满意度。

（3）应用

对于税务工作来说，合理地运用风险管理理论和方法，将税款征收、税务稽查等执法工作纳入风险管理的轨道，是提高纳税人税法遵从度、提升税务机关管理水平的重要方式，也应当是未来税务工作的常态化机制。

当前税务机关可以应用的风险管理方式有多种，如强化监督机制以控制廉政风险、提高纳税服务质量以控制舆情风险，但从风险管理理论的核心出发，其最主要的应用是演化出了对纳税人进行分类管理的模式，以纳税人不同的风险层级为基础，分配不同的行政资源，从而达到管理效率最大化的目标。

在美国，与风险管理理论关联最为密切的是"纳税人遵从检测程序"（Taxpayer Compliance Measurement Program）。1962 年，美国联邦税务局启动"纳税人遵从检测程序"以促进税法遵从，然而，高昂的行政成本使该制度日益难以为继，此后，联邦税务局以税法遵从风险为基础分配执法资源，主要关注高风险纳税人，[1] 将管理手段集中应用在高风险领域，从而大大降低了行政成本。随后的几十年中，风险管理理论在各国的税务部门逐渐被引入，成为纳税人分类管理制度的理论基础，税务机关据此建设独立的税法遵从风险监控机构，建立税法遵从风险评估制度，根据税收风险高低分配行政资源，从整体上形成了"风险导向型"税收征管模式。

5. 国家治理理论

（1）定义与起源

英文中的"治理"（Governance）概念源于古典拉丁文和古希腊语，原意是控制、引导和操纵之意。长期以来，它与统治（Government）一词交叉使用，并且专用于与国家公务相关的宪法或法律的执行问题，或指管理利害关系不同的多种特定机构或行业。"治理"的概念在 13 世纪曾在法国短暂流行

---

① TAX COMPLIANCE：1994 Taxpayer Compliance Measurement Program, Jul 18, 1995.

过，曾是表达政府开明与尊重市民社会的一个要素。在 17 世纪和 18 世纪，治理是关于王权和议会权力平衡的讨论所涉及的重要内容之一，王权的实现开始依靠一些新的原则，而从这些新的原则中，逐渐诞生了民众权利和市民社会理论。20 世纪 90 年代以来，各国对治理更加重视的深刻原因在于政府体制和市场体制的局限性日益凸显，政治学家之所以主张用治理替代统治，是他们在社会资源配置中既看到了市场的失效，也看到了行政手段的失败。

随着全球对公共治理的关注日益增长，对于"治理"概念的界定也出现了各种解释，形成了许多不同的说法和定义。其中，全球治理委员会（Commission on Global Governance）在 1995 年《我们的全球伙伴关系》（Our Global Neighborhood）报告中对治理做出的界定相对具有代表性和权威性：治理是或公或私的个人和机构经营管理相同事务的诸多方式的总和。它是使相互冲突或不同的利益得以调和并且采取联合行动的持续的过程。它包括有权迫使人们服从的正式机构和规章制度，以及种种非正式安排。而凡此种种均由人民和机构或者统一、或者认为符合他们的利益而授予其权力。

（2）内涵

治理理论最核心的内涵在于，它认为政府并不是国家唯一的权力中心，各种公共的和私人的机构只要其行使的权力得到了公众的认可，就都可能成为在各个不同层面上的权力中心。治理是具有自主性的，它意味着在公共事务的管理中，还存在着其他的权威主体，它与政府在特定的领域中进行合作，分担政府的行政管理责任，政府也有责任运用更专业更合适的方法和技术来对公共事务进行控制和引导，以求行政手段是具有权威性但不生硬的，整个国家的运行是平和稳定但不僵化的。该理论认为，政府办好某件事情的能力并不全在于所拥有的权力，而在于可以采用使公共利益最大化的方式去引导和规范公民的各种活动，同时维持社会运行的良好秩序。

（3）应用

随着治理理论进入财税领域，"税收治理"逐渐替代了"税收管理"，促成税收工作理念上的重要飞跃。税收治理相对于之前占据主导地位的税收管理，更加强调多元、平等、引导、协商、合作、科学和高效。以"治理理论"为基础设计出的税收征管制度，其制度宗旨和价值目标均较之前产生巨大变化，征纳双方从不平等的、单向的、对抗的管理关系转型为平等的、互动的、合作的治理关系。① 目前，税收治理体系和治理能力已经成为评估国家整体治理水平的关键性指标。

"管理"思维下的税收征管制度，无法建立征纳双方的互信与合作，征税权控制中的程序正义和利益平衡等原则体现得尚不充分，对纳税人的权利保护范围和力度也都还不够到位。恰是因此，税务部门才必须转变自身角色，破除根深蒂固的管控思维。② 税收征管制度改革应当整体实现"去管理化"，树立现代税收治理观念，实现国家税收利益与纳税人权利之间的有效平衡。

具体而言，治理型税收征管模式强调纳税人自主、参与与配合，进而形成税收征管程序的运行基础，由此，纳税服务的重要性得以凸显，税务机关从管理者转变为服务者，其核心任务是促进税法遵从。有学者提出，在国家治理现代化的政治背景下，治理理论首先要求"税收征管法"在名称上做出调整（如《纳税服务法》或《税收征收法》），从而在名称上实现"去管理化"，明确税务机关与纳税人之间的平等地位。在具体制度设计上，需要"以保护纳税人权利和规范征税行为为两大主线，建立和完善以纳税申报为基础、以税务稽查为重点、以税务救济为保障的现代税收征纳程序"③。同时，"从税收管理到税收治理，税务机关必须与其他政府部门、社会组织共享公共资源，形成协作网络，在共同分担社会责任的基础上形成多元协同治理机制"④。

6. 国家能力理论

（1）定义与起源

国家能力通常被定义为国家塑造和执行实现某一社会经济目标战略的能

---

① 刘剑文、陈立诚：《迈向税收治理现代化——〈税收征收管理法修订草案（征求意见稿）〉之评议"，载《中央党校学报》2015 年第 4 期。

② 刘剑文、陈立诚：《迈向税收治理现代化——〈税收征收管理法修订草案（征求意见稿）〉之评议》，载《中央党校学报》2015 年第 4 期。

③ 刘剑文、陈立诚：《迈向税收治理现代化——〈税收征收管理法修订草案（征求意见稿）〉之评议》，载《中央党校学报》2015 年第 4 期。

④ 彭超、彭伟：《提高税收治理能力的实践探索》，参见中国税务网：http://www.ctax.org.cn/hyzq/jzlt/201509/t20150915_ 1019410. shtml，2017 年 8 月 15 日访问。

力。① 早在 20 世纪五六十年代，研究者们就提出了国家能力这一概念，当时的国家能力是指一个政治系统在其环境中的总体绩效。20 世纪 70 年代末，有学者认为，国家能力指的是国家通过实行政策实现其目标的能力。1988 年，米格代尔（Joel Migdal）提出了一个经典的关于国家能力的概念，他认为国家能力指国家决定社会生活按何种秩序组织起来的能力，或者说国家领导人通过国家的计划、政策和行动来实现其改造社会的目标的能力。相对于国家治理理论，国家能力理论从更加具体和微观的角度指明了推进国家（税收）治理现代化的努力方向。

（2）内涵

美国社会学家迈克尔·曼恩（Michael Mann）将国家权力二分为"专断性的国家权力"（despotic power）和"基础性国家权力"（infrastructural power）。② 其中，与税收治理密切相关的是"基础性国家权力"概念。出于对改革开放后中国国家治理困境的关注，政治学家王绍光在迈克尔·曼恩理论的基础上提出了"基础性国家能力"理论，将"基础性国家权力"解释为"基础性国家能力"，并在此基础上进行了进一步划分。在王绍光看来，"基础性国家能力"实际包括八项内容：强制能力③、汲取能力④、濡化能力⑤、国家

---

① 曹海军、韩冬雪：《"国家论"的崛起：国家能力理论的基本命题与研究框架》，载《思想战线》2012 年第 5 期。

② Michael Mann, The Autonomous Power of the State: Its Origins, Mechanisms, and Results, European Journal of Sociology, 1984.

③ 强制能力是指国家可以合法地垄断暴力，并合法地使用强制力来维持国家的安宁稳定，抵御外来侵略，它体现了国家这种人类组织跟其他人类组织最大区别。参见王绍光：《国家治理与基础性国家能力》，载《华中科技大学学报》2014 年第 3 期。

④ 汲取能力在于，国家不管做什么，都需要有相应的财力和人力支撑，要付出合理的代价，这就要求国家有能力从社会中汲取经济产出的一部分，作为国家机器运作的资源基础。参见王绍光：《国家治理与基础性国家能力》，载《华中科技大学学报》2014 年第 3 期。

⑤ 濡化能力是指国家不能纯粹靠暴力和强制力来维持社会内部秩序，而应当形成广泛接受的认同感和价值观，这样可以大大减少治国理政的成本。参见王绍光：《国家治理与基础性国家能力》，载《华中科技大学学报》2014 年第 3 期。

认证能力①、规管能力②、统领能力③、再分配能力④、吸纳和整合能力⑤。

（3）应用

将国家能力理论引入税收领域，能够为提升国家税收治理能力提供更加明确的方向性指引。简言之，提升国家税收治理能力的关键，是通过制度设计同时促进纳税人和税收人员的税法遵从度，比如通过提升税收稽查能力促使纳税人遵从税法，以及通过加强对税收人员的控制保障税收执法队伍的公正、廉洁。而这一目标的实现，需要同时提升多种基础性国家能力。

比如强制能力，提升纳税人税法遵从度，关键是建立有效的税收征管制度，实现对纳税人行为的有效监控和对税法的强制实施。目前看来，税务机关仍缺乏必要的强制能力，首先是缺乏必要的法律授权，也缺乏强有力的税收执法队伍。

再比如濡化能力，如何使纳税人自愿主动地履行纳税义务，是税务机关应当探索的重要课题。税收观念的转变需要一个漫长的过程，更广泛地宣传税收的重要意义，给纳税人提供更方便的缴税渠道和更优质的服务，都是促

---

① 国家认证能力是指国家能够在数据和人或物之间建立一一对应的关系，比如国家可以通过身份证号对应某个人来进行征税等活动。参见王绍光：《国家治理与基础性国家能力》，载《华中科技大学学报》2014 年第 3 期。

② 规管能力与濡化能力相对应，濡化能力是作用于人们的内在信念，而规管能力则是规制人们的外部行为，比如制定食品药品的质量标准，工程的安全标准，不管人们的内心信念如何，外部行为如果违反了某些规矩的话，则需要付出相应的代价，规管的意义在于改变个人和团体的行为，使他们的行为符合国家制定的规则。参见王绍光：《国家治理与基础性国家能力》，载《华中科技大学学报》2014 年第 3 期。

③ 统领能力是指政府是否有能力管理自己，即各级国家机构与国家工作人员为了履行各项国家职能，必须有高效清廉的公务人员来实施，而如何使公务人员保持高效清廉的工作作风，不仅仅依靠反腐败，最重要的还是制度建设。参见王绍光：《国家治理与基础性国家能力》，载《华中科技大学学报》2014 年第 3 期。

④ 再分配是指国家在不同社会集团之间，对稀缺资源的权威性调配，比如养老资源、医疗资源等。再分配的目的是保障社会中所有人的经济安全，并缩小收入和贫富差距。由于不平等增加了社会动乱的可能性，所以再分配有助于维护社会秩序，增强人民对政府的认同感。参见王绍光：《国家治理与基础性国家能力》，载《华中科技大学学报》2014 年第 3 期。

⑤ 吸纳和整合能力，通俗讲是指国家进行民主决策的能力。一方面，国家应当有途径吸纳各界的意见建议，另一方面国家需要对这些意见建议加以整合，使人民大众有序地进入政府决策过程，得以影响政府的政策走向。参见王绍光：《国家治理与基础性国家能力》，载《华中科技大学学报》2014 年第 3 期。

使纳税人认同纳税责任，更为主动地履行纳税义务的重要途径。

此外，国家认证能力在税收征管中尤为重要，税务机关对纳税人基本涉税信息掌握不足的现实，要求税务机关提升认证能力，税务机关应当通过各种有效渠道全面了解纳税人各种涉税信息，通过建立健全纳税人识别号制度和第三方涉税信息提供制度，解决征纳双方信息不对称的问题，提升国家认证能力。

最后，统领能力的提高，可以有效地提高税收征管质量。如果无法在制度上实现国家对于税收人员的管控，任何制度设计的预期效果都将无法得到有效落实。当前，统领能力不仅仅是要求税务人员对税收法律法规的执行和遵守，同时也随着世界范围内"纳税人权利本位"理念的逐步确立，纳税人权利更加受到重视。统领能力要求税务机关能够使税务人员对待纳税人的方式从管理思维向服务思维转变，加速税务机关的职能转变，有效地改善征纳关系，提升组织效率。

7. 税收债法理论

（1）定义与起源

所谓税收债务，是指"由税的债务者向国家或地方公共团体进行交纳被称为税的这一金钱给予的义务"①。税收债法理论正是基于这一定义，将国家与纳税人之间的征税关系当作一种债权债务（公法之债）关系并加以研究实践的理论学说。

1919 年，德国《帝国税收通则》以"税收债务"为核心，对税收实体法以及税收程序法的通则部分做了完备的规定。此后，学者们以此为契机，就税收债务关系的理论体系展开深入论证。

先期以日本、法国，意大利、瑞士、美国和英国为代表，后起的国家和地区如韩国、新加坡以及我国的台湾和香港、澳门等地区，世界各国逐渐接受税收之债的理论，并指导税收法治实践，逐渐形成各具特色的税收债法制度。

（2）内涵

税收债法理论的核心在于，税收关系是国家与纳税人之间的债权债务关

---

① [日] 金子宏著，战宪斌、郑林根等译：《日本税法》，法律出版社 2004 年版，第 107 页。

系，纳税人缴税的基础在于国家拥有税收债权，国家可以追缴税款的原因在于纳税人是税收债务人，以此来理解税收征纳关系，将税收理论研究推入了一个新的研究领域。需要注意的是，在税收债法理论下，税收征纳实体法律关系类似于私法上的债务关系，但又不同于私法上的债务关系，因为它是以国家的政治权力而不是以财产权利为权利基础的，是一种公法上的债务关系。其与私法上的金钱债务有明显的区别：税收之债是法定之债，而私法上的债务可以是约定之债；作为税收债权人的国家，享有私法债权人所没有的种种优先权；处理争议所适用的程序法不同，等等。简而言之，税收债务与私法债务最根本的区别在于权利的基础不同，前者建立在政治权力的基础之上，而后者建立在财产权利的基础之上。

（3）应用

从法律体系的发展来看，税收之债的提出，体现了公法与私法、公权力与私权利之间的交融。[1] 作为税收债法理论最为直接的承载者，税收征管法将税收债法理论贯穿于多项税收程序之中。具体而言，税收债法理论的发展，使得许多私法上的权利被引入税收法律关系之中。最突出的如代位权、撤销权制度在税收领域的应用，使得税务机关追缴欠税的手段得以突破债的相对性，向第三人扩展；纳税担保制度的引入，使得税务机关可以更好地发挥税款延期、税款分期缴纳等制度的作用；而将私法中的利息制度引入税法，弥补了纳税人少缴税款时国家税收利益的损失，也同时给予了纳税人多缴税款时可以得到补偿的权利。税收债法理论使得税收关系更加平等、灵活、多样化，使得国家不再以单一的行政管理者身份居高临下地征税，而是更多地考虑用制度设计保障税收权益和纳税人权利，促进税收共治。

8. 纳税人权利理论

（1）定义与起源

纳税人权利是指，纳税人有权要求税务机关严格遵循法律实体性和程序性规定，最大限度地尊重纳税人，对纳税人造成损害的，需要赔偿损失。

纳税人权利理论源于西方理论界对公民权利和对税收法定的关注，强调限制国家权力，保障纳税人权利。20 世纪中叶以来，对纳税人权利的保障得

---

[1] 郭维真：《公共财政下的税收债法理论》，载《河北法学》2008 年第 4 期。

到了世界各国的广泛重视。20 世纪 80 年代之后，纳税人权利在第三次税制改革的契机中，得到了全球性的普遍关注与保障。纳税人权利保障不仅得到了立法的重视，而且也推动了新型的以服务为导向的税收行政模式的推行。①

（2）内涵

纳税人权利理论在某种意义是以上若干种理论的有机结合，现代法治理论、国家治理理论、税收债法理论均与纳税人权利保护密切相关。随着税收法治建设的推进、国家治理体系的革新、国家能力的提升以及税收债法理论的引入，纳税人权利才日益得到凸显。

保护纳税人权利，是政治文明在税收征管制度立法和执法过程中的具体体现。在这个过程中，税收治理从"国库中心主义"向"纳税人中心主义"转变，② 税务机关的角色定位则从管理者转向服务者。纳税人作为向国家缴纳税收的一方，应当受到尊重并享受应有的服务。纳税人权利理论认为，对纳税人权利可能的侵犯，是税收征管制度改革中所将面临的重大阻力。如果无法在制度上对纳税人权利给予有效保护，对可能侵犯纳税人的情形进行必要预防，制度设计的预期效果将无法有效实现。

（3）应用

在 OECD 于 2015 年发布的研究报告中，各国均强调保障纳税人权利是各国税收征管体制的共同特征。③ 由于国家制度环境不同，各国有关纳税人权利的具体规定呈现出多样化特征，但仍存在许多共通之处。目前，纳税人权利立法有以下几种方式：一是制定单独的纳税人法案，例如美国《纳税人权利法案》（Taxpayer Bill of Rights）；二是在税收征管法律中集中规定，比如韩国《国税通则法》（Framework Act on National Taxes）第 7 章第 2 部分专门规定了纳税人权利法（Taxpayers' Right Charter）；三是散见于税收征管的各类程序当中，如英国《税收管理法案》、德国《税收通则》等法案中，均有部分纳税人权利的内容。

---

① 王建平：《纳税人权利及其保障研究》，中国税务出版社 2010 年版，第 3 页。

② 刘剑文：《纳税人权利保护：机遇与挑战》，载《国际税收》2010 年第 5 期。

③ OECD（2015），Tax Administration 2015: Comparative Information on OECD and Other Advanced and Emerging Economies, OECD Publishing, Paris. p. 281.

三、 税收征管理论的分类趋势分析

综合分析上述理论学说，世界税收征管理论的发展趋势基本可归于以下几方面。

一是高度重视依法治税。随着世界各国法治化进程的加快，任何政府管理部门的运作都更为严格地控制在法律的框架下，行政法学的发展，使得政府的管理行为比历史上任何一个时期都需要更加谨慎，权力的范围被严格约束，权力的行使需要符合既定流程，而权力的滥用也将被法律追究相应的责任。在此背景下，税收法定理论和正当程序理论的理论价值得以凸显，二者从不同的侧面要求税收征管制度改革符合现代法治理论，共同推进税收治理的法治化与现代化。当前，税务机关和纳税人法律意识的逐步增强，税收法治水平的逐步提升，以及税收争议法律救济渠道的建设和完善，都紧密地印证着这两个理论学说在税收实践中的积极作用，不断推动着理论成熟和改革发展。

二是注重科学制度建设。现代政府管理较过去的完全以国家暴力为手段的方式不同，为了以最效率的方式达到管理效果，约束公众的行为，一方面，政府需要以科学有效的制度建设来引导大众的行为，塑造符合政府管理期望的观念和习惯；另一方面，政府也需要通过自身管理流程的优化，提高效率，适应现代化的管理需要。风险管理理论、国家治理理论、国家能力理论均从不同的角度对税收工作提出了设想和建议，强调税务机关应当重视征管制度的建设和完善，通过科学严密的制度流程达到高效征管、和谐征纳的目的。实践中，各国税收征管制完备的制度设计，将科学管理纳入税收征管的每一环节，例如对不同纳税人的分级分类管理，更为便捷通畅的信息化缴税渠道，促进信息透明化的政府信息公开制度建设，均有效地提升了税务机关的管理水平以及纳税人的税法遵从意愿。

三是强调管理理念转型。税收债法理论、纳税人权利理论以及新公共管理理论的内涵均有相同之处，都在一定程度上强调了现代税收征管中税务机关与纳税人之间关系模式的转变，即更趋向于征纳双方地位的平等，双方均享有权利，也须尽到自身义务。可以说，倚靠强势权力进行征税的时代已经逐渐过去。虽然税收权力的来源依然是国家法律，但如何更好地行使征税权，

有效地开展税收工作，合法合理地保障国家权益及私人权利，正是上述理论研究的重点。在当前的税收征管中，税务机关越来越重视纳税人的各类需求，同时也尝试运用更为灵活的协商手段解决征纳问题，纳税服务和税收争议解决制度的构建和发展可以说是上述理论运用于实践中最突出的两方面体现。当然，管理理念的转型是一个长期的过程，是需要理论—制度—实践反复相互作用，在时间和经验的积累下不断修正完善，以形成更加稳妥实用的制度和内化于心外化于行的扎实理念。

综上，税收征管理论的发展在世界范围内实质呈现了一种综合性和多元化的发展方向，在实践中，上述诸种理论相互影响、相互推动，共同推进税收征管制度的现代化。

四、 我国税收征管理论的发展趋势及借鉴分析

深化税收征管体制改革，推进税收现代化，是我国推进全面依法治国、实现国家治理体系和治理能力现代化的重要方面，同时，确立现代化的税收征管模式、全面提升国家税收治理能力，也是目前我国参与全球税制竞争并获得竞争优势的关键举措。世界经济飞速发展以及世界税制改革的深化，也对我国的税收治理工作提出了全新挑战，[①] 我国应当以更加广阔的视野积极地对国家整体税制进行检视，探寻如何改革自身法律体系以紧跟时代要求。其中，对国际主流税收征管理论与学说的深入理解和精准把握，并在此基础上实现税收征管理论的创新、发展，是一项基础性工作。

对我国而言，值得倡导的税收征管理论是能够平衡多种价值的理论。不同主体的税收利益都应当兼顾，否则就会走向极端。国库主义理论和税收权力关系理论的逐渐消亡也从侧面证实了这一点，在实践中单纯强调某一方面的权益，都是片面且有失偏颇的。同样，税收债法理论、新公共管理理论及国家治理等理论兴起的意义在于其有助于建立富有现代法治精神的税收法制，从根本上理顺征纳关系，在国家税收利益和纳税人权利之间寻求均衡保护。[②]

在我国当前的税收征管制度建设中，有很多举措已经逐渐凸显出这些理

---

① PWC, Paying taxes 2014: The Global Picture, A Comparison of Tax Systems in 189 Economies Worldwide, p. 109.

② 施正文:《税收债法论》, 中国政法大学出版社 2008 年版。

论所传达的观念，比如发布各类涉税事项的征管规范、纳服规范；在一定区域范围内统一办税流程；在办税服务厅推行一站式办理、首问负责制，要求税务干部以更加专业严谨的态度接待纳税人；在税务机关内部改革机构设置，推行风险控制、分级分类管理纳税人；加强信息化建设，畅通税务系统与其他涉税主体间的信息流转，同时便利纳税人利用客户端进行了解政策、申报缴税；强化稽查程序的合法性以及税务行政复议的公正性、专业性，确保国家税收利益得到维护的同时，避免侵犯纳税人的合法权益等。类似的举措也在不断增多和完善当中。理论的价值在于把握改革的方向，而实践的意义则在于更好地将理论与现实需要融合，以此推动理论在不同时代的革新，适应每个国家的发展需要。正如马克思所说，理论在一个国家实现的程度，总是决定于理论满足这个国家的需要的程度，光是思想力求成为现实是不够的，现实本身应当力求趋向思想。① 上文所述及的税收征管理论与学说都是外来理论，都是相应领域实践与经验的总结与提升。随着税收法治实践和经验的逐步积累，在借鉴域外税收征管理论的基础上，我国也将有可能产生具有原创性的税收征管理论，更加切实地指引我国税收法治的发展，这是一个值得期待并为之付出努力的发展目标。

第二节　税收征管制度立法体例与基本内容

立法体例，是指一部法律或者一项法律制度的表现形式和结构安排。② 科学、合理、符合逻辑的立法体例在法律制定中起到举足轻重的作用。在成文法典编纂工作中，法律内容的条理性以及在实践中法律的可操作性只有在合理的体例安排下才能发挥作用，③ 税收征管制度立法也不例外。明确代表性国家（地区）税收征管制度立法体例与基本内容，是在整体上观察税收征管制

---

① 中央编译局：《马克思恩格斯全集》（第 3 卷），人民出版社 2002 年版，第 209 页。

② 上海市人大法制委员会、常委会法制工作委员会课题组：《关于立法体例选择的实践与思考》，载上海市人民代表大会常务委员会研究室编：《实践与探索：上海市第十二届人大常委会五年工作成果文集》，上海人民出版社 2007 年版，第 104 页。

③ 李欣：《私法自治视域下的老年人监护制度研究》，群众出版社 2013 年版，第 49 页。

度国际发展趋势并做好税收征管制度立法的基础性工作。

一、 代表性国家立法体例介绍

目前，在代表性国家立法体例中，主要分为通则化模式、单行法模式、统一法典模式。通则化模式是税法通则加各单行税收法律、法规模式。这种模式是将有关适用于各单行税收法律中的共同规则制定在一部税法通则中，以便对各单行税法起到统领、协调作用，而有关各税种的专门法律仍采用单行法的形式，与通则法共同规范整个国家税收制度。单行法模式是指所有税收法律都采取单行法律、法规的形式，没有就有关税收的共同问题制定统一适用的法律。统一法典模式是将所有税收法律、法规编纂成体系庞大、结构复杂的法典，其内容包括适用于所有税收活动中的一些共同性问题的总则规范、税收实体法规范和税收程序法规范。

（一）德国

德国的税收征管制度集中规定在 1977 年实施的德国《税收通则》中。[1]德国《税收通则》的原始版本为 1919 年的《帝国税收通则》，[2] 于 1918 年 11 月 11 日着手起草，至 1919 年 12 月 23 日生效，其后数经修正，最终于 1976 年 5 月 16 日公布新法，并于 1977 年 1 月 1 日生效，即为现行的德国《税收通则》。该法是适用于所有税收共性问题的通则性法律，既包括了程序性规定，也包括实体性规定。德国《税收通则》规定了纳税申报、评定和申诉等税收征管程序，直接规定了纳税人的基本权利和义务，同时也包含了大量有关税法适用的一般性规定。

德国《税收通则》共分为九个部分：第一部分是法律序言，规定了法律适用范围、税收基本概念、税务机关管辖权、税收秘密以及税收官员的法律责任，这些规定是适用于所有税种的基本原则；第二部分是税收债务法，以税收债务人和债权人关系为基础，规范了征纳双方的权利义务，为整部法律中的税收征管制度提供法理支撑，同时，该部分对税收优惠做出规定；第三

---

① 本章主要依据 Abgabenordnung 的英译本 The Fiscal Code of Germany，01 January 2015，并同时参考 2012 年德国《税收通则》法中译本 Federal Law Gazette I，p. 3866，2003 I，p. 61；Federal Tax Gazette I，p. 1056.

② 李顺求：《中国税制改革的伦理反思》，中南大学 2012 年博士论文，第 12 页。

部分是一般程序规定，确立了税收征管的程序性原则并对税收行政行为进行了界定；第四部分是税收程序的执行，规定了纳税人信息采集、纳税人协助义务、纳税申报、评定与确认程序、独立审计、税收调查、特殊案件的税收监督等内容；第五部分规定了以税收之债的请求权为理论基础构建的税款征收程序，主要包括税务机关对税款征收的期限、时效、免除以及利息、滞纳金、税收担保等事项；第六部分是强制执行，规定了税收之债的强制执行制度；第七部分是庭外法律救济程序，对纳税人的救济程序进行了规范；第八部分是行政处罚和刑事处罚的内容及其程序；第九部分是最终规定，对纳税人基本权利的限制进行了规定。

德国《税收通则》"属于发达式的税收法典，体系庞大，内容完整，从追求完美的角度看，它是税收通则法的理想模式"①。德国《税收通则》的立法模式，是世界范围践行税收债权理论的典型代表，是"权利本位"理念在税法学领域的具体体现。② 该法以税收债权理论为核心，构建了税务机关与纳税人之间的权利义务关系。整部法律的基本体例是以税收征管程序为脉络，规范了从税收之债的发生到税收之债的实现等一系列过程，逻辑清晰、严密，一般规定与特殊条款相互补充，在税收征管制度通则化立法模式的国家中具有一定的代表性。

（二）法国

在税收领域，法国宪法确定了税收法定原则，因此法国税法包括税收实体法（各税种法）和税收程序法（征管法）两大部分，采用法典化立法模式，分别被编纂为《税收总法典》和《税收程序法典》。法国税收征管制度集中于1981年生效的《税收程序法典》③。《税收程序法典》对所得税征收评定程序、税源监控、税收诉讼、税收征收等内容进行了明确规定，主要的程序包括：纳税申报、税收评定、纳税申报更正、税款缴纳（或者退税）、税收检查、税收审计、税务处罚、税收行政复议和税收行政诉讼等。该法典采用五编制，第一编规定了特定类型的经营主体的纳税评定程序；第二编规定了

---

① 施正文：《税法要论》，中国税务出版社2007年版，第105页。

② 翟继光：《财税法原论：和谐社会背景下的税收法治建设》，立信会计出版社2008年版，第318页。

③ 法国《税收程序法典》（Livre des procéduresfiscales），最新修订于2017年2月4日。

税务检查程序，包括税务机关的税务检查权、调查权和资料转送权，同时明确了检查权的行使程序；第三编是税务争议，包括行政争议和刑事争议的处理程序；第四编是税收征收程序的具体实施；第五编确定了共同条款，包括一般性规定、有关欧盟法适用的条款等。法国《税收程序法典》法典化程度较高，其立法初衷是以一部法典囊括全部税收程序规范。

（三）英国

英国税收法律来源于成文法、欧盟法律、判例法和税务机关声明，现阶段有效的成文法有：1970 年的《税收管理法案》、1979 年的《关税与消费税法》、1984 年的《遗产税法》、1988 年的《所得税及公司税法》、1992 年的《可征税收益法》、1994 年的《增值税法》以及 2001 年的《资本补贴法》。另外，英国涉税案例中法官的判决意见也是英国税法的重要渊源。

英国税收征管制度主要集中于 1970 年《税收管理法案》，该法案以税收征管各环节为基础构建法律架构，共分为十二个部分。第一部分明确法律适用范围和征税主体（税务机关）；第二部分规定了所得税、公司税的纳税流程；第三部分规定了其他纳税事项和信息；第四部分规定了纳税评定；第五部分为税收争议的处理；第六部分规定了税款征收与追缴；第七部分规范了各类纳税主体，如信托、监护人等；第八部分规定了非居民纳税人的课税；第九部分规定延迟纳税的利息；第十部分规定罚则；第十一部分规定混合和附属企业的纳税；第十二部分是附则。

英国是税收征管立法"单行法模式"的代表性国家，英国的 1970 年《税收管理法案》属于一部专门规范税收征收管理制度的单行法。

（四）加拿大

加拿大没有全国统一的税收征管法律，其有关税收征管制度的规定主要集中在 1985 年《所得税法案》中。加拿大各区的税收征管程序基本以《所得税法案》中对企业所得税的征收程序性规定或要求为参考，在其他税种的征收中一般也以此为依据，如纳税申报等。因此，加拿大税收征管立法体例属于单行法方式，分散在不同税种的单行法中。但是，在加拿大魁北克省，专门制定了规范税收征管程序的《税收管理法》。加拿大魁北克省的《税收管理法》共分为五章：第一章"规则的解释和适用"主要明确对税收规则的解释和适用原则；第二章"收税部"主要规定税务机关的组成和职能；第三章

"财政法规的管理与执行"主要规定对税款的申报、支付缴纳、税款减免、利息、税务检查以及对税收违法行为的处罚等具体程序性事项；第四章"摘要"主要规定法院对税务案件的处理程序；第五章"其他条款"主要规定一般税务事项的处理规则。

从税收立法体例看，加拿大既没有像英国一样制定税收征管制度单行法，也没有同美国一样制定全国统一的税收程序法典，各地税收征管主要以《所得税法案》为参考，但魁北克省的《税收管理法》属于专门规定税收征管制度的单行法。

（五）美国

美国的税收立法采用法典化立法体例，其税收征管制度规定主要集中在美国《国内税收法典》F分标题第61章至第80章，共1874节，其立法框架大体为：信息与纳税申报（61章），纳税时间和地点（62章），税收评定（63章），税收征收（64章），免税、抵免与退税（65章），时效（66章），利息（67章），附加税、附加额与罚款（68章），印花税一般条款（69章），税收风险（70章），受让人与受托人（71章），许可与登记（72章），担保（73章），结案协议与债务协议（74章），犯罪、其他违法行为和没收（75章），司法程序（76章），杂项规定（77章），纳税义务的发现与所有权强制执行（78章），释义（79章），一般规定（80章）。

除上述集中规定之外，在美国《国内税收法典》的各税种法之中同样存在大量与税收征管相关的规定，这为法律的统一适用造成了一定障碍。就美国税收制度的法典编纂形式而言，美国《国内税收法典》几乎囊括了美国所有税收法律，但这种立法体例导致相同或相类似的规定之间缺乏整合，同时因其将所有税种法规定纳入一部法典之中，使得整部法典缺乏一定的体系性和逻辑性。

（六）澳大利亚

澳大利亚的税收征管法主要为1953年《税收管理法》，是1953年澳大利亚国家议会颁布的第1号修订法案，也是澳大利亚国家税收法律体系中的程序性法律。这部法律从1953年发布以来陆续修订，全文长达二十多万字，一直沿用至今。① 澳大利亚《税收管理法》共分为两部分。第一部分包括 5 章，第 1 章"前言"对法律名词概念、税收的行政衔接制度以及相关的管理制度做出规定；第 2 章对税务局局长、一般利息的支付、税收账户、纳税及税收减免的相关制度做出规定；第 3 章对税收违法行为、税务诉讼及国税局与地税局的关系做出规定；第 4 章对税收证明、欠税人出境制度及税收争议复议和申诉等制度做出规定；第 5 章对税务机关出庭应诉等特殊的程序问题做出规定。《税收管理法》第二部分包含四编，主要包括了所得税和其他税种的征收、返还及管理、一般征收和返还规则、税务管理等规定，主要通过附件的形式表现。第二部分的附件与正文的规定具有同等的法律效力。从澳大利亚的税收征管立法体例看，澳大利亚《税收管理法》也采用单行法的方式，对税收管理做出了专项制度规定。

（七）日本

日本税收征管制度分别规定于日本《国税征收法》和《国税通则法》之中。其中，《国税征收法》制定于二战之前，在 1959 年进行全面修订；《国税通则法》则制定于 1962 年，此后，日本税收征管体制逐步得到完善。

虽然日本《国税征收法》的制定早于《国税通则法》，但在法律地位上《国税征收法》属于《国税通则法》的配套法律。日本《国税征收法》共分为十章，在经历修订后实际为九章，第一章为总则；第二章规定了税收之债与其他债权之间的关系，以明确税收之债优先的各种情形；第三章规定了第二次纳税义务；第四章规定了税收之债的消除；第五章是滞纳处分，包括扣押、变卖等强制执行措施；第六章规定滞纳处理的延迟和停止；第七章在该法修订中被废止；② 第八章是有关国税不服审查和诉讼的特殊规定；第九章是各种细则；第十章为处罚条例。

日本《国税通则法》同样分为十章，第一章为总则，规定了纳税义务的期间、期限和送达程序等；第二章是纳税义务的确定，包括纳税申报、申报确认、申报调整以及税收核定；第三章规定税款缴纳和征收程序，包括滞纳处分制度；第四章规定纳税的延期与担保；第五章规定退税制度；第六章为

---

① 张爱球、杨安静：《澳大利亚税收管理法及其比较研究》，载《金陵法律评论》2010 年第 1 期。

② 《外国税收征管法律译本》组译：《外国税收征管法律译本》，中国税务出版社 2012 年版，第 1843 页。日本《国税征收法》第七章原有 5 条，为 161 条至 165 条，在该法修订过程中被全部废止。

附加税；第七章为纳税调整、征收、退税的期限规定；第八章规定税收争议，包括对国税不服的审查与诉讼；第九章是杂项规定；第十章是罚则。

在日本，《国税征收法》和《国税通则法》两部法律在篇幅上大体相当，二者互为补充，相互支撑，共同构建了日本的税收征管制度体系，形成了具有日本特色的税收征管通则化的立法体例模式。其中，《国税通则法》起到了基础性作用，而《国税征收法》属于《国税通则法》的配套法律。

（八）韩国

韩国税收征管制度同样集中于《国税通则法》与《国税征收法》之中，与日本税收征管立法体例具有一定的相似性，也是采用通则化立法体例模式。韩国《国税通则法》共分八章，主要调整与国家税收有关的各种法律关系，规定与国家税收有关的基础性和共同性问题，同时对国家税收工作中的不法和不正当行为处理的程序做出规定。第一章是一般条款，明确了立法目的和基本概念、法律适用范围以及纳税期限和送达程序等；第二章是国税处理与涉税法律的适用，规定了国税处理的基本原则，如实质课税原则、诚实信用原则，以及涉税法律的适用原则，如规定了禁止溯及既往、限制税务官员自由裁量等原则。需提及的是，该章中设置了国税规则审查委员会制度。① 第三章规定了税收之债的产生、继承、消灭和担保制度；第四章规定了税收之债与一般债务之间的关系，明确税收之债优先权的各种情形；第五章规定了税收机关管辖、纳税申报、税收减免；第六章规定退税和附加费用；第七章规定了纳税评定、纳税调整和纳税人权利；第八章为补充条款。

《国税征收法》共分为三章：一般规定、税收征收和欠税处理，其中有关欠税处理的规定又分为 12 节，对各类情形的欠税处理进行了详细规定。相比而言，以保障国家财政收入为目的的《国税征收法》在税收征收措施上规定得则更加明确。② 《国税通则法》《国税征收法》对同一税收事项有特殊规定的，《国税通则法》要优于《国税征收法》适用。在韩国税收征管法律体系中，《国税通则法》处于基础性地位，其中国税规则审查委员会制度，特别是

---

① 韩国《国税通则法》第 18 - 2 条规定，企划财政部（Ministry of Strategy and Finance）须设置国税规则审查委员会负责解释涉税法案。

② 本章所依据《国税通则法》为 Act No. 12848，2014 年 12 月 23 日；《国税征收法》为 Act No. 11690，2013 年 3 月 23 日。

以专章形式规定的"纳税人权利法"极为引人注目，提示了一个值得关注的立法趋势：税务机关内部审查和内部监管的严格化和纳税人权利保护体系的严密化。韩国《国税通则法》在立法体例上与日本《国税通则法》具有相似性。比较而言，在存在税收通则法的国家中，日本、韩国的税收通则法体系较为完整，规模适度，对有关税收征纳活动的基本问题都做出了规定，具有较强的操作性。①

（九）印度

印度没有对税收征管制度以集中立法的形式进行规定，而是区分不同税种对税收征管程序做出了单独的规定，属于单行法模式。印度的税收征管体系比较分散，虽然其在具体税种的立法中均有税收征管制度规定，以便于税务机关根据不同税种开展税收管理，但因其征管制度规定缺乏统一性，也增加了税收征管工作的难度。比如，在印度的《所得税法案》中，从第13章至第23章对企业所得税的征收管理制度做出了规定，包括税务机关、评估程序、责任、公司特别条款、税款的征收和追缴、税收减免、退税、结案、诉讼、税务处罚和税务犯罪等规定。同时，印度在制定《所得税法案》时又以附件的形式对税收追缴和税收强制执行等程序做出了专门的规定。从印度的《所得税法案》立法来看，其对税收征管制度的规定已足够详尽，但印度针对其他税种在税款的申报缴纳等程序性事项中却做出了不同的规定，对其执法统一性造成一定困扰。

二、 代表性国家立法体例比较研究

以上对代表性国家的税收征管制度的立法体例和基本内容进行了分别介绍，虽然税收法律在大多数国家都以成文法形式存在，但税收征管制度在不同法律体系国家有着不尽相同的存在方式。就立法体例而言，通则化模式以德国为代表，税收征管制度集中于税收通则法中，② 以通则法统领整个税法体系，日本、韩国亦采此种模式；单行法模式以英国为代表，以专门规范税收

---

① 施正文：《税法要论》，中国税务出版社 2007 年版，第 105 页。

② 税法通则法是税收法典化的一种表现形式，对"有关税收征纳程序和实体制度、税收债务要素中的基本问题等做出规定，以便为税收活动提供基本的行为准则，成为制定其他税收规范的理论根据和立法基石"。详见汤贡亮：《中国财税改革与法治研究》，中国税务出版社 2008 年版，第 424 页。

征收管理的单行法为标志，澳大利亚、加拿大、印度亦采此立法体例；统一法典模式以美国、法国为代表，以一部法典囊括全部税收规范（或全部税收程序规范）。

通过对代表性国家立法体例和基本内容的比较分析，可总结出以下特点：

（一）以制定成文法的方式实现税法规则体系之间的协调性和体系化，是各国税收征管立法的共同追求

通过对以上国家的税收征管制度立法体例的分析可知，尽管在税收征管立法体例上有所不同，在具体立法技术上存在着较大的差异，但各国（地区）均是以成文法方式体现税法规则的协调和体系化，以实现税收征管制度的统一。意大利迪·皮特罗教授更为明确地提出，"在法国、德国、比利时和奥地利有税收成文法，但在南欧国家则没有，比如在西班牙"。① 在本章所介绍的国家（地区）中，所有国家（地区）对税收征管制度的规定都由成文法规定，只是具体的立法模式有所区别。总体而言，以成文法的方式规定税收征管制度是当今世界主流的立法趋势。

（二）在税收征管立法上，大陆法国家和普通法国家在具体立法方式上存在较大差异

大陆法国家与普通法国家对税收征管制度的立法方式有着不同的理解。以德国为代表的欧陆国家强调税法必须通过理性建构并要求税法编纂保持逻辑的一贯性。在普通法国家，英国、澳大利亚等国家更加注重税收征管制度的单一化，推崇制定单行法，而美国的法典化仅仅是按照某种标准和编辑方法，将税收法律分门别类，以便查找。各国对于税收征管制度立法的不同理解，直接决定了税收征管立法体系和基本内容结构的呈现方式。

（三）税收通则法为目前世界范围内较为先进的税收征管制度立法模式

正如一些学者所说，从各国立法体例来看，以税收征管制度（税收程序制度）为主、兼顾税收实体制度的法律一般被命名为"税法通则"（或叫税

---

① ［意］迪·皮特罗著，翁武耀译：《欧洲经验中的税法教学》，载施正文主编：《中国税法评论》（第2卷），中国税务出版社2014年版，第205－206页。

收通则），是税收领域通则性的基本法律，是规范税收征管制度的基础性法律。税法通则的核心任务是解决税款确定和征收中的法律问题，而税款确定（征收）要同时遵循实体规则和程序规则，即有关纳税义务（税收债务）成立和变动的实体规则、税收征纳程序规则。① 整体而言，在立法体例上，以德国为代表的以《税收通则法》为标志的通则化模式，是目前世界范围内较为先进的税收立法模式，该形式与法典化立法形式相似，但区别是通则的形式针对税收征管等某一税收领域的共性规定，其规定具有统一化和专门化的特点，同时结合其他单行立法规定，形成了完整严密的税收体系。而法典化形式更强调税收制度规定的全面性，但编纂的逻辑性与完整性还存在一定的缺陷，法律对税收规定的抽象性不足、内容琐碎而庞杂，很难严谨地规范一切税收程序。因此，仅就税收征管制度的立法形式而言，通则法具有较为明显的制度优势。代表性国家中德国、韩国、日本在税收征管制度立法上均采用通则化模式，这提示了这一立法模式既适应于有大陆法传统的国家，同时适应于新型和转型国家。比较而言，采通则化模式的国家（地区），税法的规范程度相对更高，其中，德国最具代表性。通则化的立法模式，一方面将税收立法进行体系化安排，另一方面对特殊税法问题以单行法方式在通则法外灵活调整，实现了法律科学与立法效率之间的平衡。

三、 代表性国家立法体例对我国的借鉴分析

（一）推进我国税收征管制度通则化

目前，学界已经对国内外税收通则法的立法模式、法律名称、法律定位、立法体例、基本内容等有了系统的考察和研究，并形成了一定的共识。② 在已制定了税收通则法的国家中，税收通则法的主要内容是有关税收征纳活动的基本实体制度和程序制度的规定，特别是重视征纳程序制度的规定。③ 我国未来税收征管立法的制定基本定位应当是调整税收活动中的基本问题、共同问

① 施正文：《〈税收征管法〉修订中的法律难题解析》，载《税务研究》2015 年第 8 期。

② 施正文：《中国税法通则的制定：问题与构想》，载《中央财经大学学报》2004 年第 2 期；施正文：《中国税法通则立法的问题与构想》，载《法律科学》2006 年第 5 期；施正文、徐孟洲：《税法通则立法基本问题探讨》，载《税务研究》2005 年第 4 期。

③ 施正文：《税法要论》，中国税务出版社 2007 年版，第 100 页。

题和综合问题的通则性立法，主要规定税收征纳过程中的实体基本制度和程序基本制度，应当是税法体系中的一般法，是规模适度、体系科学、富有现代法治理念的现代税收通则法。①

制定一部具有税法通则性质的《税收征管法》，需深入总结和借鉴国内外税收立法经验，解决存在的理论与实践问题。立法体例的选择，不仅是一种法律传统、法律文化的偏好，而且涉及立法技巧、立法规则的运用，进而言之，还应受制于一定社会政治、经济、科技等因素的影响。② 基于我国目前的立法现状，通过全面修订的方式完善《税收征管法》，使其涵盖税法适用过程中的一般性和程序性问题，并成为一部实质意义上的"税收通则法"，可以成为完善我国税收征管立法的一项有效选择。《税收征管法》的名称并不阻碍其在实质意义上发挥税收通则法的功能，这种选择既节约立法成本，又尊重法律沿革，同时有利于降低法律遵从成本。

（二）完善我国税收征管制度基本架构

就立法架构和内容而言，代表性国家（地区）的税收征管制度规定各有不同。然而，各国之间仍有能够被大体观察到的相通性。不论是采用通则模式、单行化模式还是法典化模式的立法方式，对代表性国家的税收征管立法内容进行抽离总结，其有关税收征管的共性内容可以归纳为纳税申报、税款征收、税务检查、税务处罚、税务争议解决等内容。在此共性内容基础上，通则化的立法体例模式与其他形式的立法体例模式在架构和内容上最大的区别，就是通则化立法体例在内容上明确规范了纳税人的义务。德国《税收通则》在第二部分明确了纳税人的义务，日本《国税通则法》在第二章中明确了纳税人的义务，韩国《国税通则法》在第七章中规定了纳税人的义务。以上国家以法律的形式，明确纳税人在税收法律关系中的地位、权利和义务，为税务机关依法开展税收执法工作提供了法律依据。

我国现行的税收征管制度主要规定在《中华人民共和国税收征收管理法》（以下简称《税收征管法》）中，《税收征管法》从立法体例上看尽管是一部单行法，但其在我国税收征管工作中实际上扮演着"小税法通则"的角色。

---

① 施正文：《中国税法通则立法的问题与构想》，载《法律科学》2006 年第 5 期。
② 吴汉东：《知识产权立法体例与民法典编纂》，载《私法研究》2003 年第 1 期。

从我国税收征管制度的基本架构看，《税收征管法》主要涵盖了税收征纳程序；但我国《税收征管法》一方面是一部税收程序法，一方面又对税收程序中的若干一般性实体问题进行了规定，因而与通则化立法体例又有相似之处。但我国的《税收征管法》与标准的税收通则体例架构还存在一定的差异，具体而言其缺少的正是通则化立法模式中有关实体纳税义务的通则性规定的章节。如能够在我国《税收征管法》中增加"纳税义务"一章，则我国《税收征管法》就具备了税法通则的定位和功能。① 对于我国税收征管制度通则化的基本架构，学界已经形成了普遍共识，即以总则、纳税义务、税收征纳为一般规则，以税收确定、税收征收、税收执行、税收争讼、法律责任、附则为立法主线，结合我国税收征管工作实际情况，制定具有中国特色的税收征管制度，以满足征管体制改革背景下的现代化税收工作需要。② 这种征管制度立法构架，一方面能够有效阐述税收征收的概念、规范征纳双方的权利义务；另一方面，也能够明确税收征收中的各类程序事项和一般性实体问题，从税收征管角度为税务机关依法征税、纳税人依法纳税提供了直接、简明的法律依据，通则性的税收征管法律与我国目前的各税种法律相互配合，基本能够完整严密地规范我国税收征管工作甚至是全部税收工作。总体而言，这是一种参照通则化立法模式架构，并结合我国税收征管制度立法实际提出的立法架构设计。

第三节　纳税人权利保护及其立法

纳税人权利保护及其立法是指为避免纳税人在财产、人身等方面的合法利益在国家课税时受到不当侵害，一国在宪法、法律、行政规范性文件等不同法源中规定纳税人相关权利并予以保护，以约束税收立法、执法和司法活动。

---

① 施正文：《〈税收征管法〉修订中的法律难题解析》，载《税务研究》2015 年第 8 期。
② 施正文：《中国税法通则立法的问题与构想》，载《法律科学》2006 年第 5 期。

一、 代表性国家纳税人权利保护及其立法与发展趋势

（一）德国

1. 历史发展

纳税人权利保护在很大程度上是公民权利保护在税收领域的体现，因此，纳税人权利保护的起源与公民权利保护的起源密切相关。对包括德国在内的西方国家而言，纳税人权利保护可以追溯到近代社会发生的资产阶级革命。18 世纪以前，德国基本处于封建专制、国家分裂的社会当中，直到 1789 年的法国大革命之后，德国开始从内部改变原有的封建专制体制，实行资产阶级现代民主政治制度。公民权利正是在民主政治的基础上发展起来的。到魏玛共和国时期，德国制定了其有史以来最为民主的国家宪法——《魏玛宪法》。该宪法主要继承了 1848 年革命时期法兰克福国民议会的宪法精神，取消了君主立宪制，明文规定一切权利来自人民，确认了公民的基本权利和义务。该宪法规定法律面前人人平等，同时人民具有基本的人身自由的权利：人身自由不可侵犯；言论集会自由；结社自由；选举自由；信教自由等。该部宪法奠定了之后德国民主法治的道路。① 正是在这一时期，德国 1919 年《帝国税收通则》第 81 条明确规定："税收债务在法律规定的课税要件充分时成立。为确保税收债务而须确定税额的情形不得阻碍该税收债务的成立。"其后，税法学者阿尔伯特·亨泽尔对税收债务关系说进行了阐释，认为税收债务在税法规定的课税要件满足的情况下即可成立，无须依税务机关的课税处分，国家对纳税人请求履行税收债务的关系即构成税收法律关系的属性。② 该学说强调征税部门与纳税人法律地位的平等性及其权利义务的对等，有助于扩大纳税人权利的范围。在经历 1933 年的世界经济危机、纳粹的专制统治之后，德国在二战后民主制度得以重建。同时，德国的法治建设初见成效，并且吸取了二战的惨痛教训，将法治国家的建设变得更为实质化，纳税人权利也由此得以不断发展与完善。

---

① 赵进中：《"世界公民"之路：论德国公民权利发展的历史主线》，北京大学出版社 2008 年版，第 104 – 108 页。

② 翁武耀：《评〈税收债法论〉》，载《中国政法大学学报》2008 年第 4 期。关于税收债务关系说在税法中的应用，详见施正文：《税收债法论》，中国政法大学出版社 2008 年版。

首先，1945 年，德国颁布了《德意志联邦共和国基本法》（即德国现有宪法），① 规定了公民诸多基本权利，该宪法确立了纳税人的相关基本权利，并构成其他法律渊源中规定的纳税人权利的宪法基础。主要有以下几类：①平等权，② 德国宪法法院基于宪法第 3 条规定了关于纳税人公平承担税负的权利③；②意见表达权，④ 在课税中纳税人表达自己意见的权利需要得到尊重，特别是在对纳税人进行强制性征税或者采取强制措施的时候，不可剥夺该项基本权利；③书信秘密、邮件与电讯之秘密不可侵犯，⑤ 纳税人的书信、邮件及电讯秘密受法律保护，在课税中不得以税收为由侵犯其书信、邮件与电讯的隐私；④住所不受侵犯权，⑥ 要求税收机关不得在课税过程中侵犯纳税人的住所；⑤财产权限制的法定原则，⑦ 对纳税人财产权的限制，例如课税，无疑需要通过法律来规定；⑥基本权利受到侵害的诉讼权，⑧ 纳税人权利受到税务机关侵害时，具有受到司法保护的权利。其次，1950 年 11 月 4 日，《欧洲保护人权和基本自由公约》（以下简称《欧洲人权公约》）在罗马签署，该公约规定了一些源自各成员国宪法传统共同的公民基本权利。其所规定的基本权利中与纳税人相关的权利主要有以下几项：生存权受保护的权利、自由和人身安全受保护的权利、私人和家庭以及通信受尊重的权利、表达自由的权利、基本权利和自由受侵犯时请求国家机关救济的权利、平等享受基本权利和自由的权利等。⑨ 这些基本权利亦构成德国相关法律渊源中规定的纳税人权利的基础。例如，德国 1977 年《税收通则》，⑩ 该法典是德国现有税收法律体系

---

① See Basic Law for the Federal Republic of Germany 1945（《德国基本法》英文官方译本），available at juris. de：http：//www. gesetze – im – internet. de/englisch_ gg/index. html. ，2017 年 5 月 1 日访问。

② See art. 3, sec. 1 of Basic Law for the Federal Republic of Germany.

③ See Duncan Bentley, Taxpayers´Rights：Theory, Origin and Implementation, Kluwer Law International, 2007, p. 114.

④ See art. 5（1），sec. 1 of Basic Law for the Federal Republic of Germany.

⑤ See art. 10, sec. 1 of Basic Law for the Federal Republic of Germany.

⑥ See art. 13, sec. 1 of Basic Law for the Federal Republic of Germany.

⑦ See art. 14（1）（3），sec. 1 of Basic Law for the Federal Republic of Germany.

⑧ See art. 19（4），sec. 1 of Basic Law for the Federal Republic of Germany.

⑨ See artt. 2, 5, 8, 10, 13 and 14 of European Convention on Human Rights.

⑩ See Fiscal Code of Germany 1977（德国《税收通则》英文官方译本），available at juris. de：http：//www. gesetze – im – internet. de/englisch_ ao/englisch_ ao. html, 2016 年 12 月 1 日访问。

中的基本法，税收征管的基本规则亦规定在该法典中，其中，该法典规定的诸多纳税人权利可以视为德国宪法、《欧洲人权公约》规定的基本权利的具体化。再如，德国 2003 年《联邦数据保护法案》① 对公民个人数据的保护进行了规定，② 征税主体对纳税人的数据信息需要尊重和保护。此外，作为德国重要法律渊源的欧盟法（例如《欧盟运行条约》），其所规定的一些公民基本权利，亦构成德国纳税人权利的来源，进一步扩大了德国纳税人权利的范围。

2. 主要制度介绍③

除基本权利外，德国纳税人主要的权利包括自由流动权、隐私权、退税权、计息权、被代理权、享受公平课税权、被告知权利和义务权、被听取意见权、申请延期申报及缴纳税款权、税收免除权、申诉权等，④ 因自由流动权和享受公平课税权较有特点，现做详细介绍。

（1）自由流动权利。作为德国纳税人的一项基本权利，自由流动权主要是指《欧盟运行条约》所规定的在欧盟单一市场下商品、服务、人员和资本在不同成员国间自由流动的权利，该权利的保护对欧盟经济、政治一体化发展至关重要。⑤ 以人员自由流动（和居住）的权利为例，《欧盟运行条约》第21 条规定："在本条约以及为实施本条约而采取的措施规定的限度和条件范围内，每一位联盟公民有权在成员国领土内自由流动和居住。"⑥ 因此，成员国在税收立法时，不得侵犯纳税人的该项权利，否则将因违反欧盟义务而无效，德国《个人所得税法》曾因此进行过修订。根据 1995 年 2 月 14 日欧洲法院做出的 Schumacker 案判决，⑦ 德国《个人所得税法》曾规定在德国工作的有限纳税义务人（其他欧盟成员国公民）不能享有无限纳税义务人所享有的夫妻共同纳税、基于个人情况的涉及生计费用扣除等权利。欧洲法院认定

① See Federal Data Protection Act 2003（德国 2003 年《联邦数据保护法》英文官方译本），available at juris. de：http：//www. gesetze – im – internet. de/englisch_ bdsg/，2016 年 12 月 13 日访问。

② See sec. 6（1）of Federal Data Protection Act of Germany.

③ 由于篇幅所限以及本书将在之后的节中就税收征管的诸多制度（亦涉及纳税人权利）按照国别（地区）一一进行详细讨论，这里不再赘述相关制度，仅论述其他体现相关国别（地区）特色的制度。

④ 主要参见德国《税收通则》。

⑤ 翁武耀：《欧盟税制概括》，载《重庆工商大学学报（社会科学版）》2010 年第 2 期。

⑥ See art. 21 of Treaty on the Functioning of European Union.

⑦ See ECJ's judgment in Schumacker（Case C – 279/93）.

德国《个人所得税法》该项规定歧视了欧盟其他成员国公民，违背了《欧盟运行条约》关于人员自由流动的规定。显然，纳税人享有的欧盟内跨境自由流动的权利对包括德国在内的欧盟成员国税收立法而言亦是一项边界，该权利的保护对欧盟经济、政治一体化发展的重要性不言而喻。

（2）享受公平课税的权利。德国《税收通则》第 85 节"课税原则"规定："收入部门应当根据法律的规定以统一的方式实施纳税评定和税款征收。尤其是，它们必须确保税没有被打折或不公平地征收，或退税没有被不正确地给予或否决。"① 该条规则是税收公平和法定原则（或德国宪法上平等权和财产权限制法定原则）在税收征管领域的具体化，同时也表明两者的适用具有紧密的关联。

（二）英国

1. 历史发展

英国纳税人权利立法最早可以追溯到 1215 年《大宪章》。有关纳税人权利保护的条款是第 12 条和第 14 条，第 12 条规定，兵役免除税或协助金的征收必须经过王国之公众评议；第 14 条规定，为保有王国内的公众评议，应当召集大主教、主教、修道院院长、伯爵、大男爵及郡内所有主要人士。1627年，《权利请愿书》正式在英国早期的不成文宪法中确立了税收法定原则，规定"在国会未同意的情况下，不宜强迫任何人缴付任何税收或此类负担"。② 1688 年，《权利法案》重申了议会课税权。自此，税收法定主义所蕴含的民主思想，体现为纳税人对国家课税的同意权这一纳税人宪法性的基本权利在英国的应用不断强化，并对世界其他国家宪法和税收立法产生了深远影响。

在现代社会，英国 1970 年《税收管理法案》（Taxes Management Act）③ 规定了诸多在征纳环节的纳税人权利，例如，纳税评定稳定权和重复评定禁止权、退税权、代理权、申诉权、税务稽查中的被告知权、强制执行中的生存权、财产权受保护的权利以及司法救济权等。关于英国纳税人权利保护的发展，值得一提的是 1986 年颁布的《纳税人宪章》（Taxpayers´ Charter）。当

---

① See sec. 85 of Fiscal Code of Germany.

② 张守文：《论税收法定主义》，载《法学研究》1996 年第 6 期。

③ See Taxes Management Act 1970, available at legislation. gov. uk：http：//www. legislation. gov. uk/ ukpga/1970/9/contents/enacted，2017 年 5 月 1 日访问。

时，英国政府的施政理念发生了转变，认为公共服务应当响应公众需求。不过，1998 年单独的宪章因并入政府现代化白皮书而消失。2008 年的财政法案赋予了英国皇家税务海关总署（HMRC）新的信息权和检查权，使得英国皇家税务海关总署的行政权力大幅扩张。为此，英国学界认为，应当给予英国纳税人合适的安全保障和申诉的权利，以平衡英国皇家税务海关总署过大的权力。① 《纳税人宪章》在这个时候重新出现在公众的视线范围内。2008 年，英国特许税务学会（the Charted Institute of Taxation）出版了《纳税人宪章》，② 该宪章为纳税人设定了较为对等的权利及义务。③ 在英国，这部宪章被称作"您的宪章"（Your Charter）。④ 需要说明的是，这部宪章并不是要作为法律取代现有的法律法规对纳税人的保护，而是作为一种附加的权利保障，来明确纳税人与英国皇家税务海关总署之间的权利和义务界限。

2016 年，英国皇家税务海关总署对宪章进行了修改，最大的变化是删除了"尽我们最大的可能将您与我们交涉的成本降到最低"这一内容，但新宪章也增加了税务部门的一些责任条款，如"了解您需要做什么并确保被及时通知"。⑤ 这样的调整具有现实基础，即英国皇家税务海关总署 2012 年开始实施数字化进程以后，数字化途径的沟通已经成为征纳互动的主要方式，同时

① See Paul Garwood, UK: The Taxpayers' Charter – Modernising Tax Administration, available at mondaq: http://www.mondaq.com/x/65744/Income + Tax/The + Taxpayers + Charter + Modernising + Tax + Administration, 2017 年 5 月 1 日访问。

② 该宪章参考了许多其他国家的宪章，特别是澳大利亚的纳税人宪章，以及以 1996 年《公务员守则》（Civil Service Code）、1998 年《数据保护法案》（Data Protection Act）、1998 年《人权法案》（Human Rights Act）、2000 年《信息自由法案》（The Freedom of Information Act）、2003 年经合组织《纳税人权利与义务——应用指南》（Taxpayers' Rights and Obligations – Practice Note）等一系列法律法规为基础。

③ See Rita de la Feria and Parintira Tanawong, Surcharges and Penalties in UK Tax Law, Oxford University Centre for Business Taxation Working Paper 15/10, page 26.

④ See Yours Charter, available at gov. uk: https://www.gov.uk/government/publications/your – charter/your – charter, 2017 年 5 月 1 日访问。

⑤ See Francois Badenhorst, HMRC Quietly Alters Taxpayer Charter, available at accountingweb. co. uk: http://www.accountingweb.co.uk/tax/hmrc – policy/hmrc – quietly – alters – taxpayer – charter, 2017 年 5 月 1 日访问。

税务部门基于大数据分析得以做出智能化反应和快速应对。① 这样，税务部门既能实现与纳税人交涉成本的最小化，也能及时获知纳税人的需求。

2. 主要制度介绍

除基本权利外，英国纳税人主要的权利包括纳税评定稳定权和重复评定禁止权、退税权、代理权、申诉权、税务稽查中的被告知权、强制执行中的生存权、财产权受保护的权利、司法救济权、受尊重并被视为诚实权、享有征税机关有效服务权、享有征税机关专业和正直不阿对待权、信息受保护权以及享有征税机关快而公平地处理投诉权等。② 因纳税评定稳定权和重复评定禁止权以及诚实纳税推定权较有特点，现做详细介绍。

（1）纳税评定稳定权和重复评定禁止权。③ 英国 1970 年《税收管理法案》第 29 条第（6）项规定："评定通知送达被评定人后不得再变更，除非本法案另有规定。"该条主要规定了征税机关在通常情况下不得变更已经送达给纳税人的纳税评定。此外，第 32 条第（1）项规定："……基于同一理由和在同一征税期间，对纳税人的纳税评定已经超过一次，评定导致超额征收的部分，应当是无效的……"该条则进一步规定了征税机关对同一纳税人就同一种税在同一时期因基于同一理由，评定两次及以上，导致超额征收，超额征收为无效。如果说第 29 条第（6）项是关于对同一评定不能随意变更，那么第 32 条第（1）项则是关于禁止征税机关重复纳税评定，即禁止做出多个不同的评定。但两项规定的立法目的应当是相同的，即确保对纳税人的评定结果的稳定性。这样一种稳定性的要求，有利于征税机关行使课税处分职权的严谨性，即在查明事实的同时严格按照法律的规定进行纳税评定，避免任意性的评定，尤其是加重纳税人负担的评定变更或重复评定，进而有利于纳税人对征税机关的信任。当然，随意变更或重复进行纳税评定不利于对纳税人法律确定性方面的保护，也不利于纳税人合理预期利益的保护。

（2）诚实纳税推定权。英国《纳税人宪章》所规定的纳税人第一项权利就是诚实推定权，其标题内容是："（征税机关）尊重纳税人并将纳税人视为

---

① 何振华、罗飞娜等：《英国"数字化税务"行动两年更新一次》，载《中国税务报》2016 年 12 月 30 日（B6 版）。

② 主要参见英国《税收管理法案》和《纳税人宪章》。

③ See art. 29（6）and art. 32（1）of Taxes Management Act 1970 of UK.

是诚实的。"在该标题下，宪章以征税机关表述的方式进一步规定："我们会以礼貌和尊敬的态度不偏不倚地对待您。我们会倾听您的顾虑并清楚地回答您的问题。我们会推定您告诉我们的是真相，除非我们有充分的理由不这么认为。"根据该权利，征税机关在对纳税人课税时，推定纳税人在实施税务活动时是诚实的，特别是纳税人申报的情况、递交的资料是真实、完整、准确的，这样，征税机关在没有调查、掌握充足证据的情况下就不能质疑纳税人的纳税情况是否合法并进而采取相应行为。纳税人诚实推定权建立在纳税人与征税机关相互信任、协作的关系基础上，换言之，纳税人获得诚实推定权的同时，事实上也应当担负诚实实施税务活动的义务。为此，英国《纳税人宪章》在规定纳税人享有诚实推定权的同时，规定了纳税人有义务诚实地处理税务事宜。这样，诚实纳税推定权的确立无疑对于改善征纳关系、避免双方对立具有积极的意义。此外，该权利的确立也有利于降低纳税人的遵从成本，有助于征税机关认识其与纳税人在税收关系中处于平等法律地位、不能随意干扰纳税人正常活动。事实上，英国《纳税人宪章》这一规定对其他国家，尤其是英联邦国家相关立法具有范式作用。

（三）美国

1. 历史发展

美国以《独立宣言》宣告了其历史的开端，并以1787年美国宪法（即美国现有宪法）[①]为基础创建了宪政制度，其核心内容包括人民主权、分权制衡、司法独立和联邦国体，而这也为纳税人权利保护奠定了坚实基础。1776年，美国《独立宣言》对英国任意向美国民众征税进行了指责，随后1787年宪法第1条第7款规定，一切征税议案首先应在众议院提出，但参议院可以表示赞同或提出修正案。除了1787年宪法第1条所规定的纳税人课税同意权以外，还包括但不限于：第1条修正案（1791年）特别规定公民言论自由和向政府请愿申冤的权利，这有利于纳税人向征税部门表达意见；第4条修正案（1791年）特别规定公民的人身、住宅、文件和财产不受无理搜查和扣押的权利，纳税人在课税过程中亦享有这一权利；第14条修正案（1868年）

[①] See U. S. Constitution, available at law. cornell. edu：https：//www. law. cornell. edu/constitution/o-verview，2016年12月16日访问。

特别规定不经正当法律程序，不得剥夺任何人的生命、自由或财产，任何人受平等法律保护，纳税人的相关权益亦受该条保护。不过，美国纳税人权利中通过司法保护自己依宪法纳税的权利，直到 1895 年波洛克案（The Pollock case①）才觉醒。但是真正纳税人权利概念的提出和倡导纳税人权利的全面、系统的立法保护则是在 20 世纪 80 年代中期及其后的税制改革引发的。

20 世纪 80 年代中期，美国政府对所得税的依赖性愈发增强，所得税成为政府财政收入的最重要来源。这样，一方面，所得税等直接税的征收以及个人申报制度的建立使美国公民的纳税人意识不断增强；另一方面，税制无疑变得更为复杂，也更为依赖纳税人的遵从与合作。在《纳税人权利法案》出台以前，保护纳税人权利的相关法案零散分布于各个法案和判例中。1986 年，美国财政部修订了《国内税收法典》。② 由于《国内税收法典》内容复杂且晦涩，普通的纳税人难以阅读并根据此法案交税，需要相关的法律系统归纳解读。此外，美国国内收入局实力强大，被誉为"美国最令人闻风丧胆的政府部门"，国内收入局在征税的环节中很容易侵犯纳税人的合法利益，因此应当赋予纳税人权利以维护自身利益。③ 在上述背景下，美国在 1988 年制定了专门的《纳税人权利法案》（Taxpayer Bill of Rights④），主要规定了知情权等 7 项权利。1996 年，美国颁布了《纳税人权利法案Ⅱ》，该法案增加的纳税人的权利，主要包括免费获取资料和帮助权、机密权、延期申报权、税务处罚豁免权等。在新增加的权利中，特别值得一提的是，如果第三人在填写纳税人申报资料时，因错误而造成不利影响，纳税人可以对第三人提起民事诉讼以求赔偿。两年后，美国再次颁布《纳税人权利法案Ⅲ》，进一步加强了对纳税人权利的保护，例如，强调征纳主体权利平等以及加强对纳税人的基本生活保障、纳税人隐私权和机密权保护和对纳税人服务。⑤ 2014 年美国颁布了

---

① See Pollock v. Farmers′Loan & Trust Company, 157U. S. 429（1895）.

② See U. S. Code: Title 26 – Internal Revenue Code, available at law. cornell. edu: https://www. law. cornell. edu/uscode/text/26, 2017 年 5 月 2 日访问。

③ 朱大旗、张牧君：《美国纳税人权利保护制度及启示》，载《税务研究》2016 年第 3 期；储信艳：《令人闻风丧胆的美国国税局》，载《现代班组》2015 年第 3 期。

④ See Taxpayer Bill of Rights, available atirs. gov: https://www. irs. gov/taxpayer – bill – of – rights#informed, 2017 年 4 月 30 日访问。

⑤ 陈浩武：《美国纳税人的权利及其法律保障》，载《中国周刊》2012 年第 3 期。

新的《纳税人权利法案》，通过对散落在各个税收法规中的纳税人权利进行集中归纳，明确列出了十项纳税人核心权利。① 2015 年，美国国会将此法案提出的纳税人 10 项权利编入《国内税收法典》。②

2. 主要制度介绍

除基本权利外，美国纳税人主要的权利包括被告知权、获得优质服务权、缴纳不超过正确数额的税的权利、质疑国内收入局的立场和被倾听的权利、在独立场所对国内收入局的决定提出复议的权利（同时纳税人有权要求法院审理自身的案件）、最后期限知悉的权利、隐私权、要求保密权、雇佣代理人的权利、要求税制公平和公正的权利以及拥有纳税人保护官的权利等，③ 因纳税人保护官制度较有特点，现做详细介绍。

《纳税人权利法案Ⅱ》第 1 章引入了纳税人保护官（Taxpayer Advocate）制度。④ 根据该章的规定，纳税人保护官的职责包括："协助纳税人解决与收入局的争议""识别纳税人在与收入局打交道时存在问题的领域""尽可能对收入局行政实践提出改变的建议，以减少前述识别的问题"和"提出有助于减少前述问题的可能的立法修改"。据此，可以认为，纳税人权利保护官是由国家任命或依法设立，代表纳税人向征税机关以及立法机关寻求正义，援助税收征管过程中居于弱势地位的纳税人，确保其不因税务机关滥用权力而遭受不法侵害的组织。事实上，美国是第一个实施纳税人保护官制度的国家，开始于 1979 年，其前身是纳税人监察官（Taxpayer Ombudsman）。之后改名为纳税人保护官，原因在于 1988 年《纳税人权利法案》将纳税人监察官的法律地位加强为"得行使公权力，实际保障纳税人。在个别纳税人因税务局执行，遭受或即将遭受严重之苦难时，得发布'纳税人救援令'，以减轻、延缓纳税人负担，并避免难以恢复之损害"。⑤

在美国，纳税人保护官制度的建立，与制定《纳税人权利法案》密不可分，可以说是《纳税人权利法案》必不可少的配套制度。事实上，为切实保

---

① 赵岩、赵艳清、安剑：《美国发布新〈纳税人权利法案〉》，载《国际税收》2014 年第 8 期。

② See IRC § 7803（a）（3）.

③ 主要参见美国《纳税人权利法案》。

④ See Title I of Public Law 104 – 168 – Taxpayer Bill of Rights 2.

⑤ 许多奇：《落实税收法定原则的有效路径——建立我国纳税人权利保护官制度》，载《法学论坛》2014 年第 4 期。

护纳税人权利，除了明确规定纳税人享有的诸多权利以外，还需要配置相应的实现手段。这是因为个别纳税人面对代表公权力的征税机关，不仅在信息上不对等、专业知识上不对等，而且法律手段上亦不对等，这样就需要设置一个能够对抗、制约征税机关公权力行使的纳税人维权组织。① 为此，纳税人保护官不仅有助于税务争议的预防和化解，同时也有利于纳税人税法遵从度的提高，而美国纳税人保护官对立法建议的职能，更是有助于推动税收立法的完善。事实上，纳税人保护官的设置，"并非以偏袒纳税人权益为唯一考量，而是着力于追求税法上的利益均衡，以兼顾国家利益、公共利益、关系人利益及纳税人利益，以期实现征纳双方以及有关各方关系人利益的公平兼顾，营造多赢的局面"。②

（四）加拿大

1. 历史发展

在加拿大还是殖民地的时期，英国的政治和法律制度在加拿大的推行，对今天的加拿大产生了重要影响，尤其是在宪政方面，而公民权利意识也正是从那时开始萌芽。不过，直到 1982 年宪法（即现有宪法）的制定，加拿大才获得完整的立宪权和修宪权，并首次明确规定当今其他西方国家公民所具有的基本权利。加拿大 1982 年宪法第一部分规定了公民的基本权利和自由，该部分内容即为同年颁布的《加拿大权利与自由宪章》（Canadian Charter of Rights and Freedoms，③ 以下简称宪章），宪章属于一部独立的宪法性文件。宪章对公民权利的规定构成了纳税人权利的源泉，例如表达自由的权利，④ 生命、财产和人身不受侵犯的权利，⑤ 拒绝非法搜查和逮捕以及保证自由的权利，⑥ 法律面前平等的权利，⑦ 使用英语和法语两种语言的权利，⑧ 等等。加

---

① 戴芳：《发达国家纳税人权利保护官制度及其借鉴》，载《涉外税务》2012 年第 7 期。

② 戴芳：《发达国家纳税人权利保护官制度及其借鉴》，载《涉外税务》2012 年第 7 期。

③ See Canadian Charter of Rights and Freedoms, available at publications. gc. ca：http：//www. publi-cations. gc. ca/collections/Collection/CH37 - 4 - 3 - 2002E. pdf，2016 年 12 月 29 日访问。

④ See art. 2 of Canadian Charter of Rights and Freedoms.

⑤ See art. 7 of Canadian Charter of Rights and Freedoms.

⑥ See art. 8 of Canadian Charter of Rights and Freedoms.

⑦ See art. 15 of Canadian Charter of Rights and Freedoms.

⑧ See art. 16 of Canadian Charter of Rights and Freedoms.

拿大纳税人权利保护自此进入快速发展时期。

在1983年，加拿大颁布实施《信息获取法案》（Access to Information Act）和《隐私法案》（Privacy Act）。前者规范公民如何从政府获悉信息，除了特别情形外，纳税人有权从加拿大征税部门获取征税部门对税收法律的解释信息以及与纳税评定有关的信息。后者规范政府在提供服务的过程中收集、使用和披露个人信息的活动，是纳税人隐私保密权的重要法源。根据该法案，加拿大征税部门应当保证纳税人信息的保密性，防止泄露，除法律规定的情形外，不得泄露。该两部法案对之后税收相关内容的立法起到了积极推动作用，尤其在税收征管立法方面。加拿大没有专门制定税收征管法，税收征管的内容主要规定在1985年《所得税法案》（Income Tax Act）。[1] 其中，该法案规定的纳税人主要的权利在之后的《纳税人权利法案》（Taxpayer Bill of Rights）中被罗列，使得对所有纳税人适用。同年，征税部门为配合1982年宪章的要求，公布了《纳税人权利宣言》（Declaration of Taxpayer Rights），其目标是提高部门公信力和纳税人权利意识。虽然《纳税人权利宣言》并没有法律地位，但是它却极大地影响了征税部门对待纳税人的态度。[2] 2007年加拿大政府向议会公布了《纳税人权利法案》，该法案实际上是《纳税人权利宣言》的延伸，并在历经多次修改后，纳税人权利也从最初的8项增加到现在的16项。

2. 主要制度介绍

除基本权利外，加拿大纳税人主要的权利包括仅缴纳应缴税额的权利，享受两种官方语言服务的权利，信息机密权，得到正式回复和救济权，享受专业、礼貌、公平服务的权利，得到完整、准确、清楚、及时的信息的权利，拒绝缴纳争议税款的权利，一贯地适用法律的权利，投诉和得到调查结果解释的权利，当实施税收立法时考虑遵从成本的权利，期待国内收入局公正合理的权利，在极端环境下减轻罚金和利息的权利，选择代理人权，诚实推定

---

[1] See Income Tax Act (R. S. C., 1985, c. 1), available at laws - lois. justice. gc. ca: http://laws - lois. justice. gc. ca/eng/acts/I - 3. 3/，2017年4月29日访问。

[2] Scott Butler A, Charter Challenges to Income Tax Provisions, The Report of Proceedings of the Forty - Sixth Tax Conference, 1994 Conference Report, p. 29.

权等,① 因信息机密权和诚实推定权较有特点，现做详细介绍。

（1）信息机密权。1985 年《所得税法案》第 241 节第（1）项规定："除了本节授权以外，政府组织的官员或其他代表人员不得：（a）故意或故意允许向其他任何人提供任何纳税人信息；（b）故意允许任何人获取纳税人信息；（c）在本法案、加拿大退休金办法、失业保险法案、就业保险法案的管理或执行过程以外的情形故意使用任何纳税人信息。"② 该条规定旨在禁止纳税人的信息被政府随意披露，有利于纳税人的隐私权这一基本权利的保护。而这样一种为纳税人保守（从所得税申报表或其他途径取得）信息机密的规定，事实上对纳税人纳税申报具有极大的鼓励作用。纳税人信息机密被保守得越严密，纳税人对其披露的私人信息不会被用于课税以外的目的越有信心，自愿披露信息也会越主动、真实和完整。因此，对纳税人信息的保密是课税得以良好运转的基础。此外，该法也规定在一些特定的情形下，征税机关可以披露纳税人信息（主要是在执行《所得税法案》的情形）。对此，加拿大最高法院曾认为，"第 241 节关涉冲突利益的平衡，纳税人对其财务信息的隐私权益，与政府在有效实施和执行《所得税法案》以及其他联邦制定法的必要范围内被允许披露纳税人信息的利益之间的平衡……"③

（2）诚实推定权。加拿大《纳税人权利宣言》规定，"法律认为纳税人是诚实的，除非有证据证明有相反的情况"。据此，纳税人该项权利可表述为纳税人有被征税机关假定为依法诚实纳税的权利，具体可表述为："推定纳税人在处理纳税事宜时是诚实的，并且承认纳税人所说的情况属实以及所递交的资料是完整和准确的，如无充足证据，不能对纳税人是否依法纳税进行无端怀疑并采取相应行为。"事实上，"该项权利（纳税人诚实推定权）和刑法中的无罪推定有着共通的理念渊源，是人格尊严权的一部分，税法上的诚实推定与刑法上的无罪推定一起表明了一国对待自己国民的态度，凸显的是一国法治水平的高低"。④ 纳税人在税收征管中享有诚实推定权，有助于推动税

---

① 主要参见加拿大《纳税人权利法案》和《纳税人权利宣言》。

② See sec. 241（1）of Income Tax Act of Canada.

③ 丁一：《纳税人权利研究》，中国社会科学出版社 2013 年版，第 164 页。

④ 刘剑文：《〈税收征管法〉修改的几个问题——以纳税人权利保护为中心》，载《法学》2015 年第 6 期。

收正当调查法律程序的建立，有助于征税机关加强职权主义下的证据收集，使得征税机关承担更多的举证责任。同时，在针对非因纳税人主观过错导致漏缴税款的具体案件中，会导致纳税人仅得补缴税款而免于罚款和滞纳金的处罚。①

（五）日本

1. 历史发展

在明治维新以后，日本政府进行近代化政治改革，建立君主立宪政体，纳税人权利保护从此萌芽、发展。对此，可以从以下五个阶段来论述。② 第一，在税制草创时期（1868 年至 1886 年），明治政府全面实施土地税改革，重建了租税机构，颁布了多项条例，明确征税对象，降低土地税标准，农民阶级对自身权利追求的萌芽产生。第二，在税制确定时期（1887 年至 1912 年），日本进行了大量的税收立法，如 1888 年制定《国税征收法》及《国税滞纳处分法》等。③ 1889 年《大日本帝国宪法》第 21 条规定"日本臣民依法律规定有纳税之义务"。④ 这是日本历史上在宪法中第一次规定税收法定原则的内容。此外，1890 年 10 月请愿法（法律 105 号）规定"关于税课赋以及滞纳处分的案件，可以直接向其上一级行政官厅请愿，还规定了由于行政官厅的违法处分使权利被侵害者可以向行政法院起诉"。⑤ 日本纳税人权利保护和立法有了巨大的发展。第三，发展时期（1913 年至 1939 年），在这一阶段，税制结构发生变化，相继出现了"税理士法案""税务代理人法案"，但都未获通过。第四，战争时期（1913 年至 1945 年），由于战争的影响，军费开支膨胀，纳税人税负日益加重，纳税人权利难以保障。但在此期间，1942 年《税务代理士法》正式颁布实施，缓和了税务机关和纳税人之间不必要的摩擦。第五，在税制转型时期（1945 年以后），日本于 1946 至 1950 年进行了全面的税制改革，受美国税法影响，以民主和公平为基本思想，改变以往间接

① 王桦宇：《论税法上的纳税人诚实推定权》，载《税务研究》2014 年第 1 期。

② 关于日本近代税制发展的阶段，参见经庭如、马超飞：《日本税理士制度：历史变迁发展及实践意义》，载《财贸研究》1998 年第 4 期。

③ 赵立新：《日本法制现代化之路》，河北人民出版社 2003 年版，第 120 页。

④《大日本帝国宪法》日文原文，参见网址：http：//www.houko.com/00/01/M22/000.HTM，2016 年 5 月 13 日访问。

⑤［日］金子宏著，战宪斌、郑根林等译：《日本税法》，法律出版社 2004 年版，第 35 页。

税为主的税制而形成以直接税为主的税制。① 1947 年，在美国积极参与下，日本颁布现行日本宪法，② 否定了天皇主权而确立了国民主权的原则。③ 追求民主与公平的思想对税制改革纳税人权利方面也产生了一定的影响，奠定了思想基础。战后国民对个人权利保障追求的热情逐渐增高，这也为纳税人权利制度建设提供了社会基础保障。

1947 年宪法规定了公民诸多基本权利，与纳税人相关的权利包括平等权、请愿权、生存权、财产权、对课税的同意权和住所不受侵犯的权利等，④ 这些权利对纳税人具体权利在其他法源的发展奠定了基础。1962 年，日本制定了《国税通则法》，⑤ 后经多次修改，在征管方面确立、规范了诸多纳税人权利，例如，修正申报的权利、更正请求的权利、申请缴纳期限延长的权利和申请纳税延缓的权利等。⑥ 此外，需要特别一提的是，日本在 2003 年 5 月通过了五部有关个人信息保护的法律，分别是《个人信息保护法》《行政机关保有的个人信息的保护法》《独立行政法人等保有的个人信息的保护法》《信息公开、个人信息保护审查会设置法》以及《伴随〈行政机关保有的个人信息的保护法〉等的实施而整理相关法律的法律》。⑦ 这五部法律中都有对行政机关公权力限制的部分，同样能够适用于税收领域，应用于纳税人个人信息保护、隐私权保护的实践当中。

2. 主要制度介绍

除基本权利外，日本纳税人主要的权利包括个人信息保护、隐私权、修正申报权、更正请求权、申请缴纳期限延长权、申请纳税延缓权、代理权等，因代理权——税理士制度较有特点，现做详细介绍。

现代税制十分复杂且专业性极强，纳税人很难准确理解税法和履行纳税

---

① 张小平：《日本的税务行政复议制度及其借鉴》，载《税务研究》2004 年第 10 期。

②《日本国宪法》日文原文参考网址：http://www.houko.com/00/01/S21/000.HTM，2017 年 5 月 13 日访问。

③ 赵立新：《日本法制现代化之路》，河北人民出版社 2003 年版，第 219 页。

④《日本国宪法》第 14 条、第 16 条、第 25 条、第 29 条、第 30 条、第 35 条。

⑤《国税通则法》日文原文，参见网址：http://www.houko.com/00/01/S37/066.HTM，2017 年 5 月 13 日访问。

⑥《国税通则法》第 19 条第 1 项、第 23 条第 1 项、第 11 条、第 64 条第 1 项、第 46 条第 1 项。

⑦ 葛虹：《日本宪法隐私权的理论与实践》，载《政治与法律》2010 年第 8 期。

义务，为帮助纳税人准确理解和履行纳税义务，需要建立完善的税收服务中介组织制度。日本是世界上最早推行税务代理的国家。① 在税制草创时期，商品货币经济的发展，为税理士制度萌芽的产生提供了经济基础。在税制确定时期，由于甲午战争、日俄战争的爆发，为筹集战时资金，国家的税收规模增大，税种增多，税收程序也变得更加烦琐，纳税问题也不断增多。纳税人为维护自己的权益，要求税收咨询和委托代办的需求逐渐增多。但当时针对税务代办人员没有相应的制度和规范的组织，各类问题不断发生。1911 年，日本大阪市制定了税务代办人员监督制度，即《大阪税务代办管理规定》。②此后，日本为缓解战争经费紧张，于 20 世纪初修订相关税法，修订后的税收制度更为复杂，专业程度更高，国民不具备相应的专业知识，其纳税难度和成本增加，与税收机关的争议也逐渐增多。1942 年，国会通过了《税务代理士法》，日本税务代理资格制度由此诞生。1951 年，日本颁布了《税理士法》③ 以取代《税务代理士法》，从此税理士制度得以确立。④ 税理士制度之后经过二十多次修改，使得日本成为税务代理制度最完善的国家。日本 1980 年修订的《税理士法》在肯定纳税人享有寻求具备专业知识的税务人员的权利（即代理权）的基础上，强调作为税务专家的税理士应当以独立公正的立场、以不辜负纳税人的信赖，保证纳税人只履行租税法令所规定的纳税义务。为了保护纳税人的利益，《税理士法》对税理士的义务做出了明确的规定。税理士的义务主要分为两类，一类是基于税理士专门职业人身份所产生的义务，如：明确代理权限的义务，禁止逃税咨询的业务，禁止失去信用的义务，建议义务，业务限制与停止等；另一类是基于税理士是纳税人的代理人的身份所产生的义务，如：就一定的事项接受特别委任的义务，调查的通知义务，意见听取的义务，保密义务等。⑤

---

① 李彦：《国外纳税人权利保障机制研究》，载《湖南经济管理干部学院学报》2005 年第 5 期。

② 经庭如、马超飞：《日本税理士制度：历史变迁发展及实践意义》，载《财贸研究》1998 年第 4 期。

③《税理士法》日文原文，参见网址：http：//www.houko.com/00/01/S26/237.HTM，2017 年 5 月 13 日访问。

④ 苏强：《日本税理士制度的经验及借鉴》，载《产业与科技论坛》2007 年第 10 期。

⑤ ［日］金子宏著，战宪斌、郑林根等译：《日本税法》，法律出版社 2004 年版，第 125 页。

（六）韩国

1. 历史发展

为废除自日本殖民政府承袭而来的税制，1948 年 10 月，韩国政府成立税制改革委员会，制定了新税法，现代税制被正式引入韩国。从那时起至今，韩国实施了多次重要的税制改革，纳税人权利的保护从无到有，并不断发展。韩国对纳税人权利保护做出基本规定的法律规范主要是《第六共和国宪法》①《国税基本法》② 和《纳税人权利宪章》。韩国《第六共和国宪法》作为国家根本大法，在第二章"国民的权利和义务"第 38 条明确规定所有国民负有按法律规定纳税的义务，未明确规定纳税人依法享有的权利。但在该宪法的第二章"国民的权利和义务"中明确规定所有国民享有财产权等权利，据此可以认为宪法从侧面规定和保障了纳税人依法所享有的权利，为《国税基本法》《纳税人权利宪章》等的制定和实施奠定了基础。1968 年，韩国政府进行了大规模的税制修改，对 19 部法律条文中的 12 部进行了修订，涉及税款的多退少补制度、延期纳税制度和税务申诉制度。1974 年，为了阐明国家征收中央税的合法性，促进税务行政的公平管理以及保护纳税人的合法权利，韩国制定了《国税基本法》，其内容包括纳税人诚信原则、以账簿及其他客观证明为依据的查定征收制度、成立特殊的独立机构（即国税审判委员会）等。1996 年 6 月，韩国修改《国税基本法》，增列有关纳税人权利事项的第 7 章之二，有力突显了《国税基本法》纳税人权利保护之宗旨，并对扭转纳税人在征纳过程中的弱势地位、平衡纳税人与征税机关的关系具有重要的作用。此外，从规定的主要内容来看，第 7 章之二在于将"正当法律程序"观念引入税收征纳程序之中，③ 从正当法律程序的遵循来保护纳税人的相关权利。1997年韩国按照优化税务行政、完善课税标准、简化税收体系、加强诚信纳税的原则进行改革，制定并颁布《纳税人权利宪章》。④

---

① 韩国宪法共修改过 9 次，该宪法为 1987 年 10 月 29 日最后一次修改后的宪法。

② 目前最新的《国税基本法》为法律第 10621 号，2011 年 8 月 3 日施行。

③ 潘英芳：《纳税人权利保障之建构与评析：从司法保障到立法保障》，翰芦图书出版有限公司 2009 年版，第 39－47 页。

④ 朴姬善、金兰：《中韩税收比较研究》，中国社会科学出版社 2012 年版，第 34－47 页。韩国《纳税人权利宪章》中规定的纳税人权利与《国税基本法》第 7 章之二专门规定的纳税人权利比较接近。

2. 主要制度介绍

除基本权利外，韩国纳税人主要的权利见于《国税基本法》第 7 章之二"纳税人权利"专门规定的权利，包括纳税人诚实推定权、享有征税机关滥用税务调查禁止的权利、税务调查中接受帮助的权利、税务调查的事前通知与延期申请的权利、享有税务调查人员保管纳税人账簿及资料禁止的权利、统一调查原则（合并调查原则）权、课税资料保密权、享有征税机关提供信息的权利、拥有纳税人保护官的权利等。① 因诚实推定权和纳税人保护官制度较有特点，现做详细介绍。

（1）诚实推定权。《国税基本法》第 7 章之二以及《纳税人权利宪章》都规定了纳税人诚实推定权。其中，根据前者第 81 条第（三）和（六）项的规定，"税务公务员除以下情形外，应推定纳税人及纳税人提交的申报材料是诚信的：①纳税人不履行税法规定的申报，开具、交付或者提交税金计算书或计算书，开具或者提交支付明细凭证等纳税协助义务；②无资料交易、伪造或者编造交易等有不符事实嫌疑的；③有人举报纳税人逃税的；④申报内容中存在能够认定偷税漏税或错误嫌疑的明确资料"。② 与前文其他国家诚实推定权的规定不同的是，韩国《国税基本法》将诚实推定否定的情形在同一条文中进行了明确列举，有助于明确纳税人诚实推定权的适用范围。关于诚实推定权规定的意义在此不再赘述。

（2）纳税人保护官。《国税基本法》第七章之二第 81 条第（十六）项规定了纳税人保护官制度："为保障纳税人权利，在国税厅设置负责纳税人权利保障业务的纳税人保护官。" 韩国纳税人保护官的职责可以概括为："①与税收相关苦衷民愿的解除及有关纳税人权利保护的事项；②关于纳税服务相关制度、程式改善的事项；③对违法、不当处分的中止或纠正违法；④不当税务调查的一时中止或终止；⑤关于纳税人权利保护业务对税务署及地方国税厅纳税人权利保护担当官进行指导和监督等。"③ 韩国纳税人保护官制度是学习美国纳税人保护官制度而引入，该制度的意义这里亦不再赘述。

---

① 朴姬善、金兰：《中韩税收比较研究》，中国社会科学出版社 2012 年版，第 343 - 350 页。

② 朴姬善、金兰：《中韩税收比较研究》，中国社会科学出版社 2012 年版，第 344 页。

③ 戴芳：《发达国家纳税人权利保护官制度及其借鉴》，载《涉外税务》2012 年第 7 期。

（七）印度

1. 历史发展

在 1947 年之前，宪政、民主、法治等源于欧洲启蒙运动的制度，经由英国的殖民统治植入印度，① 印度纳税人权利保护也起源于此。1947 年印度独立，1950 年 1 月 26 日，印度宪法正式生效。印度宪法的制定不仅使得自由权、平等权成为纳税人的基本权利，同时也确立了税收法定原则，这对于纳税人权利保护而言，具有里程碑式的意义。当然，把印度的法治和民主精神单纯归结为英国殖民者的影响是不科学的，印度复杂的宗教构成与落后的种姓制度也迫使立宪者不得不接受民主与法治原则。民主原则的确立是主权在民理念的体现，这一原则确保了人民对于政府征税的同意权，例如宪法第 265 条规定的依照法律纳税的权利。② 印度古代社会向来等级森严，为此，除了民主和法治以外，平等也是印度宪法的一大价值追求。进入实质多党制和联合政府的 20 世纪 90 年代，印度宪法基本权利的修正则主要在于平等权，③ 而实际上在于对落后阶层的保护。④ 如果不能将纳税人一视同仁地对待，就会使整个税法制定在不公平的基础上，这种税收法律制度注定不会长久。此外，印度宪法第 32 条规定的救济权，即"公民有权以适当方式提请最高法院强制执行宪法中规定的基本权利"，确保了纳税人基本权利受到侵犯时能够获得司法救济。⑤ 这些宪法上规定的基本权利成为纳税人相关具体权利立法的基础。例如，印度 1961 年《所得税法案》，⑥ 该法案规定了针对所得税的征管规则（在印度有关税收征管的内容主要规定在该法案中），并规定了有关税收征管方面的纳税人权利。

2. 主要制度介绍

除基本权利外，印度纳税人主要的权利包括信息公开与机密权以及税收

---

① 拉马斯瓦米·苏达尔山：《印度的法律与民主》，载《国际社会科学杂志（中文版）》1998 年第 2 期。

② See art. 265 of Constitution of India.

③ See art. 14 of Constitution of India.

④ 周小明：《印度宪法及其晚近变迁》，华东政法大学 2013 年博士学位论文，第 108 – 113 页。

⑤ See art. 32 of Constitution of India.

⑥ See Income Tax Act 1961, available at Income Tax Department：http：//www. incometaxindia. gov. in/pages/acts/income – tax – act. aspx，2017 年 5 月 7 日访问。

减免权、陈述申辩权、要求征税部门纠正错误的权利、知情权、退税权、申请事先裁定的权利、申诉与上诉权、请求免除处罚的权利等，① 因信息公开与机密权和陈述申辩权较有特点，现做详细介绍。

（1）信息公开与机密权。印度在 2005 年颁布了《信息公开法》，② 该法立法目的在于保护公民获取由政府掌握的信息的权利。该法第 3 条规定："任何公民有权获取信息。"③ 不过，该法第 8 条同时规定了诸多免予信息公开的情形，例如："对于涉及商业秘密、交易秘密和知识产权信息的披露行为会有损第三方的市场竞争地位时，除非有权机关确信准许披露这些信息于公共利益更为有利，否则该机关享有信息公开的豁免权。"④ 而第 11 条又规定："如果公民申请公开涉及第三方的信息，公共信息官在做出公开决定之前应当以书面形式通知第三方其将要公开被申请之信息的打算，并邀请第三方就此发表意见。公共信息官应当在充分考虑第三方意见的前提下做出是否公开信息的决定。"⑤ 综上所述，一方面，《信息公开法》保证了纳税人获得信息的权利；另一方面，该法通过规定信息公开豁免和限制涉及第三方信息的公开保护了纳税人的信息机密权。

（2）陈述申辩权。根据印度《所得税法案》第 144 节第（1）项的规定，"当纳税人不履行或者未充分履行法律所要求的申报义务时，评税官在给予纳税人陈述申辩的机会后"，才可以做出纳税评定。⑥ 而第 154 节第（3）项则规定："征税机关在纠正自己发出的命令或者通知中的错误信息时，如果该纠错行为会加重纳税人或者扣缴义务人的责任，征税机关必须先通知纳税人或者扣缴义务人其纠正错误的打算并听取当事人的意见，然后再做出修正。"⑦ 从这两条规定中，可以发现印度十分重视纳税人陈述与申辩的权利，这类规定在《所得税法案》中还有很多，且多数情况下规定征税机关听取纳税人的

① 主要参见印度《所得税法案》。

② See Right to Information Act 2005 of India, available at righttoinformation. gov. in：http：//righttoinformation. gov. in/webactrti. htm，2017 年 5 月 7 日访问。

③ See art. 3 of Right to Information Act 2005 of India.

④ See art. 8（1）（d）of Right to Information Act 2005 of India.

⑤ See art. 11（1）of Right to Information Act 2005 of India.

⑥ See sec. 144（1）of Income Tax Act 1961.

⑦ See sec. 154（3）of Income Tax Act 1961.

意见是其做出决定前所必须的前置程序。上述两条规定一方面保障了纳税人的陈述申辩权，另一方面也保护了纳税人的信赖利益，这也反映了民主观念在税收征纳程序中的体现。

二、 代表性国家纳税人权利保护及其立法与发展趋势比较研究

（一）纳税人权利保护立法的体系化

综观上述国家的纳税人权利保护立法与发展趋势，总体上都体现出纳税人权利保护立法体系性的特点。具体而言，纳税人权利除了规定在宪法（或宪法性法律）中或通过宪法判例确立以外，还规定在超国家法律、非专门涉税的普通法律、税收实体法、税收程序法以及一些行政规范性文件中。此外，还有专门针对纳税人权利的具有法律效力或不具有法律效力的纳税人（权利）宪章或法案等。这样，就形成了具有体系性的纳税人权利立法，即规范纳税人第一位性法律权利的宪法、超国家法律、法律（税收征管法以外的具有法律效力的文件）中保护的权利；规范纳税人第二位性法律权利的税收征管法或程序法；规范纳税人第一位性行政权利的行政规范性文件；规范第二位性行政权利的征税部门发布的指南等不具有法律效力的文件。[①]

（二）纳税人权利保护的专门立法

随着纳税人权利保护在各国税收法治建设中的地位越发重要以及纳税人权利种类的增加，大部分国家、地区都呈现出纳税人权利保护专门立法的趋势。这种专门立法主要体现在就纳税人权利保护制定专门的法律等规范性文件，集中规定纳税人权利，例如英国《纳税人宪章》、美国《纳税人权利法案》、加拿大《纳税人权利法案》、韩国《纳税人权利宪章》。此外，纳税人权利保护专门立法还体现在税收基本法或税收征管法中增设专章对纳税人的相关权利进行集中规定，例如韩国《国税基本法》1996 年修订增列第七章之二 "纳税人权利"，这样，税收基本法或税收征管法得以更好地突显纳税人权利保护之宗旨。当然，这两种纳税人权利保护的专门立法对扭转纳税人在征纳关系中的弱势地位、彰显纳税人权利保护的重要性具有巨大的意义。需要

---

① See Duncan Bentley, Taxpayers′Rights : Theory, Origin and Implementation, Kluwer Law International, 2007, pp. 112 – 136.

补充的是，但凡制定这些纳税人权利专门立法的国家和地区，通常都引入了纳税人保护官制度，例如美国、韩国，以保障纳税人权利的实现。

（三）纳税人权利的多样化和趋同化

首先，多样化和趋同化表现在形式上，即与上述纳税人权利立法体系相对应。目前，相关国家和地区的纳税人权利，主要有基本权利（包括在税收领域应用的生存权、人身权、表达自由权、财产权等基本人权以及课税同意权、公平承担税负权等）和具体权利。后者往往以前者为基础、发挥执行前者的功能，包括纳税人一些实体性权利（例如隐私权、知情权、享受税收优惠权等）和程序（诉讼）性权利（例如申请延期纳税权、代理权、事前裁定权等）。

其次，多样化和趋同化表现在内容上。多样化是指纳税人所享有的权利类型、数量随着时代发展逐渐增多，尤其是具体或执行性权利，这与现代国家征管理念从管理向服务转变以及税制越发复杂、纳税人义务增多等因素紧密相关。关于趋同化，第一方面的内容趋同化体现在纳税人基础性权利方面，事实上，伴随着民主、法治、人权保障在大部分国家和地区的实现，以这些基本制度为起源的纳税人基础性权利也在这些国家的法律制度中确立了。第二方面的内容趋同化则体现在具体或执行性权利方面，尽管不同国家的征税部门所处的环境有所差异，有关纳税人权利的一些具体细节在不同国家之间也会有所差异。在1990年，经济合作与发展组织（OECD）对当时的成员国做过一次调查，尽管那个时候大部分国家还没有专门的《纳税人宪章》，但以下一些权利都在各自的法律体制中确立了：①被告知、帮助和听取的权利；②提起诉请的权利；③不支付超过正确税额以上税额的权利；④确定权（例如事先裁定权就是该权利的具体化）；⑤隐私权；⑥保密权。[1] 这些权利无疑亦体现在前文所研究的国别经验中。此外，还需要强调共同权利，包括部分国家共同规定体现特色的权利，事实上还包括：①要求涉税信息公开的权利；②诚实推定权；③修正申报的权利；④接受"正当程序"的权利。

（四）税收征管法对纳税人权利保护的重要性

国家国库利益的维护应以纳税人权利保护为前提，而对于纳税人权利的

---

[1] See OECD, Tax Administration 2015: Comparative Information on OECD and Other Advanced and E-merging Economies, OECD Publishing, p. 282.

保护则应贯穿于整个税法，不仅税收实体法需要关注纳税人权利，税收程序法也需要关注纳税人权利，尤其是与税收征管相关的权利。换言之，税收征管法往往将纳税人权利保护作为其制定、修改的重要指导思想。事实上，前文所研究的国家和地区经验表明，纳税人权利体系中的纳税权利往往以税收征管法（包括税收法典、基本法或主体税种法中规定的税收征管部分）中确立的权利为主要内容，占据了纳税人权利的主体部分。此外，值得注意的是，这些国家或地区通过制定专门的纳税人（权利）宪章或法案来予以明确纳税人权利，而明确的纳税人权利以税收征管中的权利为主。对此，需要解释的是，税收征管中的权利主要是一些纳税人基本权利下的具体权利，同时，由于在征纳环节，纳税人才会与征税机关发生联系，而权利是与征税机关课税权力相对应的，在征税部门行使课税权力时，纳税人权利存在和实现的意义才具体体现。因此，绝大部分纳税人具体权利都需要规定在具有法律效力的税收征管法中，换言之，税收征管法是纳税人权利的良好载体，部分国家（例如韩国）更是在税收征管法中专章集中规定一部分纳税人权利，突出纳税人权利在税收征管法中的重要地位。

三、 代表性国家纳税人权利保护及其立法与发展趋势对我国的借鉴分析

（一）构建以《税收征收管理法》《纳税人权利保护法》为主的纳税人权利立法体系

目前，我国纳税人权利主要规定于税收征管法之中，尚未制定专门的纳税人权利保护法。虽然税收征管法对纳税人权利保护具有特殊的意义，大部分纳税人权利都规定在税收征管法中，但是考虑到税收征管法程序法的特点，不可能将所有的纳税人权利都规定在税收征管法之中。因此，还是有必要在税收征管法以外再寻求专门的纳税人权利保护立法。为此，首先可以考虑在未来我国制定税收通则法时，专章规定纳税人权利。同时，可以考虑将来制定具有法律效力的《纳税人权利保护法》，在内容上，应当涵盖上述提到的纳税人基本权利和具体权利，并引入纳税人保护官制度。此外，需要指出的是，在纳税人权利立法体系中，还需要健全有关特定纳税人权利的法律。例如，在新一轮税制改革将使我国税制变得更为复杂、自然人纳税人遵从税法难度

加大的背景下，针对代理权，我国应当借鉴日本《税理士法》制定专门的法律（《税务代理法》）进行规范，以弥补目前我国税务代理法制建设的不足。

（二）完善税收征管法中的纳税人权利

现代税收制度的有效运行，离不开纳税人的配合，我国同样面临这方面的挑战。特别是考虑到我国目前正在实施的税制改革方向是建立以直接税为主的税制结构，不仅税制将变得更为复杂、更为依赖纳税人的配合，同时，也将进一步提高公民的纳税人意识。我国现有税收征管法规定了一系列纳税人权利，包括减免权、延期纳税申报权、延期缴纳税收权、税款退还权、免交滞纳金权、索取完税凭证权、委托税务代理权、陈述申辩权、申请复议权、起诉权、赔偿权、保密权、拒绝接受代扣代收税款权、个人以及抚养的家属生活必需品不被保全和强制执行权、税法知情权、申请回避权、控告检举权、特定情况下拒绝接收税务检查权和印制、购买使用发票权等。不过，与前文研究的国家和地区相比，我国现有税收征管法规定的纳税人权利还存在诸多不足，需要完善。

首先，一些权利的享有主体并不覆盖所有的纳税人，换言之，我国现有税收征管法中的纳税人没有涵盖所有公民。例如，申请延期缴纳税款权，仅赋予给有生产经营活动的纳税人。这与我国现有税收征管法诸多制度未将自然人纳入适用范围有关。因此，税收征管法修订应将相关权利适用范围扩大至所有的纳税人。

其次，一些纳税人权利内容本身还不够完善。例如，申请减免税的权利。事实上，该权利肯定了纳税人通过实施特定政府鼓励的行为获得节税效果的权利，不过，节税效果不仅可以通过享受税收优惠而取得，还可以通过利用税制或税收规则差异等方式来取得。换言之，税收征管法修订应该肯定纳税人的节税权，而不仅仅是享受税收优惠权。当然，这里的节税是指合法节税，排除通过避税和逃税的方式取得的节税效果。又如，保密权，现有征管法只规定了税务机关对纳税人情况的保密义务，宜补充规定例外的情形，就像加拿大《所得税法案》那样，基于执行本法税收征管的情形，以实现纳税人个人信息保护与征税利益。再如，税收法律救济权，即诉讼权，目前税收征管法还存在纳税前置，非常不利于纳税人救济权（尤其是司法救济权）的实现，税收征管法修订应该取消这一救济权行使的前置条件。

最后，还有一些重要的权利值得我国在税收征管法中补充。例如，公平对待权，尤其是在税收公平原则尚未在宪法或税收通则法中规定的情况下。公平对待权要求征税机关对所有纳税人一视同仁，在课税时，仅根据纳税人的负税能力进行相同或不同的对待。又如，修正申报权，规定纳税人在申报期以后还可以对自己申报的错误内容进行修正。再如，事先裁定权，我国当前实施的以直接税为主的税制结构为方向的税制改革，将使得我国税制变得更为复杂，这样，更有必要引入该权利。关于上述需要补充的权利，基于他国经验，为突出纳税人权利在税收征管法中的重要地位，一些原则性的基本规则应规定于我国税收征管法的"总则"中。

第四节　税务机关机构设置与职责配置

税务机关的机构设置，是指税务机关的内设机构安排，职责配置则是指各个机构负责何项工作。一个国家税收法律的贯彻执行，以及税款征收、税务稽查等工作，都需依靠各级税务机关不同部门各司其职、协同活动，合理的机构设置与准确的职责定位保障着各项税收工作的顺利开展。

税务机关的机构设置与职责配置是税收征管体制的重要组成部分，一方面，税收征管体制在某种程度上决定了该国的税务机关的组织架构及职责划分，另一方面，税务机关的机构设置及职责配置也构成了税收征管体制的重要内容，确保国家税收征管体制的组织完善及职责清晰。一个国家税收法律政策的制定和贯彻执行，以及税收管理的实现和税款的征解入库等税收执行工作，都必须落实到税务机关的机构设置及职责配置上来。

税务机关是国家保证税收收入的重要载体。科学设置税务机构、明晰职责分工是一个国家规范税收征管工作、实现税收职能、提高税收执法水平的重要前提。一个国家税务机关内设机构的设置应当与其政治体制、征管方式、信息技术发展水平等相适应。世界各国在完善本国税收征管体制的过程中，都在不断探索改进税务机关机构设置，尝试合理配置机构职责，并且更加注重纳税人需求，呈现出兼顾征管效率与纳税服务的特点。本章对9个具有代表性的国家和地区税务机关的机构设置及职责配置进行比较研究，总结分析其机构设置的类型和趋势，探寻可供我国完善税务机关机构设置与职责配置的有效经验。

一、 代表性国家税务机关机构设置与职责配置及其发展趋势

（一）德国

1. 德国税务机关的机构设置与职责配置概述

德国是联邦制国家，也是欧盟成员国。国家分为联邦、州及地方三级行政体系，德国法律的制定权主要集中在欧盟委员会及德国联邦，行政权则大部分由各州掌握。虽然各州也有自己的宪法，但其必须符合联邦法律所规定的国家体系和相关制度。

这种特别的政治体制不可避免地会对税收征管体系产生影响。德国不实行分税制，没有国税局、地税局的划分，德国的财政和税务部门均隶属于财政部，联邦政府和州政府均设有财政部，联邦财政部和州财政部每年定期召开联席会议，就税收政策、分享比例等问题进行协商。而就德国的税收征管法律体系而言，其不但包括联邦和州制定的税收法律以及相应由政府部门制定的行政法规，还包括各级税务部门公布的税法解释、决定以及指令等。

德国的税收权益的归属也具有一定的特色，其营业税、消费税等数十种税收权益归属于地方，联邦和地方共享的税收，比如个人所得税、增值税等，地方也享有一定的税收权益。

2006 年，随着联邦储备局结构发展 Ⅱ①的颁行，德国的税收征管机构进行了一定程度上的改革，主要是将联邦金融办公室进行分化整合，组成联邦中央税务办公室，统一行使联邦金融办公室的财政职能和财政部的税收征管职能。②

同时，随着德国的经济水平和人口规模的发展，地方的税务部门也开始

---

① Federal Revenue Administration Structural Development Ⅱ.

② 即 Federal Central Tax Office，BZST。同时，对从联邦金融办公室分立出来的中央服务部门，增加一个处理未解决的财产问题的职能，组成联邦中央服务和未决财产问题办公室（Federal Office for Central Services and Unsettled Property Issues，BADV）；将联邦金融办公室的信息处理机构与联邦税收征管信息和科技中心合并组成数据与信息中心（Data Processing and Information Technology Center of the Federal Revenue Administration，ZIVIT）。

不完全依托行政区划来进行机构设置，体现了一种整合和精简的趋势。

2. 德国税务机关的机构设置与职责配置

总体而言，德国的税收征管机构可分为联邦和州的税收征管机构，联邦最高税收征管机构是财政部，而具体负责国内税收征管的是州财政部，州财政部下设数个地方税务局，按照区域分工进行税收征管工作。①

（1）联邦财政部及州财政部

联邦财政部作为最高的税收征管机关，代表联邦政府履行相应的税收征管职能，其机构设置及人员配置均由联邦政府决定。联邦财政部下设联邦中央税务办公室，内部分为国内税务部、国际税务部、联邦第一税务监察部（主要负责制造业纳税）和联邦第二税务监察部（主要负责服务业）。而各州的财政部部长则由联邦政府和各州共同决定并任命，州的财政部往往内设联邦税收征管司和州税收征管司两个部门，分别负责代表联邦政府和州政府征收相应的税种。

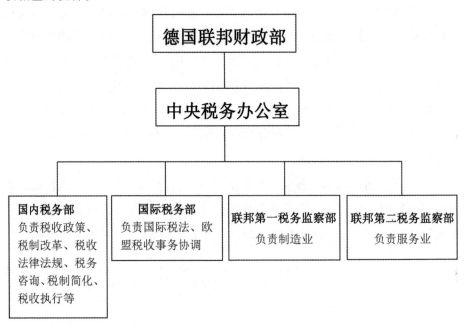

图 1　德国联邦财政部组织结构图

---

① See http：//www. Bundesfinanzministerium. de/ Web/DE/Home/home. html，2017 年 4 月 15 日访问。

（2）地方税务局

各州的地方税务局直接由州政府派出，仅对地方政府负责，征收地方性税收。地方税务局是德国税务管理的基层机构，主要负责管理企业和个人除关税和由联邦负责的消费税之外的所有税收。①

地方税务局的建立主要是依据人口以及经济水平，不与行政区划一一对应，并逐步呈现出整合的趋势。

地方税务局内部一般设置有纳税申报、纳税评定、税收追征、税务稽查以及争议处理等部门。具体而言，纳税申报部门主要负责帮助纳税人进行纳税申报，并为纳税人提供个性化的税务咨询等工作；纳税评定部门承担着确定纳税人申报项目真实性和正确性的职责；税收追征部门主要负责纳税人欠缴或偷漏税情况下的税收追缴；税务稽查部门则主要负责对税收征管过程中的违法违规行为进行调查和处置；最后，争议处理部门主要负责处理行政机关与纳税人的各种纳税争议。

（3）税务违法案件调查局

税务违法案件调查局是依法在地方税务局设立的查处税务违法犯罪案件的特殊机构。德国税务违法案件调查局类似于税警，兼具警察、检察、行政执法的职能，既有税务检查权又有税务违法刑事案件的侦查权和起诉权。调查局的调查人员不授警衔，但兼具税官和警官双重身份，在税务违法犯罪案件调查中，拥有警察进行刑事侦查所应具有的职权和手段。②

（二）法国

1. 法国税务机关的机构设置与职责配置概述

法国作为一个单一制国家，传统上以实行中央集权体制为核心。在税权划分上，法国实行分税制，税收分为国家税和地方税，但税权③主要集中在国家，各项税种的征管只能由国家法律及条例进行规定，地方政府没有税收的

---

① See http：//www. Bundesfinanzministerium. de/Web/DE/Home/home. html，2017 年 4 月 18 日访问。

② 张越健、陈友福：《德国的税务管理体制、税务稽查体系及借鉴》，载《税收与企业》2003 年第 1 期。

③ 此处的"税权"包括立法权和管理权。

立法权。需要说明的是，地方政府针对地方税的税率在法律规定的幅度内可以做适当调整。

2002年，法国在中央层面上增设了大企业局。大企业局是法国政府为了给纳税人提供更优质服务，进一步保障财政收入，降低行政费用和征税成本而增设。在全国范围内，一定比重的增值税、公司所得税开始由大企业局负责征收管理，这有效地解决了企业（特别是大企业）纳税服务效率低下的问题。

从2008年起，法国历经三年的税务机构改革与调整，将税务与财务机构进行整合，两者合二为一。至此，法国所有的公共财政部门统一到一个部门，即法国公共财政总局。它是税务总局和公共会计总局合并的产物，根本目的是进一步合理化组织结构，使得相关的业务在地方层面上得到统一实施。

2. 法国税务机关的机构设置与职责配置

法国税收征管体制分为中央、省、地方三级，中央层面税务机关主要包括公共财政总局及其下设的各个职能机构，省级层面主要是除了省税务局还设置了大区税务局，法国将全国96个省划分为18个大区，设立了18个大区税务局。大区税务局是一个综合协调机构，与省级税务局没有直接的领导关系，直接隶属于公共财政总局，主要负责各大区税收情况的收集、税法执行情况的检查等工作。①

（1）公共财政总局

公共财政总局主要负责税收征管和公共财政管理（其中60%的人员的工作与税务相关），主要活动包括征税（涉及中央和地方税的评定、代表中央和地方政府征收税款、税务审计和土地登记等）、税收立法等。② 2008年设立的法国公共财政总局，主要目的是减少公职人员数量、优化纳税程序、提升纳税服务及提高征收效率。公共财政总局内部机构主要是依托机构行使的职能进行设置，适当考虑纳税人的特殊状况和征收税种的具体情况。目前公共财

---

① 数据来源 economie. gouv. fr 法国财政部官网。截至2017年，现法国按照省划分了本土96个省税务局，同时，将全国范围内划分了18个大区税务局，大区首府即为省的首府。大区税务局与省税务局属于同一层级，大区税务局覆盖全国，但仅负责协调，省税务局负责具体的税收工作。

② See General Directorate of Public Finances, Tax briefing, June 2011, p. 8 - 9.

政总局涉及税收征管的组织结构安排是：在中央层面，分为多个全国性的职能部门，比如在征税方面设置了大企业局、国家和国际税务审计局、国家税务调查局等；其次，在省级层面也设置了相应机构，比如在大区和省层面设置了公共财政局和审计与调查局等。

（2）大企业局

大企业局管辖的企业主要包括年营业额或资产价值超过 4 亿欧元的企业，该类企业被视为"关键企业"。此外，直接或间接持有"关键企业"股份 50% 的股东企业、受"关键企业"直接或间接控股（持有股份超过 50%）的子公司和属于同一企业集团的企业都归大企业局管辖。①

大企业局向大企业提供一站式服务，可以向纳税人提供更多的涉税信息，纳税人也无须再向一个税务部门提交纳税申报而向另一税务部门缴纳税款。大企业局的设立使得共同会计制度的实施成为可能，对纳税人实施税收债务的抵消也成为可能，甚至税务审计也由同一部门来实施。此外，在纳税监控方面，之前不同地区的税务部门分别对企业集团下的不同企业进行监控，难以准确、全面掌握信息，而大企业局可以集中考虑企业集团的各种信息，有效提高监控质量。事实上，大企业局的建立，有效提高了税务机关税收信息获取能力，促进了征税效率的提升以及税收收入的增加；同时，也使得税务机关能够不断优化纳税服务，以构建良好的征纳关系。

除了在中央层面设立大企业局之外，法国在地方层面针对中小企业和个人还分别设立了中小企业征收局和个人征收局。

（三）美国

1. 美国税务机关的机构设置与职责配置概述

美国是典型的联邦制国家，有联邦、州和地方三级政府，三级政府有各自的税务系统，在税收征管、人员配置及经费使用等方面彼此独立，没有行政上的隶属关系，分别独立行使职权。联邦政府的税收管理机构是美国国内

---

① See Compliance Management of Large Business Task Group: Experience and Practices of Eight OECD Countries, 2009, pp. 7 – 10.

收入局（Internal RevenueService，IRS），① 隶属于财政部。

美国国内收入局的建立可追溯到美国内战时期。1862 年，美国国会设立了国内税务局（Bureau of Internal Revenue，BIR）征收所得税以用于支付战争费用。20 世纪 50 年代国内税务局更名为国内收入局。

在 1998 年以前，美国国内收入局由三级构成。一是按经济区域在全国下设 33 个地区办公室（district offices）和 10 个服务中心（service centers），负责各自区域范围内的税收征缴工作；二是设立有 4 个大区办公室（regional offices）管辖地区办公室；另有 1 个全国办公室（national office）管辖大区办公室。国内收入局总部有 9 名副局长分管各个不同的业务部门。② 由于税收机构管理层级多、设置不科学和机构运转效率低下，国内收入局为纳税人提供的服务和执法质量不尽如人意。

1998 年，美国国会通过了《国内收入局重组与改革法案》（IRS Restructuring and Reform Act of 1998），拉开了美国历史上规模最大的重组与改革序幕。重组后的美国国内收入局总部设 1 名局长，2 名副局长，根据业务内容设立不同的管理层次，在机构设置上以纳税人类型和机构职能为标准，更加关注纳税人的需求，体现了方便纳税人的原则。

2. 美国税务机关的机构设置与职责配置

（1）财政部

根据《国内税收法典》（Internal Revenue Code，IRC）第 7801 条的规定，除非法律另有明确规定，该法的管理和执行都必须在财政部长的监督下进行；第 7803 条又规定，财政部设立国内收入局局长，具体职权由财政部部长规定。③ 可以看出，财政部在部门划分中，将国内收入局作为其直属部门。财政部履行下列与税收紧密相关的职能：管理联邦财政；收集支付和应支付给美国的税款、关税和其他款项，并支付美国的所有账单；就国内和国际税收政

---

① 关于 Internal Revenue Service，有将其翻译为"国内收入局""国内收入署""联邦国税局"或"美国国税局"的，本书统称为"国内收入局"或 IRS。

② 梁俊娇、王颖峰：《美国联邦税务局的内部机构设置及对我国的借鉴》，载《中央财经大学学报》2009 年第 4 期。

③ 熊伟：《美国联邦税收程序》，北京大学出版社 2006 年版，第 3 页。

策提出建议；执行联邦金融和税收法律；调查并起诉逃税者。①

财政部下设有税收政策办公室，它和国内收入局每年通过优先指导计划（Priority Guidance Plan，PGP）沟通税收法规、税收裁决、税收程序、注意事项、行政指导等税务问题，并对收入局提供指导，优先指导计划聚焦于对纳税人和税务管理最重要的急需指导的税务问题，以及帮助澄清税法不明确的规定，从而增加纳税人的自愿遵守度。②

（2）国内收入局

国内收入局作为联邦政府的税务管理机构，其主要职责为解释税法、负责联邦税收的征收、评估税负、执行税法、税务稽查和税务犯罪调查等。

1998 年，美国国会通过了《国内收入局重组与改革法案》，改变了过去按地区和税种类型划分机构职能的做法，而是按照不同纳税人群体的不同需求来设置组织机构。

改革后的国内收入局内设机构分为三大类：第一类为纳税服务与税收执法部门，围绕工薪和投资收益纳税人、小企业和自雇业主、大型企业及国际税收主体、免税组织与政府机构四类纳税人设立专门机构，同时还设置税务代理从业者管理、犯罪调查、税务违法案件举报、纳税申报和电子税务管理五个办公室。第二类为内部服务支持机构，主要负责国内收入局内部的正常运行，包括后勤服务处，财务处，人力资源处，技术处，隐私、信息和数据安全保护处。第三类为一些特殊的业务办公室，直接向局长汇报工作。这些特殊业务办公室包括税务复议处、沟通联络处、研究分析与统计处、平等就业机会及职员多元化处、遵从分析处、全国纳税人权益保护办公室和首席法律顾问办公室。

---

① See http：//www. treasury. gov/about/role－of－treasury/Pages/default. aspx，2017 年 4 月 17 日访问。

② See http：//www. irs. gov/uac/Priority－Guidance－Plan，2017 年 4 月 16 日访问。

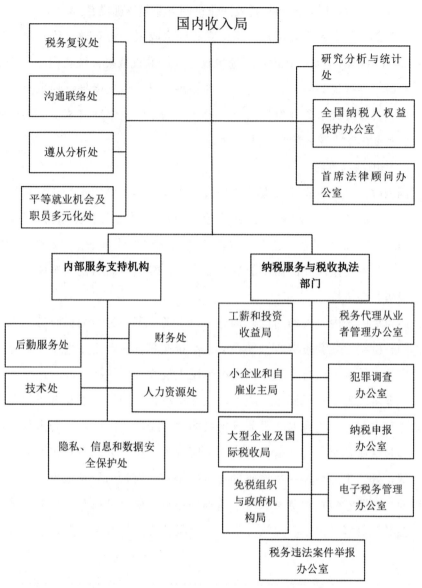

图2　美国国内收入局（IRS）内设组织结构①

（四）加拿大

1. 加拿大税务机关的机构设置与职责配置概述

加拿大实行三级征税管理体系，即联邦、省（属地）和地方三级。联邦

---

① See http：//www.irs.gov/pub/irs‐news/irs_ org_ chart_ 2012_ .pdf，2017年4月17日访问。

和省级有相对独立的税收立法权，地方的税收立法权由省赋予。加拿大类似于美国，联邦、地方税收分权，采取中央集权和地方分权相结合的分税制财政管理体制，省级税收立法权不能有悖于联邦税收立法权。

在机构设置上，加拿大税务机构包括联邦税务局即加拿大税务局（CRA①）、省税务局以及地方税务局。② 需要注意的是，三者均拥有征税权，且三者之间没有行政隶属关系和业务指导关系，机构设置均互不干涉、权力行使各自独立。各级税务机关依照划分的税种和收入分别进行征收，实行严格的分税制管理体制。

2. 加拿大税务机关的机构设置与职责配置

联邦税务局总部设在首都渥太华，在全国按经济区域和税源分别设置了 5 个大区局：大西洋区局、安大略区局、太平洋区局、大草原区局和魁北克区局，这种大区税务局的设置不受行政区划的影响，直接隶属于联邦税务局。③

联邦税务局还按照经济区域设置了 7 个税收征收中心，在各省设立了 48 个纳税服务办公室，并在渥太华设立了 1 个主要办理国际税收业务和非居民税收业务的国际税收服务办公室。联邦税务局在各省设立的这些机构是隶属于大区税务局的。

加拿大联邦税务局内设机构设置的突出特点是按照税务职能进行安排，如联邦税务局总部设立了遵从项目部、立法政策和监管事务部、纳税人服务和欠税管理部、内部审计和评估部等 13 个职能部门。近两年来新增设了企业风险管理部门，作为对企业实施风险管理的专门机构。内部审计和评估部是联邦税务局内设的独立职能部门，专门负责内部审计和项目评估工作。④

加拿大的税务法院，是专门设置的税务司法机构，税务民事案件必须首先交由该机构审理，不服的可上诉至联邦法院，直至最高法院。税务法院独立行使审判职能，既方便纳税人，又使得案件由精通税收实务的审判人员进行裁判。

---

① CRA 是 Canada Revenue Agency 的简写。

② http：//www.cra-arc.gc.ca/gncy/menu-eng.html，2017 年 5 月 2 日访问。

③ 同上。

④ 伦玉君：《外国税务组织机构改革初步研究》，载《税收经济研究》2013 年第 6 期。

（五）澳大利亚

1. 澳大利亚税务机关的机构设置与职责配置概述

澳大利亚财税管理体制由联邦政府、州（领地）政府、地方（市）政府三级构成，层次分明。各级税收法律法规由其本级立法机构制定，税收管理权由其本级政府行使。其中，联邦政府在澳大利亚财税管理体制中占据核心地位，澳大利亚联邦税务局①每年征收的税款占全国税收总收入70%以上，而州、地两级税务局合计征收的税款则不足30%。②

澳大利亚联邦税务局于20世纪90年代末进行了大规模税制改革，税务管理机构随之进行了大规模调整，完成了从按照税种设置机构到基本上按照职能设置机构的转变，并开始采用按纳税人类型设置机构的办法。③

目前，澳大利亚联邦税务局总部的机构设置为混合制模式，即按照税种、职能和纳税人类型相结合的模式来设置机构，但以职能和纳税人类型模式为主。

2. 联邦税务局的机构设置与职责配置

澳大利亚实行一级征管的税收征管体制，税务机构单一。联邦政府、州政府、地市政府等各级机构均只设一个税务局，具体来讲，税务机构包括联邦税务局、州税务局以及地方税务局，三者均拥有征税权，但三者之间没有行政隶属关系和业务指导关系，各自对其议会负责。联邦税务局不在地、市两级设立分支机构，其在全国设立24个办税场所，主要集中在经济发达、人口稠密、技术进步的东部沿海地区，而在位置偏远、人口稀少的中南部地区也建立了相应的办事机构，对所有应由联邦政府征收的税款均直接征收。

联邦税务局总部设在首都堪培拉，由多个部门组成，分为纳税遵从组、人事系统和服务组、法律制度和实施组三个类别。其中，纳税遵从组是主要的业务部门，包括6个子部门：税务从业人员、战略和遵从支持部门，间接税部门，私人团体和高收入个人部门，公众团体和国际部门，小型企业和个

---

① Australian Taxation Office，以下简称 ATO。

② 数据来源：湖北省外国专家局《赴澳大利亚税收考察报告》，2013年7月。

③ 经济合作与发展组织（OECD）曾于2006年做过一项针对 OECD 国家和部分非 OECD 国家税收管理的比较研究，在其研究报告中将税务机关内设机构的组织形式分为三类，即税种类型、职能类型和纳税人类型。

人纳税人部门及退休金部门；人事系统和服务组主要是业务支持保障部门，包含9个子部门：协作部门、财务部门、人事部门、企业事务处理和技术部门、服务提供部门、职员会计部门、客户服务和问题处理部门、债务管理部门、商务报告和注册部门；法律制度和实施组是制度制定和争议解决部门，包括3个子部门：综合的税收设计部门、评论和争议解决部门、税务律师网络部门。

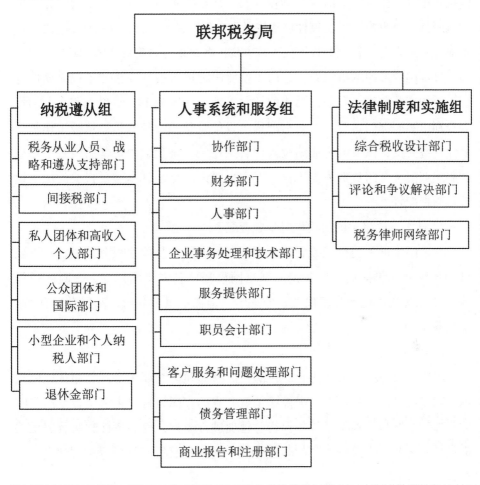

图3　澳大利亚联邦税务局组织机构

（六）日本①

1. 日本税务机关的机构设置与职责配置概述

在日本的税收体系中，有国税、地方税以及其他税收等。其中，"国税，是指国家的课税中除了关税、船舶吨位税与特别船舶吨位税之外的税种"。② 目前，日本开征的国税主要有个人所得税、企业所得税、消费税、汽油税、酒税和源泉所得税等。国税由国税厅及下属机构负责征收。日本的地方税包括道府县税与市町村税，税种包括住民税、事业税、地方消费税等。③ 由于日本地方政府享有比较大的自治权，地方税由各级地方政府独立组织征收。

日本国税部门的组织架构经历了按照税种进行设计和按照纳税人属性进行设计的变革历程，目前，具体的征收管理工作区分个人纳税人和企业纳税人分别由不同部门负责，并对财产税单设征管部门。随着信息情报工作的重要性日益突出，以及大企业纳税人征管工作的复杂化，国税部门设置了相应的职能部门来专门负责该类工作。下文主要详细介绍日本国税机关的机构设置与职责配置。

2. 日本国税机关的机构设置与职责配置

日本国税机关实行三级管理体制。日本国税厅是国家税务机关，其下设11个国税局（包括仙台国税局、东京国税局、名古屋国税局、大阪国税局等）、1个冲绳国税事务所以及税务大学、国税不服裁判所，基层设置有524个税务署。④

（1）国税厅

国税厅内部由长官官房、课税部、征收部和调查部4个部门组成，体现出按职能设置机构的特点。国税厅是财务省的直属机构，主要负责全国税收的管理、指导和监控，对税务执行、管理进行规划，税务案件立案及对税法进行统一解释，向国税局发布指示及指挥、监督国税局和税务署的业务等。

---

① 日本国税厅网站：http：//www. nta. go. jp/soshiki/kokuzeicho/kiko/kikou. htm，2017年5月2日访问。

② 外国税收征管法律译本编写组：《外国税收征管法律译本》，中国税务出版社2012年版，第1797页。

③ 日本地方税法第四条、第五条分别将道府县与市町村可以开征的税收进行了规定。

④ ［日］金子宏著，战宪斌、郑根林等译：《日本税法》，法律出版社2004年版，第412页。

国税厅下设 11 个国税局（包括仙台国税局、东京国税局、名古屋国税局、大阪国税局等）、1 个冲绳国税事务所、税务大学以及国税不服裁判所。[①]

税务大学除本校外，在全国还有 12 个地方研修所，主要对国税部门的新职员和税务第一线职员进行定期的、必要的基础知识和专业知识的培训等。

国税不服裁判所是对有关国税处分不服者提出的"审查申请"进行裁决的专门机关，其总部设在东京，在全国 12 个主要城市设有支部，在 7 个城市设有分所。

（2）国税局及冲绳国税事务所

国税局是税收征收管理工作的主力机构，既接受国税厅的指导和监督，又负责管理、指导、监控税务署的税收工作，同时，负责并具体实施对跨区域的大企业税收检查、税务犯罪调查、大税额或复杂纳税人的税款征收、外国企业税务管理、预先裁定等工作。日本共设置有 11 个国税局和 1 个冲绳国税事务所。国税局按大区域设置机构，打破了行政区划限制。日本共有 47 个都道府县，也就是说每个国税局的管辖范围都分别覆盖了若干个都道府县的行政区域。国税局还按照职能不同设置了总务部、课税部、征收部、调查部、查察部和土地评价审议会等部门。

（3）税务署

在基层，日本设立 524 个税务署作为一线征收机关。税务署是国内税的纳税窗口，也是最基层的执行部门，具体承担国内税赋课和征收的第一线工作。税务署有大有小，一般在署长之下设负责会计、总务工作的总务课；管理国内税债权等事务的管理征收部门；负责个人所得税、小规模事业者的消费税等事务的个人课税部门；负责法人税、法人的消费税及其他间接诸税等事务的法人课税部门；负责继承税、赠与税事务的资产课税部门；为纳税人提供支援服务的纳税人支援调整官等。税务署的设置体现了职能标准和纳税人类型标准相结合的特点。[②]

---

① ［日］金子宏著，战宪斌、郑根林等译：《日本税法》，法律出版社 2004 年版，第 412 页。
② 日本国税厅网站：http：//www.nta.go.jp/soshiki/kokuzeicho/kiko/kikou.htm，2017 年 5 月 2 日访问。

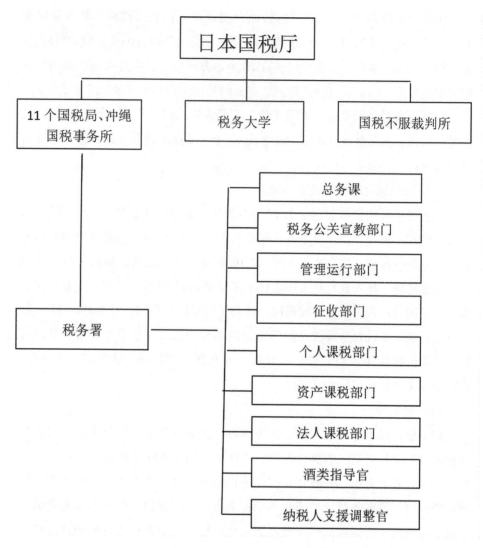

图4：日本国税机关组织架构图

（七）韩国①

1. 韩国税务机关的机构设置与职责配置概述

韩国实行中央、省、市（县）三级征税制度，税收立法权主要集中在中央，省、市等地方政府无税收立法权，但税收的征收管理由各级政府自行负责：中央税收（国税）除关税、进出口环节增值税、消费税由海关负责征收

---

① 韩国国税厅网站：http：//www. nts. go. kr/chinese/intro/intro_ 03. asp，2017 年 4 月 17 日访问。

以外，统一由国税厅（National Tax Service，简称 NTS）系统征收；地方税收由地方政府负责征收，如首尔特别市，在财政局中专门设有税收征收处和税收管理处从事地方税收的征收管理工作。①

2. 韩国税务机关的机构设置与职责配置

（1）国税厅

韩国国税厅成立于 1966 年，是韩国财政经济部内的一个相对独立的政府机构，实行首长负责制。韩国国税厅的内设机构主要包括三类，即行政管理部门、教育科研部门和业务部门。行政管理部门包括总管理科和监查官室；教育科研部门包括国税综合咨询中心、国税公务员教育院、国税厅技术研究所。业务部门机构设置是以职能类型为主、税种及纳税人类型为辅的混合型模式，按职能类型划分的有：政策宣传管理部门、计算信息管理部门、国际租税管理部门、纳税支援局、法务审查局、稽查局等；按税种类型划分的有房地产纳税管理局；按纳税人类型划分的有个人纳税局和法人纳税局。在个人纳税局和法人纳税局内部，按税种类型设置了个人所得税处、增值税处、公司税处、预提税处、消费税处等内设处室。

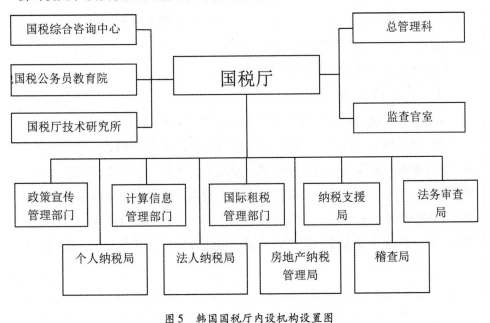

图5　韩国国税厅内设机构设置图

---

① 伦玉君：《外国税务组织机构改革初步研究》，载《税收经济研究》2013 年第 6 期。

（2）国税厅下设大区税务局及其他

韩国国税厅下辖首尔、中部、大田、光州、大丘、釜山六个大区税务局。大区税务局本部也实行首长负责制，主要按职能类型设置机构，设立了纳税人服务部门、税源管理部门、4个稽查局以及1个国际业务稽查局，税源管理部门内按税种类型划分管理科室。各大区税务局下面各设13—26个不等的区税务局（District Tax Offices），有些大区还下设有若干分局。

（八）印度①

1. 印度税务机关的机构设置与职责配置概述

目前世界上大部分国家都统一了直接税和间接税的征收管理机构，在这样的大趋势下，仍然有一些国家采用多税收征管部门的运行模式，印度就是其中之一。② 印度的中央政府、邦政府和地方政府各自分别设置了管辖中央各税和地方各税的税务机构。

印度税收分为中央政府、邦政府和地方政府三级。中央政府主要征收所得税（农业所得税除外，该税种由邦政府征收）、关税、中央消费税及服务税等。邦政府主要征收增值税（未实施增值税的邦征收销售税）、印花税、邦消费税、土地收入税及职业税等。地方政府征收的税种主要包括财产税、入市税，以及供水、排水等公用设施的使用税等。③

2. 印度税务机关的机构设置与职责配置

（1）中央税的管理机构

印度的中央税由财政部收入署负责，在收入署内设有"中央直接税局"和"中央消费税与关税局"，它们分别掌管直接税与间接税的各个税种，并都在全国各地按照税源分布划定征管区，设立派出机构，分别委派税务官员主管。例如，作为中央政府主要税种的中央消费税，由印度中央政府按税源情况在全国分成若干征收区，各征收区再划为若干分区，各分区再分为若干征收站，站下再分为征收段，形成联邦消费税的征收区、征收分区、征收站和

---

① 参见北京市地方税务局课题组：《税务机关内设机构设置国际比较研究》。

② See OECD, Tax Administration 2013: Comparative Information on OECD and Other Advanced and Emerging Economies, OECD Publishing, p. 33.

③ 印度驻华大使馆官网，http://www.indianembassy.org.cn/Chinese/Default.aspx，2017年4月17日访问。

征收段四个逐级垂直管理的层次。

同时财政部收入署还设有所得税争议处理委员会，消费税与关税争议处理委员会，关税、消费税和服务税上诉法庭，所得税预先裁定机构，关税和中央消费税预先裁定机构，所得税监察专员等税收管理机构，负责处理错综复杂且日益增多的税收争议案件。此外，财政部收入署还设置有如中央经济情报局、国家经济和社会福利促进委员会、没收财产上诉法庭等其他管理机构，负责经济情报的收集，以及对特定事项的管理等工作。

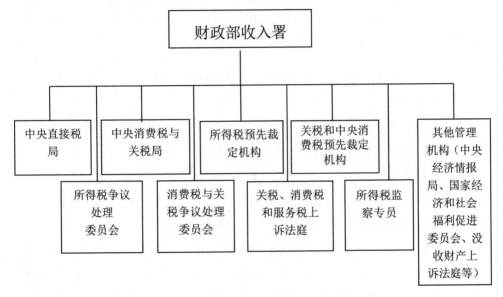

图 6 印度中央税务机关内设机构设置图

（2）地方税的税务机构

地方税的税务机构由各邦分别按税种设置。最主要的地方税为邦增值税（销售税），因此各邦均设有邦增值税（销售税）的专门征管机构；另外，多数邦还设有专门的机构负责征收土地方面的税。与中央税的管理机构设置模式相似，各邦一般都在辖区内划分若干征收区，分设税务司主持工作，并在征收区之下再分为分区、站和段，从而形成地方税的四级税收管理机构。①

二、 税务机关机构设置与职责配置国际发展趋势分析

税务机关的机构设置与职责配置是税收征管体制的重要组成部分，一个

---

① 王宏君：《印度外资法律制度研究》，云南大学出版社 2010 年版，第 96－97 页。

国家或地区的税收征管体制往往与其政治体制密切相关，各国的国情不同，历史不同，适用的政治体制也具有差异性，因此税务机关的征管体制以及机构设置与职责配置也有所差别。20 世纪 80 年代以来，伴随着现代公共管理理论的发展、信息技术的飞速发展与广泛应用，世界各国的税收征管体制也发生了重大变革，相应的，税务机关的机构设置与职责配置也发生了一定程度的变革。

虽然世界各国对于税务机关机构设置与职责配置的改革力度和具体措施不尽相同，但从总体上来看，目前各国的改革在许多方面呈现出一些较为显著的趋势性特征。主要有以下几个方面：

（一）税务机关的机构设置多采用"混合型组织模式"，并侧重纳税人类型模式的运用

从前文对几个国家和地区税务机关的机构设置及职责配置情况的阐述可知，世界各国的税务机构设置出现了较为明确的演变趋势。现在世界各国很少采取三种基本模式中某一单一组织模式，而是大多采用多种组织形式的混合型组织模式。并且，各国往往根据自身税收工作实际，在采用混合模式时各有侧重，其中纳税人类型模式逐渐被重视并得到广泛应用。

美国是最早探索采用纳税人类型模式的国家，其国内收入局按照纳税人模式为工薪和投资收益纳税人、小企业和自雇业主、大型企业及国际税收纳税人、免税组织与政府机构四类纳税人设立专门管理机构。但它在采取纳税人类型模式的同时也采用了职能型的设置模式，如设置了税务犯罪调查、纳税申报等职能性管理部门。

日本三级国税机关中，中央级的国税厅和地区级的"国税局"都是按照职能模式设置的内设机构，而基层的税务署则采用了纳税人类型与职能类型相结合的模式。印度财政部收入署采用了税种类型和职能模式相结合的混合模式，设立中央直接税局和中央消费税与关税局，同时设有所得税争议处理委员会、消费税与关税争议处理委员会、所得税预先裁定机构等职能性机构。

澳大利亚国家税务局采用了三种模式兼有的混合模式，既有按纳税人类型设置的私人团体和高收入个人部门、小型企业和个人纳税人部门，又有按照税种类别设置的间接税部门，还有按照职能设置的服务提供部门、评论和争议解决部门等。

（二）注重纳税人权益保护，设立独立的司法、准司法机构或部门，重视专门化税务人才培养

依法行政是现代行政管理的基本原则，各国在设置税务机关内设机构时也注重通过内部组织的完善制约行政权力、保障纳税人合法权益。同时，由于税收征管工作的专业性以及税收纠纷的复杂性，设置专门的争议解决机构并配备具有专业知识背景的工作人员，对于更高效地开展税务法制工作是十分必要的。因此，有些国家还设立了专门的税收争议解决部门，并赋予其相对独立的地位。

如美国国内收入局设立了单独的税务复议处和全国纳税人权益保护办公室。日本国税厅设立了单独的国税不服裁判所，基层税务署则设立了纳税人支援调整官。澳大利亚联邦税务局有专门的争议解决部门和税务律师网络部门。印度收入署设有所得税争议处理委员会、消费税与关税争议处理委员会以及关税、消费税和服务税上诉法庭。值得一提的是，德国采用了税务违法案件调查局制度，负责对税务稽查局移送的案件和涉税犯罪案件进行刑事侦查。

世界主要国家（地区）都开始高度重视税务人才的培养，对税务一线干部进行定期的税务知识更新培训，加强税务人才队伍建设。如日本在国税厅下设税务大学，韩国国税厅也设有专门的国税公务员教育院。

（三）偏重税收组织体系扁平化，减少税收管理层级，注重税务机关职能的分离和制约

随着信息技术在税收管理中的普遍运用，各国税务机构的组织体系呈现扁平化趋势。扁平化管理是针对传统"金字塔"等级结构管理模式而言，通过减少管理层级，增加管理幅度，使金字塔状的组织形式被"压缩"成扁平状，从而实现管理的高效。

很多国家对基层税务局（所）也进行了大幅度合并和裁减。减少税务机构的管理层级、提高行政管理效率已成为许多国家税务机构改革的目标。一般来讲，无论是联邦制国家还是单一制国家，各国税务机构的管理层级一般不超过三级。如美国国内收入局在 1998 年机构重组之前，组织机构比较复杂，有 43 个派出机构，总部由 9 名副局长分管不同的业务部门。美国国内收入局机构重组后，总部首脑设置为 1 名局长，2 名副局长，以纳税人为导向设

置机构，业务部门实行一级多层管理，效率大为提高。

同时，在大多数国家以职能类型和纳税人类型为主设置机构的大趋势下，建立明确的职责分工并加强各职能的分离和制约成为按照混合模式设置税务组织机构首要解决的问题。税务管理者必须在各职能部门间正确划分职权，建立明确的分工制度及合作协调制度，才能避免职能的交叉重叠，提高行政效能。①

从各国税务机构的改革情况看，各国的税务机构设置普遍采用混合模式，兼顾税种类型、职能类型及纳税人类型，逐渐减少税收管理层级，通过对职责的优化配置，对税务机构的职能和权限进行重新划分，实现职能部门之间的合作、协调和制约，避免职能的重叠。如加拿大作为典型的按职能设置机构的国家，单独设立了内部审计和评估部门、遵从项目部及企业风险管理部门；澳大利亚联邦税务局由多个部门组成，可分为纳税遵从组、人事系统和服务组、法律制度和实施组三个类别，注重税务机关内部机构之间职能的分离与制约。

（四）税务机构设置突破行政区划的限制，呈现出按照经济区域设置的倾向

按照传统行政区划来设置税务机构，不利于税务机构摆脱不必要的政府干预，其独立性在一定程度上受到限制；此外，不考虑税源大小、人口分布而仅通过行政地域设置，不利于机构的精简和征税成本的降低。因此，税务机构开始逐步摆脱了行政区划的限制，而呈现出按照经济区域划分的趋势，这充分体现了"经济决定税收，税收反作用于经济"的基本原理。另一方面，随着信息化技术的不断提升，信息技术在税务管理中被广泛应用，一些资源包括硬件设备、信息资源等能够突破行政区划实现共享，这使按照经济区域进行机构设置具有了可能性。

很多国家设立了跨行政区域的大区总部，撤销了部分原来按照行政区划相应设立的行政区局。在中央税务部门下设区域性的税务机构时，并不受制于已有的行政区划，而是基于经济发展水平、税源分布情况、人口密集程度以及其他社会情况来划分经济区域，相应设置税务机构。

---

① 伦玉君：《外国税务组织机构改革初步研究》，载《税收经济研究》2013 年第 6 期。

三、 代表性国家税务机关机构设置与职责配置及其发展趋势对我国的借鉴分析

我国税务机关是主管税收征收管理工作的专门机构，其中，中央政府设立国家税务总局，是国务院主管税收工作的直属机构；省及省以下税务机构分设为国家税务局和地方税务局两个系统。在机构设置与职责配置上，我国税务机关的组织机构模式呈现以税种类型和机构职能为主的特点，并且近年来逐渐吸收纳税人类型的组织模式，并进行了有效尝试。

但总体而言，目前我国税务机关仍然主要是按照职能和税种来划分和设置，税务机关存在职能交叉、衔接不畅、制约不力等问题；且税务系统大都是按行政区划来设置税务机构，更多地考虑了政治管理体制上的因素，而忽略了经济上以及税务工作现实需求上的因素，在降低征税成本及资源有效共享方面有所欠缺。

根据《深化国税、地税征管体制改革方案》的基本精神，进一步完善我国税收征管体制，有利于降低征纳成本，提高征管效率，增强税法遵从度和纳税人满意度，确保税收职能作用有效发挥，促进经济健康发展和社会公平正义。通过对代表性国家税务机关机构设置与职责配置及其发展趋势的比较研究，结合我国国情，就完善我国税务机关机构设置与职责配置提出以下几方面建议。

（一）进一步完善混合型的机构设置组织模式，扩大纳税人类型模式的运用

从上述典型国家税务机关机构设置情况的分析可见，各国税务机关机构的设置较少采用单一模式，大都采用以一种类型为主、其他类型为辅的混合模式，而且出现了一种较为明确的演变趋势，即从基于"税种类型"为主的组织模式转向了"职能类型"模式为主，并进一步向"纳税人类型"模式转换。①

我国税务机关内设机构的组织模式经过多年的改革完善，形成了目前以税种类型和职能类型为主的混合型组织模式。以国家税务总局为例，既设有

---

① 谷成：《世界各国税务管理组织机构的改革趋势及借鉴》，参见 http://www.docin.com/p-20270788.html，2017 年 5 月 23 日访问。

所得税司、货物和劳务税司、财产和行为税司等按照税种类别设立的税种管理部门，也有纳税服务司、财务管理司、政策法规司等按照职能设置的部门。同时，受分类管理理念的影响，国家税务总局也设立了针对大规模纳税人的大企业税收管理司，这可以看作是纳税人类型模式在我国税务机关设置中的体现。

借鉴其他国家内设机构的设置模式，结合税制和税收实践状况，我国应当进一步完善混合型的组织模式。弱化按照税种类型设置税务机关的模式，减少税种管理部门的类别和数量；强化对纳税人的分类管理，按照纳税人需求，逐步完善大规模纳税人管理部门职能，并借鉴美国、澳大利亚、日本等国家的做法，逐步设立对个人、小型纳税人、非营利组织等的专门化管理部门，进一步扩大纳税人类型的组织模式的运用。

（二）减少管理层级，跨区域设置税务机构

比较而言，按照经济区域设置税务管理机构比按照行政区划设置税务管理机构更符合经济发展水平的需要，能够降低税收成本，同时也有利于减少地方政府对国家税务机关的行政干预。因此，我国税务机关设置下属税务机构时，可以考虑依照经济发展水平、人口密集状况、税源分布情况以及其他经济社会情况设置税务机构。

事实上，我国在税务机构设置方面已经做到了与国际接轨，大部分省市税务机关的组织架构中都有跨区域设置税务机构的实践。例如，北京市国家税务局就综合考虑了北京市的行政区划和经济区域，下设了 16 个区国家税务局和 3 个地区国家税务局。不过，虽然我国的税收征管体制已有打破行政区划设置机构的尝试，但是，目前我国税务系统仍然主要是按照行政区划设置税务机构。

基于国情，目前我国的政治经济体制也不适于大规模按经济区域设置税务机构。在条件成熟前，一方面，我国可以通过创新征管措施这种不"伤筋动骨"的方式弥补征管体制的不足，例如进一步在全国推广和落实区域通办的服务举措，扩大区域通办的服务项目，实现大部分税收业务都可以全区通办、全市通办、全省通办甚至全国通办。另一方面，可以考虑对一部分机构先按经济区域设置，如跨区域设置信息中心使资源在更广的范围内实现共享；国地税还可以考虑联合跨区域设置，以更好地体现资源整合的效率；探索建立跨区域税务稽查机构，主要负责查处大案要案、指导系统稽查工作、协调国地税开展联合稽查；探索建立跨区域督察内审机构，增强独立性，形成有效的内部监督制约机制。同时，对一些边远地区、税源较少地区的税务分局（所）要进一步加大整合力度，这既适应按经济区域设置机构的需要，又能有效地降低征税成本。

（三）明晰职责的前提下，深化部门之间信息共享与合作

无论是完善混合型的机构设置组织模式、扩大纳税人类型模式的运用，还是减少管理层级、跨区域设置税务机构，目的都在于优化税务机关机构设置与职责配置，提升纳税服务质量，提高税收征管水平。但税收征管职责的有效行使，最终离不开各机构之间的协作配合，各部门间加强信息共享与合作，是现代征管体系下的必然要求。

一是优化各层各级税务机关征管职责。税务总局重点加强税收制度和管理制度设计、工作标准制定等方面职责，省级税务局重点加强数据管理应用、大企业税收管理、国际税收管理及税收风险分析推送等方面职责，市级、县级税务局要精简机关行政管理职责，强化直接面对纳税人的一线征管和服务职责，更好地为纳税人服务。①

二是优化各级税务机关内设机构征管职责。各级税务机关在已有机构设置基础上，进一步强化各岗位职责和工作力量，合理配置资源，加大信息共享。例如按纳税人模式设置的职能部门，与按照税种设置的职能部门，虽然管理侧重点有所不同，但职责仍然会有所交叉，通过共享合作，整合征管力量，能够将制度设计优势更加充分地发挥出来。

（四）完善税收行政复议机构设置，培养税收专业人才

征税主体和纳税主体的关系不是平等主体之间的私法关系，征纳双方发生的争议，其性质与一般的民事争议是有所不同的，同时又区别于一般的行政纠纷，具有一定的专业性和复杂性。完善税收争议解决机构设置，注重培养税收专业人才，妥善解决税务机关与纳税人之间就税收问题产生的争议，是完善税收征管体制的重要内容。

---

① 参见中共中央办公厅、国务院办公厅印发《深化国税、地税征管体制改革方案》，载《中华人民共和国国务院公报》2016年1月10日。

目前世界上许多国家在税收征管中都设有专门的税务争议协调处理机构，例如，美国国内收入局设置有税务复议处；澳大利亚联邦税务局设置的法律制度与实施机构，包括综合的税收设计部门、评论和争议解决部门、税务律师网络部门，形成完善的税务制度制定和争议解决体系；日本有国税不服裁判所，专门对纳税人审查申请进行裁决；印度财政部收入署按税种类别，分别设置有所得税争议处理委员会、消费税与关税争议处理委员会等税收争议解决机构。我国税务系统内部也设置有行政复议机构，上级税务机关行政复议机构负责解决下级机关与纳税人之间产生的争议。

随着纳税人权利保护意识的不断提高，税务机关在程序及实体方面的执法行为都面临着更严格的考验，税收争议的复杂性和解决难度不断加大，我国税务机关应不断完善复议机构的设置，明晰职责，优化税收行政复议工作程序。目前我国的行政复议机构在职责上并不完全独立，除承担行政复议应诉工作之外，也承担着一般性法律事务工作。借鉴美国、澳大利亚、日本等国家对专门税务争议协调处理机构的设置经验，我国税务机关应不断完善复议机构设置，明晰职责，考虑逐步设置单独的复议机构，专门处理涉税争议；也可考虑借鉴印度分税种处理的方式，尝试对部分税收争议发生较多的税种，设置专门的争议处理机构，加强争议处理的针对性和专业性。同时，税务机关内部应配套完善法律顾问制度和公职律师制度，引进税收专业人才，为复杂、疑难的涉税问题提供专业、权威、明确的法律意见，促进税收争议在行政程序中的妥善解决。

第二章　税收行政强制制度

根据《行政强制法》规定①，行政强制包括行政强制措施和行政强制执行。税收行政强制属于行政强制的范畴，也包括税收强制措施和税收强制执行两方面内容。根据《税收征管法》相关规定，税收强制措施是指税务机关为保证税款征收，依法对公民的人身自由实施暂时性限制，或者对公民、法人或者其他组织的财物实施暂时性控制的行为。税收强制措施包括税收保全措施和其他强制措施。税收强制执行是指纳税人在规定的纳税期限届满，仍不履行税务机关根据法律、法规所做出的已经生效的具体行政行为所确定的义务时，税务机关或税务机关申请人民法院强制其履行义务的行为。

税收行政强制制度在各个国家的税收法律中都有规定，本章选择了具有代表性的几个国家，包括德国、法国、美国、英国、加拿大、澳大利亚、日本、韩国，就这些国家的税收行政强制制度进行介绍与比较，总结其中对我国具有借鉴意义的法律原则、制度、规定，希望对完善我国的税收行政强制制度有所借鉴。

---

①《行政强制法》第二条规定："行政强制包括行政强制措施和行政强制执行。行政强制措施，是指行政机关在行政管理过程中，为制止违法行为、防止证据损毁、避免危害发生、控制危险扩大等情形，依法对公民的人身自由实施暂时性限制，或者对公民、法人或者其他组织的财物实施暂时性控制的行为。行政强制执行，是指行政机关或者行政机关申请人民法院，对不履行行政决定的公民、法人或者其他组织，依法强制履行义务的行为。"

一、 代表性国家税收行政强制制度的立法和发展趋势

(一) 德国

德国对税法领域行政强制基本问题的规定主要体现在德国《税收通则》[①]中。德国《税收通则》首次提出了"税收债务关系"理论，该理论认为在税收征纳关系中，国家是债权人，纳税人是债务人，税收则是公法之债。纳税人只需要满足税法规定的课税条件，国家即可请求纳税人履行税收债务，当纳税人对已经确定的应纳税款逾期不缴纳时，税务机关即可以行使税收行政强制权。

德国《税收通则》在第六部分专设一编对行政强制加以规定，体现其在立法层面对税收行政强制的重视，在明确税收行政强制的程序及实体要素的基础上，从程序上也保障了税收相对人的合法权益，从而大大提高税收征收效率。

1. 税收行政强制的前提

因税收强制直接体现为对税收债务人财产或行为的限制或处分，因此，在开始行政强制前，通常需要对债务人履行必要的告知程序。德国《税收通则》在税收强制执行一般规定中，对税收强制执行的开始设定了"敦促"[②]这一前提条件，对于欠缴税款的纳税人，税务机关需要先敦促欠税人履行纳税义务，且该敦促期限至少为一星期，在经税务机关敦促后欠税人仍未缴纳欠税的，才能开始采取强制执行的程序。具体而言，在对货币债权强制执行

[①] 德国《税收通则》于 1918 年 11 月 11 日着手起草，至 1919 年 3 月底完成草案，并于同年 12 月 13 日经签署及修缮，在 12 月 22 日公布，12 月 23 日生效，该版本为 1919 年的《帝国税收通则》，其后该法数经修正，最终于 1976 年 5 月 16 日公布新法，并于 1977 年 1 月 1 日生效，即为现行的德国《税收通则》。

[②] 德国《税收通则》第六部分第一节第 254 条：(一) 只要未做其他规定，当支付到期，强制执行债务人被敦促支付或容忍或不作为（给付命令），且敦促至少已逾一星期时，方可开始强制执行。参见《外国税收征管法律译本》组译：《外国税收征管法律译本》，中国税务出版社 2012 年版，第 1722 页。

的规定当中,德国《税收通则》设定了"催告"① 程序;在对货币债权以外的其他给付而进行的强制执行的规定中,要求税务机关应通过警告方式提醒纳税人履行义务。② 与税收强制执行的前提一样,在《联邦德国行政强制执行法》中也对所有行政强制执行程序的前提条件做了规定,针对金钱债权的执行,在做出执行命令之前,需要另行对债务人做出"特别催告"③,特别催告的支付期限为一星期;针对作为、容忍或不作为的强制,该法也规定了在不需要紧急采取强制措施时,有权机关必须对强制执行相对人以书面方式做出"告诫"④,且该告诫须对义务人履行义务规定履行期限。

2. 税收强制措施。

在纳税人的税收债务确定之前或者履行期届满之前,税务机关可以采取"冻结禁令"(freezing injunction)⑤ 措施,以预防将来税款不能及时入库的风险,类似于我国税收保全措施;对纳税人已经形成的欠缴税款,强制措施以扣押为主。

(1) 冻结禁令

德国《税收通则》在关于货币债权的强制执行部分中,单设一小节对"冻结禁令"做出规定。根据规定,为确保对货币债权进行强制执行,税务机关在担心强制追征税款可能遇到困难时,可下令扣留纳税人的动产或不动产;即使税收债权数额尚未被税务机关核定或者附有条件或期限时,税务机关也可以提前下令冻结纳税人财产,以保障将来税款的征收。冻结禁令应对被强制执行债务人说明理由,并予以送达。

(2) 动产扣押

---

① 德国《税收通则》第六部分第一节第259条:通常应在强制执行开始之前,催告强制执行债务人有一周的支付期限。邮政收款委托也视同催告。在进入支付期限之前已就支付事项提醒强制执行债务人,则无须催告。可通过公告进行普遍的支付提醒。参见《外国税收征管法律译本》组译:《外国税收征管法律译本》,中国税务出版社2012年版,第1723页。该规定要求有权机关在强制执行开始之前,对欠缴货币债务的纳税人发出履行支付义务的催告,催告是对纳税人履行支付义务的一种提醒,如果相同情况纳税人较多,也可以公告形式提醒,催告提醒必须经过一星期后,才可以开始强制执行程序。

② 参见德国《税收通则》第六部分第三节第332条。

③ 参见《联邦德国行政强制执行法》第3条。

④ 参见《联邦德国行政强制执行法》第13条。

⑤ 参见德国《税收通则》第六部分第二节第5小节第324条。

对欠缴税款的纳税人，税务机关可以对其所享有的动产（包括物、债权和其他财产权）采取扣押措施，来保障税款征收。扣押不得超过应追缴税款及强制执行费用的必须范围。

对物的扣押，税务机关一般通过占有而实施；但是在动产由纳税人占有更能够实现物尽其用且不危害税款清偿的条件下，也可以由被强制执行债务人继续保管该物，[①] 体现出税法对纳税人权利的保护。

如果纳税人享有对第三人的货币债权，税务机关可通过对该债权以书面形式做出禁止性规定来实施扣押。在书面决定中，须禁止第三债务人向被强制执行债务人做出任何清偿债务的货币给付行为，并要求被强制执行债务人也不得对债权做出任何处置，扣押决定自送达第三债务人时发生扣押效力，并应当通知被强制执行债务人。

对货币债权以外其他财产权的扣押，比如不以货币为给付对象的债权，或者知识产权等权利，税务机关可以适用对货币债权扣押的规定，通过做出禁止性规定来实施扣押；如果不存在第三债务人，则当禁止处置任何权利的指示送达被强制执行债务人时，扣押生效。

（3）不动产权利登记

适用不动产强制执行的，包括地产、船舶、航空器等。税务机关在确认纳税人满足强制执行前提条件的情况下，可以按照德国《土地登记法》及《船舶登记法》等要求，对纳税人所拥有的不动产，提出担保抵押权、船舶抵押权或航空器登记留置权的登记申请。

3. 税收强制执行

经采取扣押措施，税收债务人仍不履行纳税义务的，税务机关可对所扣押财产予以变现，以变现所得价款冲抵税款。

对所扣押的动产，主要通过拍卖方式予以变现，拍卖依据强制执行机关的书面命令公开进行；根据强制执行债务人的申请等特殊原因，强制执行机关可以命令将扣押之物以拍卖以外的方式进行变现。拍卖至少应当在扣押一周以后执行，即税务机关应给予被强制执行债务人一周以上的纳税义务履行期限；但如果被强制执行债务人同意提前拍卖，或者所扣押动产存在大幅贬

---

① 参见德国《税收通则》第六部分第二节第286条。

值的危险或继续保管会产生过高的保管费用，拍卖可不受上述时间限制。

对货币债权和其他财产权的强制执行主要通过"收取决定"①　来完成，通过向被强制执行债务人及第三债务人（如有）发布该命令，强制执行机关可收取被强制执行债务人对第三人享有的债权等权利，类似于我国代位权制度，但更便于实现且受限制较少；如果被扣押的债权有条件或期限，或难于收取，则强制执行机关可以命令以其他方式将其变现。

对不动产的强制执行，由税务机关申请法院依民事强制执行程序执行。

4. 强制执行涉及第三方的特殊规定②

根据德国《税收通则》，当第三方主张其对强制执行的物品享有权利或者存在异议时，其可以向普通民事法院提起诉讼，从而对税收强制执行提出异议。对债权的扣押因直接涉及第三方与强制执行债务人之间债权债务关系的真实性和准确性，所以法律要求税务机关应向第三方送达扣押决定，充分保障第三方的知情权和财产权。

5. 对强制执行权的规范

德国对税收强制执行的规定非常严格。在对物的强制执行规定中，为限制执行官员的权力，德国《税收通则》对执行程序做了非常具体的规定③，包括强制执行的时间、通知、记录以及对目击证人的要求。例如，执行官员有权搜查被强制执行债务人的住所和营业场所以及集装箱，有权开锁查验相关文件、物品等，遇到抵抗时应延请目击证人等。税收强制执行必须依照法律规定，既不能不作为，也不可越权，税务机关与纳税人是一种信赖合作关系。

（二）法国

法国《税收程序法》规定了法国税收征管的主要程序，包括纳税申报、税收评估、纳税申报更正、税款缴纳（或者退税）、税收检查、税收审计、税务处罚、税收行政复议和税收行政诉讼等内容。其中，税收强制执行制度的主要内容为：

1. 税收行政强制的前提

---

① 参见德国《税收通则》第六部分第二节的第 3 小节第 314 条。

② 参见德国《税收通则》第六部分第二节的第 1 小节第 262－267 条，第 316 条。

③ 参见德国《税收通则》第六部分第二节的第 3 小节 287 条。

法国对纳税人的税款缴纳义务从其义务的产生到进行税收强制执行都规定了完善的通知程序。根据法国《税收程序法》规定①，属于由国库会计人员征收的税款，在纳税人产生税款缴纳义务后，税务机关会通过密封信件给纳税人邮寄《缴纳税款通知书》，其上根据纳税人需缴纳的税种，写明应缴纳税款的总额、索偿条件、索偿日期、缴纳期限等内容，并随附每项地方直接税的说明。纳税人对纳税金额有异议的，可以进行申诉，申诉中应明确提出申请并说明减免税金额或计税基础，也可以申请延期缴纳有异议的那部分税款及其罚款。如果纳税人在缴税期限截止时既没有缴纳税款，也没有进行过税款的相关申诉和延期申请，征收税款的国库会计人员会向该纳税人发出欠税追征函，告知其欠税事实的存在及国税会计人员将实施追征行为。

属于由公共财政总局或者海关征收的税费，纳税人在限缴期限届满没有缴纳税费，则公共财政总局或海关向其发出《征收税款通知书》，其上载明被征收的各种税费款项、金额，并赋予其对税款的强制执行力。当《征收税款通知书》在不可抗力情况下被毁的，还可以根据新的《征收税款通知书》要求欠税人支付税务债权和国有债权。在《征收税款通知书》下发后仍未缴纳税款，也未申请延期或进行申诉的，依据《税收程序法》规定，征收税费的会计人员应当在进行追诉前，向纳税人发出《责令缴纳税款通知书》。

2. 税收强制措施

（1）冻结

当纳税人未报送或者未按时报送纳税申报时，执行税收自动确定程序确定纳税人应当缴纳的税款。此种情况下，因纳税人已经存在未按规定申报的事实，税务机关为防范税款征收风险，在向纳税人发出《缴纳税款通知书》前，可要求纳税人提供相关财产担保，特别是对税务当事人的所有经常性账户（包括存款账户或者预付款账户）进行冻结。②

如果基于对纳税人基本信息的掌握，发现纳税人经常变换住所，税务机关为确保对该类纳税人税款征收，也可以要求纳税人对应纳税额提供担保，或者对其经常性账户予以冻结。

（2）扣押

---

① 参见法国《税收程序法》第四编第 L253 条及 L255 条。

② 法国《税收程序法》第 L270 条。

为追查增值税纳税人是否存在违反发票管理相关规定而实施实地核查程序时，或者在其他税务抽查程序中，发现纳税人存在偷税、漏税情况的，在向纳税人发出《偷税、漏税现行犯罪笔录》之后，税务机关可以进行扣押保全。[1]

如果纳税人未按期缴纳其应纳税款，但税务机关检查发现纳税人有资金被其他第三方持有或享有对第三人的债权或从第三方处领取报酬的，则税务机关可以实施第三方扣押，具体包括扣押第三方为债务人持有的资金、扣押第三方对债务人负有的负债、扣押第三方将给债务人支付的报酬。第三方扣押应当通知债务人，以及为债务人持有资金、对债务人负有负债，或者给债务人支付报酬的自然人或者企业法人，通知书上应注明上诉和上诉期限等权利救济内容。

3. 税收强制执行

对纳税人欠缴的税款，税务机关在发出追征函或者《责令缴纳税款通知书》后二十日期限届满后，纳税人仍未缴纳的，主管公共会计可以按照《民事诉讼法典》规定的程序进行追诉。由此可见，一方面，法国在税收强制执行开始前遵循对纳税人充分的告知并给予其充足的义务履行期间的原则；另一方面，法国税收强制并不以税务机关为主导，而是需要按照《民事诉讼法典》的相关规定向法院申请强制执行。

4. 强制执行涉及第三方的特殊规定

如果实施第三方扣押的，负责税收征收的会计，可以向第三方（主要包括欠税人的财产托管人、持有人以及欠税人的债务人等）发出第三方持有人通知书，一旦第三方收到该通知书，符合条件的，即应代欠税人支付应缴未缴税款；如果纳税人对第三方的债权尚未到期，则应在债权到期时，按照债务额和欠税额孰低原则，直接向负责征收的会计履行给付义务，以此达到将债务人所欠税款征缴入库的目的。

公司、企业法人或者任何其他组织的负责人，如果实施欺诈行为或者屡次不履行纳税义务情节严重，造成有关公司、企业法人或者组织应缴未缴的税款和罚款无法征收的，应当对相关税款和罚款负连带责任，从而体现公司

---

[1] 法国《税收程序法》第 L252B 条

法上"刺破公司面纱制度"在税收征收领域的运用。

（三）英国

英国目前对税收征管的规定集中在 1970 年制定的《税收管理法案》（Taxes Management）中，该法案第六部分征收和救济（Collection and Recovery）一章中，对税收强制制度相关内容进行了规定。

1. 税收行政强制的前提

英国《税收管理法案》同样要求在税收强制征收前必须履行一定的催告程序，给予纳税人主动履行义务的选择权。法案第六部分第 60 条①中规定了在纳税人的税款缴纳义务到期时，或者当税务机关通过纳税评定发现纳税人申报数额不准确时，税务机关应向其发出纳税通知单，要求其缴纳应纳税款。按照《税收管理法案》的规定，如果纳税人怠于或是拒绝缴纳上述纳税通知单中所要求的应缴税款，税务机关可开展下一步的税收强制措施。

2. 税收强制措施②

英国税收强制措施也是以财产扣押为主。如果纳税人怠于或是拒绝缴纳上述纳税通知单中所要求的应缴税款，税务机关可在被授权的范围内扣押其动产或不动产。扣押期限是五天，该期间内因合理保管产生的一切费用均由纳税人负责。

为了顺利达到扣押纳税人相关财产以保障税款征收的目的，税务机关可在获得授权令后，在白天直接进入纳税人的住所或营业场所进行强制扣押；

---

① See Taxes Management sec. 60: Every collector shall, when the tax becomes due and payable, make demand of the respective sums given to him in charge to collect, from the persons charged therewith, or at the places of their last abode, or on the premises in respect of which the tax is charged, as the case may require.

② See Taxes Management sec. 61: (1) If a person neglects or refuses to pay the sum charged, upon demand made by the collector, the collector shall, for nonpayment thereof, distrain upon the lands, tenements and premisesin respect of which the tax is charged, or distrain the personcharged by his goods and chattels, and all such other goods andchattels as the collector is hereby authorised to distrain. (2) For the purpose of levying any such distress, a collector may, after obtaining a warrant for the purpose signed by the General Commissioners, break open, in the daytime, any house or premises, calling to his assistance any constable. Every such constable shall, when so required, aid and assist the collector in the execution of the warrant and in levying the distress in the house or premises. (3) A levy or warrant to break open shall be executed by, or under the direction of, and in the presence of, the collector. (4) A distress levied by the collector shall be kept for five days, at the costs and charges of the person neglecting or refusing to pay.

直接进入纳税人的住所或是营业场所这一行为必须在有税务机关工作人员在场的情况下，由其直接实施或授权他人实施。

3. 税收强制执行①

如果欠缴税款的纳税人拒不缴纳税款和相关管理费用，则被扣押的财物将会在合理的估价程序后，由税务机关将其公开拍卖，拍卖所得将用来偿还应缴税款和相关的管理费用。拍卖所得款项，在偿还应缴纳税款和其他费用后的剩余款项，应返还给纳税人。

（四）美国

美国是传统英美法系的国家，行政机关在相对一方拒绝履行行政义务时，原则上一般须向法院申请强制执行，不能自己采取强制执行手段，法院才是行政强制的最终主体。但为了提高税款征收效率，美国税法赋予了税务机关强制执行权力。在税收行政强制中，无论是对纳税人财产的扣押，还是对扣押财产的出售，都是由联邦税务局主持和运作。

1. 税收行政强制的前提

美国《国内税收法典》规定有完备的税收强制执行前的通知程序。当国内收入局认定纳税人欠税，则由国税局地区税务中心寄出收税信。第一张发出的通知被称为"到期联邦税的支付要求或通知"。这是国税局与纳税人的第一次联系。通知上会写明"请在 10 天内交付或告知到期的税款计算错误，并附文件"。若国税局在 30 至 60 天内未从纳税人处收到任何支付，国税局会以 5 周为间隔寄出"500 系列通知"。501 通知用于提醒未付税收，申明纳税人确有欠税，国税局仍然想了解纳税人欠税的原因；接着 502 通知进行第二次收税提醒，实践中往往被省略；到了 503 通知寄出，通知上会申明"紧急！要求支付！"；最后 504 通知，以挂号信的形式寄出，目的在于证明国税局已经寄给欠税人，同时欠税人已经收到通知，若欠税人仍然无动于衷，国税局

---

① See Taxes Management, sec. 61 (5) If the person aforesaid does not pay the sum due, together with the costs and charges, within the said five days, the distress shall be appraised by two or more inhabitants of the parish in which the distress is taken, or by other sufficient persons, and shall be sold by public auction by the collector for payment of the sum due and all costs and charges. The costs and charges of taking, keeping, and selling the distress shall be retained by the collector, and any overplus coming by the distress, after the deduction of the costs and charges and of the sum due, shall be restored to the owner of the goods distrained.

将会在 30 天内开始强制征收程序。①

2. 税收强制措施

（1）税款留置

经税务机关要求，纳税人仍怠于或者拒绝缴纳税款的，为保护税收利益，包括该纳税人所欠缴的税款以及由此所产生的税收利息、附加税、可征收的罚款等，税务机关对于该纳税人所有的财产及财产权利，享有留置权。一旦判定对纳税人的财产构成留置权，税务机关应当向纳税人送达留置通知，载明纳税人未缴税款的数额、请求听证的权利等内容。税收留置权是税款相对于纳税人财产的一种优先权，其本身并不能使欠税人的财产自动转移给国家。

（2）扣押

如果纳税人在收到税款缴纳通知以后的 10 天内，仍然怠于或者拒绝履行纳税义务，税务机关可以对纳税人的所有财产予以扣押。

在对纳税人所欠税款实施财产扣押前，税务机关应当以书面形式通知纳税人其所欠税款数额以及在收到通知后享有申请听证的权利。《国内税收法典》充分重视对纳税人权利的保障，对纳税人在税款被征收过程中的公平听证权、听证程序等做了细致规定。

扣押财产之后，税务机关应当将扣押情况书面通知到财产所有人，书面通知中应当指明扣押金额以及关于扣押财产的说明等内容。对纳税人家庭必须用品、失业津贴、养老金、工人抚恤金等财产免于扣押。②

3. 税收强制执行

税务机关在扣押财产之后，除通知财产所有者外，还应当在国家公开出版或广泛发行的报纸上公布出售通知。通知中应当指明所要出售的财产以及出售的时间、地点、方式和条件。出售时间不得早于公告之日起 10 天，也不得晚于公告之日起 40 天；但对于易腐物品，如纳税人未及时缴纳税款予以赎回，税务机关应当尽可能快地将该财产予以出售。法定出售方式包括公开拍卖和秘密投标的公卖。每次出售程序及结果应当形成出售记录。

---

① 《美国联邦税收征管》编译组编译：《美国联邦税收征管》，中央广播电视大学出版社 1998 年版，第 34 页。

② 美国《国内税收法典》第 6334 节。

税务机关实施扣押后，也可以向欠税人雇主发出征税通知，要求雇主把雇员工资支付给财政部，用以征收纳税人欠缴的税款。

（五）加拿大

有关税收行政强制的规定主要体现在加拿大1985年《所得税法案》（Income Tax Act 1985）第十五部分管理和执行（Administration and Enforcement）中。

1. 税收行政强制的前提

加拿大《所得税法案》第225条①规定，任何人如果未按期缴纳法案所要求的税额，税务机关在采取进一步措施之前，必须向欠税人邮寄纳税通知单至已知的最新的纳税人住址，以此告知纳税人其应当依法缴纳税款，通知单规定的履行期为30天。在该期限内欠税人没有缴纳税款的，税务机关会依法采取强制措施。

2. 税收强制措施

（1）提前征税

如果税务机关怀疑纳税人已经离开或即将离开加拿大，可以在法定税款缴纳日之前，通过直接通知纳税人或邮寄挂号信至最新已知的纳税人地址，要求纳税人提前进行税款缴纳，当相关通知或者挂号信送达纳税人时，纳税人的纳税债务即产生，且须在收到通知后90天内履行税款缴纳义务。如果纳税人未在该期限内缴纳税款，将面临被课以利息和罚款的法律责任。

（2）扣押

如果纳税人收到纳税通知单后，未在通知单所规定的30日期间缴纳税款的，税务机关可以在向其发出一份未按时缴纳税款的文书后，扣押该纳税人的动产，扣押期间为10天，因扣押所产生的费用由该纳税人承担。

---

① Income Tax Act 1985. 225：（1）If a person has failed to pay an amount as requiredby this Act, the Minister may give 30 days noticeto the person by registered mail addressed to the person's slatest known address of the Minister's intention todirect that the person's goods and chattels, or movableproperty, be seized and sold, and, if the person fails tomake the payment before the expiration of the 30 days, the Minister may issue a certificate of the failure and directthat the person's goods and chattels, or movableproperty, be seized.

3. 税收强制执行①

如果纳税人在财产被扣押后 10 天之内仍不履行缴纳税款及扣押费用的义务，则 10 日期满后税务机关应当将所扣押的动产通过公开拍卖程序予以出售。除所扣押的物品易腐、易变质外，在拍卖前应提前公告拍卖的时间、地点，并在公告中简要介绍即将被拍卖的物品信息。拍卖所得价款在扣除应纳税款及相关成本费用后，应立即返还给纳税人。

4. 强制执行涉及第三方的特殊规定②

如果税务机关知悉第三方（任何人）在一年之内有义务向税收债务人支付一定款项时，可以书面通知该第三方，要求其在支付义务到期时，直接将应支付给纳税人的款项交付给税务机关，此项交付以纳税人根据法案应缴纳的税款为限。

当税务机关知悉第三方（银行、信用合作社、信托公司等金融机构，或者税收债务人的雇主）将在 90 天之内，向纳税人提供借款或者有一定支付行为的，税务机关可以书面通知该第三方，将其可能提供的借款或者支付的金额，以纳税人应纳税额为限，全部或部分交付给税务机关，以代为缴纳纳税人的应缴税款。

（六）澳大利亚③

澳大利亚 1953 年《税收管理法》（Taxation Administration Act1953）是 1953 年澳大利亚国家议会颁布的第 1 号修订法案，也是澳大利亚国家税收法律体系中的程序性法律。这部法律从 1953 年发布以来，进行过多次修订，并沿用至今。其中关于税收强制制度的内容主要包括：

---

① Income Tax Act 1985. 225：(2) Property seized under this section shall be kept for 10days at the cost and charges of the owner and, if the ownerdoes not pay the amount owing together with the costsand charges within the 10 days, the property seized shallbe sold by public auction. (3) Except in the case of perishable goods, notice of thesale setting out the time and place thereof, together witha general description of the property to be sold shall, areasonable time before the goods are sold, be publishedat least once in one or more newspapers of general localcirculation. (4) Any surplus resulting from the sale after deduction ofthe amount owing and all costs and charges shall be paidor returned to the owner of the property seized.

② 加拿大 1985 年《所得税法案》第 224 条。

③ 因研究资料有限，笔者对澳大利亚税收行政强制制度进行了部分介绍，未介绍部分不代表该国没有相关制度。

1. 税收行政强制的前提

对于申报纳税、评估、审计环节形成的应缴未缴税款，欠税管理部门会先了解纳税人清缴欠税的支付能力，① 也会在税收行政强制执行前，以一个月为期限要求纳税人履行支付义务，超出缴纳期限后，税务机关首先进行督促催告程序，通过信函督促纳税人尽快缴纳，并向纳税人说明，如果不缴纳税款，其税款的征收，将会被移交至清理欠税工作的专业机构进行，且欠税人将面临法律诉讼。在完成上述催告程序，并证实对于追缴钱款毫无作用的情况下，税务机关将委托具备丰富法律和调查经验的第三方机构催收清缴欠款。催收机构主要由律师以及熟悉司法程序的专业人士组成，按清欠税款的难度等因素确定收费比例，可按税款额度收取 30%—40% 的费用，甚至高达 50%。对于发现涉及犯罪的纳税人，由负责法律事务的部门向法院提起诉讼。

2. 税收强制措施

在特定情况下，税务局局长如果有理由认为纳税人在到期应支付税收债务之前将离开澳大利亚，则税务局局长可以将该纳税人的纳税时间提前，书面通知该纳税人提前缴纳相应税收债务，否则可以向其发布禁止离境令。

（七）日本

关于税收行政强制的内容主要体现在 1962 年制定的《国税通则法》和 1907 年制定的《国税征收法》当中。《国税通则法》第三章"国税的缴纳与征收"，规定了国税征收中的一些基本问题和共同事项，是确保税务机关履行职责和国民履行纳税义务制度的保障之一，其中第 37 条至第 60 条，主要涉及税收强制执行的具体程序；《国税征收法》第五章"滞纳处分"，规定了税务署针对不按期履行纳税义务行为的一系列滞纳处分行为，第 47 条到第 159 条，对滞纳处分的通知、财产扣押、拍卖及拍卖款的分配、滞纳处分的延缓和停止等内容都进行了较《国税通则法》更为具体的规定。此外，在税务行政管理上，税务部门为了有效利用行政资源，会采用优先处理难度大的案件、对恶意拖欠税款的案件采取严厉惩罚等策略，并综合利用电话催缴中心，以及用与税收评定部门加强沟通的手段来进行管理。

---

① 隋焕新：《澳大利亚税收征管制度及信息化建设的启示与借鉴》，载《税收经济研究》2014 年第 1 期。

1. 税收行政强制的前提

当纳税人未按期缴纳税款，税务署拟采取强制手段征收税款之前，日本也遵循对纳税人予以充分告知的原则。《国税通则法》规定，在纳税期限前，未缴清其国税的情况下，税务署长须对该纳税人以催促函方式催促其缴纳。

对于有担保的国税，欲实现担保权让保证人缴纳国税时，须向担保人发出缴纳通知，载明缴纳金额、纳税期限、纳税地点及其他必要事项，若担保人至缴纳通知所限定的纳税期限之前仍未缴清其国税，税务署长等则应当以缴纳催告书的形式，再次对其实施督促缴纳，该缴纳催告书应当在其纳税期限届满后五十日以内发出。

《国税征收法》也规定，税务机关对滞纳税款纳税人实施滞纳处分，亦以滞纳者收到催促通知，并自税务机关发出该通知之日起十天内没有完成缴纳为前提。

2. 税收强制措施

（1）提前纳税

纳税人出现以下情形之一的，税务机关如认定纳税人在纳税期限届满前无法缴纳应缴税款，可以提前要求纳税人缴纳相应税款：对于纳税人财产的其他强制变卖手续开始之时；纳税人死亡的情况下，其继承人选择了限定继承①时；法人纳税人解散时；纳税人未确定纳税管理人，而在本法律施行地又无住所或居所时；纳税人被认定为以欺骗及其他不正当行为存在逃漏税行为。

需要适用提前纳税手段时，税务署长应向提前纳税相对人送达记载着应缴税额、提前纳税期限及纳税地点要求的提前纳税通知书，送达完成后，如果无法确保对税款的征收，税务署人员可在预计确定的应缴税额限度内立即扣押该纳税人的财产。

（2）保全扣押

如果经过税收检查程序发现纳税人存在税收违法行为，而税务机关认为在对该行为做出处理决定之后，无法保障相应国税的征收时，税务署长可以在做出处理决定之前，提前决定由征收工作人员在欠缴税款数额范围内，立

---

① 限定继承指继承人仅在其所得遗产的财产权利范围内承担偿还被继承人生前所欠债务的责任，对超出遗产中财产权利的债务有权拒绝偿还。限定继承下，提前要求以被继承人财产履行纳税义务，有助于对其剩余财产的分配。

即对纳税人的财产进行保全扣押。

（3）财产扣押

《国税征收法》对财产扣押的一般条件、范围、效力都规定得较为详细，并区分动产或有价证券的扣押、债权扣押、不动产扣押、无形财产权扣押，对各种扣押的程序都分别做了规定。扣押一般需要在催促完税通知发出之日起十日后进行，以征收国税所必要的财产为限。对动产等的扣押通过占有来完成，对债权的扣押通过向第三债务人送达债权扣押通知书而进行，不动产及无形财产权的扣押通过向滞纳税款者送达扣押书而实行。

3. 税收强制执行

对动产、不动产、无形财产权采取扣押措施后，纳税人仍未按期缴纳所欠税款的，税务署长可决定对所扣押财产实施变价程序，以变价所得价款冲抵欠税金额。

扣押金钱的，税务机关可以视为已经征收相应税款；扣押债权或有价证券的，税务机关可以在欠税限度内，直接受领对欠税人的给付。

当欠税人的财产被有关机关履行强制变价手续时，如果其不存在其他容易变价的财产，税务机关可就该欠税人所欠缴的国税，向执行变价手续的有关机关提出交付请求，获得对强制变价款的分配权。

此外，在应征消费税的课税物品依照强制变卖手续被变卖的情况下，依照规定该物之上的消费税纳税义务成立时，税务署长在预先向执行机关及纳税人通知应征收的税额及其他必要的事项后，可从卖出价款中直接征收该消费税。

4. 税收行政强制涉及第三方的规定

（1）第三方的代位

纳税人所欠国税可由第三者代为进行缴纳。如果该国税已获得纳税人抵押担保，第三方代纳税人缴纳税款后，可代位于国家而获得抵押权。由此可见，法律不仅允许第三者代为缴纳国税，而且赋予第三者代位取得税务署对纳税人的财产抵押权。

（2）第二次纳税义务

当税务机关认为（判断）对该纳税人的财产即使执行滞纳处分，但也不足于应征收的额度时，则该纳税人的特定关系人有义务替其纳税。① 第二次纳税人包括无限责任股东、清算人等，在对纳税人进行财产变价后，方可对第二次纳税人财产进行滞纳处分。

（3）第三方权利的保护

已设定质权、抵押权、优先取得权、留置权、租借权及其他第三者权利的财产被扣押时，税务署长必须通知拥有上述权利的人。该第三方权利享有者收到通知后，如果认为滞纳人拥有其他容易变价、能够实现税款征收的财产，可向税务署长提出更换扣押请求。

（八）韩国

韩国《国税征收法》主要是有关税收征收程序，特别是有关滞纳处分程序的规定，包括一般规定（General Provisions）和程序规定。

1. 税收行政强制的前提

根据韩国《国税征收法》，如果纳税人未按期足额缴纳税款，税务机关应在纳税期满之日起 15 天之内，向纳税人发出催缴通知书，向税款保证人等第二次纳税人发出催告，督促其及时缴纳税款。若依法准予纳税人延期纳税，则应当在延期后的纳税期限届满之日进行纳税通知。催缴和催告的期限分别不少于 10 天。

2. 税收强制措施

（1）提前征收②

当纳税人存在下列情形之一时，税务机关可以在规定的纳税期之前，提前决定该纳税人的应纳税额并要求其缴纳：因欠缴中央税而将被处罚；因欠缴地方税或公共收费而被处罚；正在接受其他机关的强制执行；被证券交易所做出禁止交易的处分；其财产开始被拍卖；法人解散；被认为可能逃避税收；纳税人在韩国无永久性或临时性住所或者没有税收管理员。税务机关做出提前纳税决定，应载明应纳税额及纳税期限等事项，并通知纳税人。

（2）提前扣押

在纳税人存在上述八种情形之一时，如果税务机关认为待其应纳税额确

---

① ［日］金子宏著，战宪斌等译：《日本税法》，法律出版社 2004 年版，第 116 页。

② 韩国《国税征收法》第 14 条。

定之后难以征收相关税款的，可以在预计的应纳税额范围内，直接扣押该纳税人的财产，并书面通知该纳税人；但如果纳税人收到通知后及时提供相应担保的，或者在扣押进行三个月后其应纳税额仍不能确定的，应解除对其财产的扣押。

（3）扣押

《国税征收法》第三章滞纳处分规定了对滞纳税款的强制征收程序，其中第一节至第九节共34条对扣押这一强制措施的具体要求、范围①、效力、解除条件以及税务机关在实施扣押时享有的权力等各个方面内容都做了详细的规定。如果纳税人在收到催缴通知书或者提前纳税通知后，未能在催缴通知书或者提前纳税通知书中要求的期间缴纳税款的，则税务机关将扣押该纳税人的财产，扣押后应制作扣押报告，并将其复印件交由纳税人。根据拟扣押财产的性质不同，该法对动产或有价证券、债权、不动产、无形财产权等分别规定有不同的扣押程序。

如果纳税人的财产已被其他机构扣押时，税务机关可凭借参加扣押书，来获得对扣押财产的分配权。

3. 税收强制执行

在纳税人被采取提前征收税款措施的情形下，如果纳税人正在接受其他机关的强制执行，税务机关可以请求对纳税人财产强制执行的其他政府机关、执行法院，或者纳税人破产管理人、清算人等，直接交付该纳税人应提前征收的税款。

在提前扣押情形下，如果被扣押财产是金钱、在纳税期届满前可收回的存款或者有价证券的，税务机关在提交课税资料确定纳税人应纳税额之后，可以直接决定从扣押财产中划拨相当于应纳税额的款项。

对所扣押的财产，原则上要求以公开拍卖的方式出售，以最终拍卖所得价款来偿还税款。扣押的有价证券，税务机关可以直接收取与该证券有关的给付，并视为已在所收取的限度内征收了与扣押有关的税款。税务机关在决定拍卖前应拟定所拍卖财产的预计售价、拍卖地点、投标保证金等，将拍卖方式、购买人付款期限、拟拍卖物品简介、开标时间和地点、投标保证金、

---

① 韩国《国税征收法》第31-33条对不予扣押的财产范围进行了一般性的规定。

拍卖物共有人的优先购买权等内容予以公告，并通知欠税人以及与对该财产享有权利的共有人、质押权人、抵押权人等。拍卖应当在上述通知下达 10 天后进行，但如果拍卖物保管费用过高或者担心其价值明显下跌的，可以不受 10 天的限制。

当所扣押的财产存在下列情形之一时，可以不采用公开拍卖形式进行处理，而准予自由买卖：税务机关认为其出售价款只能够支付处理费用；在性质上易腐烂或易变质，必须立即出售以防止其价值减少；预计售价低于 100 万韩元；其他法律限制该财产的买卖或持有；一年内被五次公开拍卖仍未售出；因公共利益需要不宜公开拍卖。自由买卖方式相较公开拍卖方式更为灵活高效，使税款的征收更有效率。

4. 强制执行涉及第三方的特殊规定

欠缴税款的自然人死亡或者欠缴税款的法人因合并而解散的，对该欠税的自然人或法人财产的滞纳处分继续有效。自然人死亡的，对其财产实施的扣押，效力及于其财产继承人。

当扣押的财产已被质押、出租或抵押的，税务机关应将扣押事宜通知相关权利人，如果相关债权人享有优先于税款债权的权利并希望在收到扣押通知后立即行使该优先权以实现债权的，可以在收到通知之日起 10 天内向税务机关提出申请。

如果其他第三方认为扣押财产归其所有而不应当被处置的，至迟在税务机关将其售出前 5 天内，可将能证明其所有权的相关文件资料提交至税务机关。

5. 赋予税务机关强制执行的配套权力

韩国《国税征收法》明确税务机关因扣押需要，享有搜查、询问、检查等权力，行使权力时应当出示证件以表明身份。

搜查原则上应在白天进行，纳税人在夜间营业的，也可以在夜间搜查。搜查范围包括纳税人或者持有纳税人财产的第三方的住所、船舶、营业场所、仓库等地方。搜查后未发现有任何财产可供扣押的，税务人员须生成搜查记录并自行签名后，请纳税人本人及其他见证人签名或盖章，并将搜查记录复印件送达纳税人。

税务人员如想了解纳税人财产所在地和财产数量等情况时，可以询问纳税人本人，或者与纳税人存在交易行为的其他人、纳税人财产使用人等等，也可以检查文件、记录等资料。

搜查或检查时，欠缴税款的纳税人本人应当在场，其家属、同住的人、职工或者其他雇员应在场作为目击证人，无此类人员的，应请警察在场做目击证人。

二、 税收行政强制及其立法国际发展趋势比较研究

（一）采取税收行政强制前，注重保障纳税人的知情权

从各国关于税收行政强制规定的比较中可以看出，纳税人的知情权都受到很大程度的保护，各国税务机关在采取征税措施前，在各国一般都会以书面形式对纳税人履行一定的催告义务，"借此对义务人施以心理强制，使义务人得以预期将来的不利益，以便敦促其义务的履行"[①]。部分国家在催告通知中会规定一定纳税期间，督促纳税人在此期间内主动及时缴纳税款，但该纳税期间的长短，各国规定稍有不同。

德国《税收通则》规定在强制纳税人缴纳税款等金钱债务时，应提前向纳税人发出催告，催告后一星期内纳税人可以主动完税；法国《税收程序法》规定税务机关应通过《追征函》或《责令缴纳税款通知书》来催促每一个纳税人及时完税，但并未明确限定催促缴税的具体期间，仅在执行环节规定催促通知下达 20 天后可以实施强制执行。英国《税收管理法案》要求税务机关在主动征收前，应向纳税人发出要求其缴纳应缴税款的纳税通知单。加拿大则规定税务机关对于未按期依法缴纳税额的任一纳税人，在对其采取进一步措施之前，必须向其邮寄纳税通知单，明确告知其负有依法纳税的义务，通知单所规定的纳税期限为 30 天。澳大利亚也有相应的督促催告程序。日、韩两国在催促履行纳税义务的对象上有所拓展，既包括向纳税人发出催促函，又要求向担保人等二次纳税人发出催告，且均规定有 10 天的履行期。

美国的督促催告程序与上述国家区别较大，有其独特之处。第一张发送给纳税人的纳税通知规定的纳税期限为 10 天，如果在通知发出后 30—60 天之内没有进行支付行为，将启动"500 系列通知"程序，每隔两周发送一次

[①] 翁武耀：《税收通则法之执行编立法问题研究》，中国政法大学 2008 年硕士学位论文。

催缴通知，直至最后一次通知 30 天之后方可强制执行。① 多个督促程序给予了纳税人足够的义务履行期限，体现出美国以纳税人为中心，侧重于提升纳税人主动纳税遵从的程序安排，极大节约了强制执行程序可能产生的成本费用。

（二）税收强制措施的比较

1. 设置提前征收或扣押措施，最大限度保障国家税收利益

如果税务机关认为纳税人的特定行为将危及未来对其应纳税款的征收，可以做出提前征收或提前扣押决定，要求其提前缴纳税款，这种措施可以及时保障国家税收利益。加拿大和澳大利亚采取提前征收方式，均规定如果有理由相信纳税人在法定的纳税期之前将离开本国境内，可以向该纳税人发出提前征税通知，要求其提前纳税。此外，加拿大对提前纳税期间给出了规定，要求纳税人应在通知发出之日起 90 日内完税。澳大利亚则规定纳税人未按照提前纳税要求履行纳税义务的，将对其发出禁止离境令阻止其出境。

日本、韩国选择了提前征收和提前扣押的组合模式。在日本，如果纳税人存在《国税征收法》第 38 条中规定的情形之一的②，为确保国税的征收，税务署长可以向该纳税人送达提前纳税通知书，送达完成后如纳税人未按通知要求缴纳税款，则税务机关可立即扣押该纳税人的财产。在韩国，当纳税人存在《国税征收法》第 14 条规定的 8 种情形之一的③，税务机关可以提前决定其应纳税额要求并予以征收；如果未发出提前征收决定，但认为应纳税款确定后难以收回税款的，税务机关也可以提前扣押纳税人的相关财产。

2. 细化强制措施的财产范围，确保税收权力正当行使

对哪些财产能够采取强制措施，采取强制措施后效力是否及于财产所产生的孳息，是实践中实施强制措施必然会面临的问题。国外对采取强制措施财产范围的界定既有正面的规定，也有反面列举的限制性规定，通过禁止对某些财产采取强制措施，来间接规定哪些财产能够采取强制措施，这有利于

---

①《美国联邦税收征管》编译组编译：《美国联邦税收征管》，中央广播电视大学出版社 1998 年版，第 34 页。

② 包括其他程序已开始对其财产强制执行、法人解散、纳税人死亡时继承人选择了限定继承、在日本国内无住所且尚未确定税收管理员以及实施欺诈或其他不正当行为逃避缴纳税款。

③ 包括正在接受其他机关的强制执行、其财产开始被拍卖、法人解散、被认为可能逃避税收等。

规范税务机关的行政行为，保护行政相对人的权益。例如，德国明确扣押对孳息的效力。德国规定尚未与土地分离的孳息物，只要未因对不动产的强制执行而被查封，即可扣押。日本规定扣押效力及于扣押财产产生的天然孳息，但滞纳者或第三者能够使用扣押财产或由其收益时，对其财产中产生的天然孳息不予以扣押；扣押效力不及于扣押财产所产生的法定孳息，但债权扣押后的利息可以予以扣押。韩国则规定扣押效力及于该财产的天然孳息或法定孳息，但欠税人或第三人能够使用或可从中获利的天然孳息除外。日本明确规定了对工资、薪金、退休金等收入的扣押限度，体现了税收征收的人文关怀。韩国同日本类似，列举了不予扣押的财产范围，同时对工资等收入的扣押做了详细的限制性规定。

（三）税收强制执行的比较

1. 税收强制执行以不履行纳税义务为前提

税收强制执行的目的在于实现公民、法人或者其他组织的纳税义务，以税务行政义务为限，不超过当事人所承担的税务行政义务范围。采取强制措施后，纳税人仍未按期缴纳税款的，税务机关可以通过强制执行所扣押财产，并以获得价款来抵偿欠税人应缴纳税款及滞纳金。德国、英国、加拿大、日本、韩国等国家都规定强制执行一般由税务机关通过公开拍卖程序来进行，拍卖所得中以相当于税收债权的金额来抵缴税款。同时，为确保强制执行措施能够及时实现保障税收利益的效果、避免侵害行政相对人权益，加拿大还规定了对易腐烂、易变质等物品的拍卖可以简化手续而尽快予以拍卖或通过自由合同来交易，韩国则规定对易腐烂、易变质等物品可通过合同自由交易来变现，防止此类物品因性质上原因可能产生的过高的保管费用或价值的明显下跌。

2. 税收强制执行实施主体以税务机关为主

传统理论里，英美法系国家将强制执行权作为司法权的一部分，全部强制执行权力归司法机关；大陆法系国家将强制执行权作为普通的行政权力，强制执行权力归行政机关本身。而从目前世界上代表性国家和地区强制执行的制度可以看出，税收强制执行实施主体以税务机关为主、司法机关为辅。加拿大、英国、日本、韩国等国家以税务机关为强制执行主体。德国虽为大陆法系的代表性国家，但按照其规定，税务机关可以做出针对动产的强制执行措施，对于不动产则需要税务机关申请法院依民事强制执行程序执行。而在美国，虽然行政机关可以采取强制措施来启动强制程序，但法院才是行政强制的最终主体，因此税收强制执行一般须向法院申请执行，仅在某些特殊情况下税务机关保留了一定程度的主动执行权力。可以看出，目前代表性国家和地区的普遍趋势是强化税务机关税收强制执行权力，使其更具刚性。强制执行以税务机关为主体的做法，有利于提高税务机关的行政效率，但在赋予税务机关刚性权力的同时，也需要科学规制税务机关权力。

（四）明确税收行政强制中涉及的第三方的权利义务

当实施强制措施扣押纳税人财物时，第三方可能对该财产权利的归属提出异议，或者扣押纳税人债权等财产权利时，必然会涉及纳税人的债权人等第三方，对此，德国、法国、加拿大、日本、韩国等国家都有所规定。扣押债权时，上述国家都要求扣押应当通知第三方，第三方接到通知时扣押产生法律效力；法国、加拿大规定第三方应在债务到期时直接支付给税务机关以抵减纳税人所欠税款。此外，日本还规定当扣押的财产已设定质押、抵押等担保的，应在扣押后通知质权人、抵押权人等权利人，相关权利人如认为滞纳人有其他财产可供扣押的，可以申请税务机关更换扣押财产；如果第三方代替滞纳者缴纳了有担保的国税，在此时第三方将代替税务机关取得相对应担保。韩国同样规定对已设定质权、抵押权的财产的扣押应通知质权人、抵押权人，存在继承或合并情形的，对被继承人或被合并方财产的扣押继续有效。

公司法上法人人格否认制度在税收强制征收程序中也被部分国家引入，即在特定情形下，公司所负有的税收之债会延伸至其股东，股东对公司应纳税款负连带责任。法国《税收程序法》规定，公司、企业法人或者其他组织的负责人，应当对因欺诈行为或者屡次不履行纳税义务情节严重以致造成有关公司、企业法人或者组织应缴未缴的税款和罚款无法征收的情况负责。日本《国税征收法》规定，合股公司或合资公司滞纳国税时，在认为即使对其财产执行滞纳处分仍不足其应征收之额时，其股东（合资公司则为无限责任股东）负有滞纳国税的第二次纳税义务，在此场合，股东负有连带责任。

（五）赋予税务机关强制执行权的配套权力

税务机关采取强制执行，需要搜查、询问等相关配套权力，确保强制执行的顺利实施。德国和韩国都赋予税务机关与强制执行权有关的配套权力，两国都规定在扣押财产时，税务机关有权搜查纳税人的住所及经营场所等，通常搜查应当在白天进行，且应有欠税人及其他见证人在场，搜查时应当出示证件以表明身份，搜查完成后应生成搜查记录，有参与搜查的各方签名盖章，并将搜查记录复印件送达被搜查人。韩国还赋予了税务机关询问、检查权，为扣押需要，税务机关有权询问相关人员、检查文件记录等资料以了解欠税人财产状况。

三、 代表性国家税收行政强制及立法国际发展趋势对我国的借鉴

（一）我国现有的税收行政强制中存在的问题

1. 税收行政强制通知程序不完备

随着税收现代化的不断推进，对纳税人权利的保护越来越被重视，税务机关努力构建平衡纳税人权利和国家征税权的征管体系。我国现行的《税收征管法》第 7 条原则性规定了纳税人享有陈述、申辩权利，但在具体的税收行政强制措施中未得到充分体现，在《税收征管法》的修改上，应着重体现出对纳税人知情权及陈述申辩权等权利的保护。相比德国、美国、日本、韩国、法国等国家在采取税收强制措施执行前充分的督促催告程序，我国《税收征管法》中未做具体细致的明确规定，忽视了对相对人权利的保护。

2. 税收强制措施可操作性不强

根据我国《税收征管法》第 38 条的规定，当税务机关有根据认为从事生产、经营的纳税人有逃避纳税义务行为时，可以责令其提前纳税；在责令的提前纳税期间有明显的转移、隐匿财产行为的，可以责成其提供担保，如不能提供担保的，可采取通知开户银行或其他金融机构冻结其存款，查封、扣押其财产的保全措施。该条规定内容比较笼统、宽泛，不具有较强可操作性，未区分针对不同的财产类型采取的相应措施，在越来越重视保护公民权利、限制政府权力的背景下，税务机关难以有效适用该规定。从国际立法趋势来看，各国一般对不同财产有不同的扣押方式，比如对动产通过占有执行扣押、对债权通过发出禁止支付令执行扣押等等。细化对扣押、查封的规定，更能从法律上引导税务机关对强制措施的运用。

3. 缺乏对第三方权利义务的规制

对欠缴税款的纳税人，我国《税收征管法》只有对纳税人怠于行使的到期债权代位履行的规定，并无对纳税人债权等财产权利在到期前予以限制以便将来直接征收的规定，而德国、加拿大、日本等国均有此规定。

此外，《中华人民共和国民法总则》（以下简称《民法总则》）第 83 条规定："营利法人的出资人不得滥用出资人权利损害法人或者其他出资人的利益。滥用出资人权利给法人或者其他出资人造成损失的，应当依法承担民事责任。"在特定情况下，法律可以穿透营利法人的人格独立特性，追溯其法律特性背后的实际情况，从而责令营利法人的出资人直接承担该法人的义务和责任。实践中，法人纳税人的出资人滥用权利，损害单位利益，逃避缴纳税款的行为不在少数，但是《税收征管法》并未有类似规定来追究出资人的连带纳税义务责任。国外如日本就有第二次纳税人的相关制度，法国也在特定情况下规定公司、法人或其他组织的负责人对税收债务承担连带责任。

4. 行政强制配套权力缺乏

为采取强制措施需要，德国、韩国都对税务机关赋予了配套执法权，如搜查、检查、询问等，我国在此方面的规定为空白。从实务角度考虑，当纳税人拒不缴纳税款时，如果认为纳税人有逃避缴纳税款之迹象，欲对其显而易见的财产采取扣押、查封等措施往往也难以实现追缴税款的目的。赋予税务机关配套执法权，有一定的必要性。

（二）国外税收征收行政强制及其发展趋势对我国的借鉴

1. 设置督促催告和听证程序，保障纳税人知情权

首先，细化督促催告制度。进一步细化督促催告程序，让相关纳税人充分了解因自己的欠缴税款行为可能带来的法律后果，督促纳税人缴纳税款、保障其知情权。具体而言，可在税款到期之日届满前，由税务机关向纳税人送达税款缴纳提醒通知书，提示纳税人尽快缴纳税款；在税款到期之日届满后一定期间内，由税务机关向纳税人出具催缴税款通知书，对纳税人进行第一次催告，督促其在催告期内履行纳税义务，并告知其滞纳的税款将产生滞纳金，如未履行将被采取强制措施；催告期限届满纳税人仍不缴纳税款的，则由税务机关采取强制措施，并将强制措施结果予以告知，催促其在强制执行前一定期间内尽快主动缴纳税款，否则税务机关将强制执行纳税人财产。

其次，落实强制措施前听证制度。在行政权的行使过程中，公民有参与、监督、防卫和救济的权利。在税务机关做出采取强制措施的处理决定后，公民可以要求听证来表达自己的想法，陈述自己的意见，建立一个良好的沟通平台，解决潜在的争议。

2. 完善税收强制措施的规定，保障国家税收利益

一是细化可采取保全措施的条件。参照日本、韩国的相关规定，可以列举数条适用提前征收税款的情形，比如纳税人即将出境前往其他国家或地区、其他有关机关正在对纳税人财产进行强制执行、纳税自然人死亡时其已产生纳税义务但尚未至申报缴纳期时等情形，以此对税收保全的适用条件进行细化，为税务机关提供具有较强操作性的指引。

二是完善财产查封、扣押措施规定。一方面应与《行政强制法》更好衔接，种类上包括查封场所、设施或者财物，扣押财物，冻结存款、汇款以及其他行政强制措施；另一方面，可引入对债权及其他有价证券等进行扣押的规定，税务机关可以主动采取扣押债权的措施，要求第三人先行将欠付纳税人的款项承诺在纳税人到期不履行税收义务时，将该债权交付给税务机关，冲抵纳税人所欠税款，第三人据此不再对纳税人负有相应给付义务，从而更为便捷有效地追缴税款，而不必待纳税人对第三人的债权到期时通过法院实现代位权。此外，国外对不同财产规定有不同的扣押方式，我国亦可引进相关规定模式，对动产、不动产、权利的扣押，分别规定对其实施扣押的程序要求。在实施强制措施后，也应当通过必要手段对纳税人予以告知，并可以设置10天或者15天的纳税期限，当纳税人在该时限内主动缴纳税款的，税务机关立即解除强制措施。

3. 细化税收强制执行规定，强化可操作性

税收强制执行直接涉及处分纳税人的自有财产，处分的结果直接造成纳税人现有财产的减少，也可能涉及对超出税款及滞纳金部分的价款的返还。国际上较为公认的执行方式是拍卖所扣押的财产，能够以更为公平的价款实现对纳税人财产的处置。我国可借鉴国外做法，对强制执行程序进行适当细化，在拍卖前通知纳税人拍卖的时间、地点等内容，如可能涉及拍卖价款返还的，应通知纳税人在拍卖结束后一定时间内至税务机关办理相关手续；拍卖一般涉及公告流程，税务机关也可以运用当前互联网所带来的极大便利，

搭建税务拍卖信息公告平台，以使拍卖产品信息能以更快的速度在更广的范围内传播，提高拍卖效率。

4. 增加对第三方权利义务的规制

税收行政强制中任何涉及第三方权利义务的环节，都应当对该第三方尽到基本的告知义务。针对涉及第三方的扣押措施时，应当通过通知第三方来锁定扣押财产、确认扣押的效力并确保将来的执行。因为公司等营利法人拖欠税款的行为，可能与其出资人不诚信、滥用出资人有限责任地位直接相关，因出资人损害公司利益致使公司无法按期缴纳税款，在这种情况下，应当借鉴其他国家以及我国《民法总则》的规定，允许公司所欠税款在特定情况下延伸至公司背后的出资人，突破公司独立人格的界限，对公司法人人格予以否认，继续深究其出资人的责任。

5. 规范强化各部门配合、协助机制

税收强制措施及强制执行措施可能需要其他机关协助登记、协助执行等，因此，《税收征管法》应从立法上规定相关部门互相协助、相互配合、保障税收共治；同时税务机关自身也应加强和其他部门的沟通，建立如联席会议或者情报交换制度等稳定的协助渠道，主动加强与工商、银行、公安部门等的信息共享，为更好地实现税务行政强制打好基础。强化税收司法配合，在税务机关采取强制手段或税务机关不具备强制执行权的领域，与法院建立强制执行快速通道，确保国家税收债权的及时实现。

第三章　税收滞纳金制度

我国的滞纳金制度最早由税收领域产生，逐步拓展至其他行政领域和民事领域。① 我国《税收征管法》第三十二条将税收滞纳金规定为："纳税人未按照规定期限缴纳税款的，扣缴义务人未按照规定期限解缴税款的，税务机关除责令限期缴纳外，从滞纳税款之日起，按日加收滞纳税款万分之五的滞纳金。"可以看出，税收滞纳金是税务机关向滞纳税款的纳税人处以增加的金钱给付义务。在国际上，一些国家对与我国税收滞纳金性质、功能相似的税收征管措施有不同的设计，笔者选择了具有代表性的几个国家，包括德国、法国、美国、加拿大、澳大利亚、日本、韩国等，就这些国家和地区针对怠于履行税收义务处以增加的金钱给付义务的制度进行介绍与比较，尤其是相关规定中具有借鉴意义的法律原则、制度、规定，希望对完善我国现有税收滞纳金制度有所借鉴（因对于滞纳税收处以新的金钱义务属于税收行政强制措施，本章中关于各国税收滞纳金的起源及立法演变见《税收行政强制制度》章节）。

一、代表性国家税收滞纳金规定

（一）德国

德国对于纳税义务人未按时履行税收义务处以金钱给付义务的分类较细，对未履行或者未按时履行纳税申报义务的纳税义务人可以处以滞报金，对欠缴税款的纳税义务人加征滞纳金，对未按期缴纳税款或者逃税的纳税人加收具有补偿性质的利息，三者性质、功能各有区分，主要规定于德国《税收通则》中。

---

① 杨志强：《税收法治通论》，中国税务出版社 2014 年版，第 463 页。

1. 关于滞报金的规定

德国《税收通则》第152条针对未履行或者未按时履行纳税申报义务的纳税人，规定可以处以滞报金。滞报金不得超过规定的税额或规定的计算标准额的10%，最高为25000欧元。在估算滞报金时，除了督促纳税人按时进行纳税申报的目的，还应考虑逾期时间的长短、税款额度大小以及纳税义务人的过失责任和经济支付能力，体现了行政执法的合理性原则和比例原则。存在未履行申报义务但存在免责情形时，可不处以滞报金。法定代理人或相关办税人员的过失责任，视同纳税义务人本人的过失责任。

2. 关于滞纳金规定

德国《税收通则》中对欠缴税款的纳税义务人，按照拖欠的期限，每月加征1%的滞纳金，滞纳金的年平均滞纳比率为12%；对于有正当理由经批准延期纳税的纳税人，可以减按0.5%加收滞纳金，[①] 加收滞纳金最高不得超过所欠税款的30%。滞纳金按可被50欧元整除的最近数额四舍五入。因德国的税收法规中存在滞报金的规定，所以德国《税收通则》中明确规定，在纳税申报之前，不产生滞纳金；取消、修改或者按规定纠正税额核定或退税，则截至前述情形发生时征收的滞纳金不受影响。

可以看出，德国的滞纳金有督促纳税义务人尽快履行缴纳税款的功能，具有执行罚特点，同时，德国《税收通则》第240条第2、3项规定了两种免除情形：针对征收附加税情形，不征收滞纳金；拖欠税款三天以内的不加收滞纳金。

3. 关于利息规定

除了设置滞纳金制度以外，德国《税收通则》还设置有利息制度，[②] 对未按期缴纳税款或者逃税的纳税人加收具有补偿性质的利息，利息为每月0.5%，从计息过程开始之日起，按整月支付利息。计算利息时，各税种应计息的金额应按可被50欧元整除的最近数额四舍五入。在税务机关同意纳税人延期缴纳税款的期间，也收取利息；如果个案情况特殊，税务机关利息的收取可能不当时，才能全部或部分豁免利息的收取。

---

① 参见德国《税收通则》第五部分第二节第240条。
② 参见德国《税收通则》第五部分第二节第238条。

（二）法国

法国的《税收程序法》中，没有对税收滞纳金的明确规定，但规定了类似税收滞纳金性质的征管措施，即法国对延期纳税申请不当的行为，采取加征税款的措施。法国《税收程序法》第四编第二章关于延期纳税的规定中，在第 L280 条对延期纳税申请不当做出了加征税款的规定。对于直接税和营业税，当行政法院认为纳税人延期纳税申请造成过度迟延缴纳税款时，可以裁定对其提出错误异议之情形加征税款，但加征税款总额有所限制，即从纳税人到书记室登记延期申请的日期到判决日期或缴纳税款的日期之间的期间加收税款的金额，每个整月不得超过 1%。

（三）美国

美国对欠缴税款的纳税人收取利息，该利息具有补偿性质；同时加收滞纳附加税，对存在欺诈性行为的纳税人，则处以罚款。

1. 关于滞纳附加税及罚款的规定

美国《国内税收法典》第 6651 条规定，针对纳税人未按期申报或者少申报的行为，未申报状态不超过 1 个月时，需缴纳占应纳税款 5% 的附加税，每增加 1 个月相应增加 5%，累计不超过 25%。针对纳税人进行申报后未缴纳或少缴纳税款的行为，违法状态不超过 1 个月时，需缴纳占应纳税款 0.5% 的附加税，每增加 1 个月相应增加 0.5%，累计不超过 25%。对于纳税人因欺诈导致的未申报行为，除加收附加税外，税务机关还应对纳税人处应纳税款的 15% 至 75% 的罚款。对于申报后少缴税款的行为，则处以少缴税款 20% 的罚款。可以看出，美国对迟延支付税款的纳税人，在加收利息的同时加收滞纳附加税，若存在欺诈性行为，则既对迟延支付税款处以罚款，又收取迟延支付期间的利息。

2. 关于利息的规定

美国《国内税收法典》第 6621 条中做出关于利息补偿的规定，即欠缴税款的利息率，是在联邦短期利率的基础上，加上 3 个百分点；利息按天计算，并且需要计算复利。联邦短期利率需要在每季度的第一个月进行调整。[①] 对于大型公司少缴税款的情形，有增加利率的规定，即在联邦短期利率基础上增

---

① US Internal Revenue Code, Sec. 6621.（a）.（1），（A）、（B）.

加 5%。美国利息的平均比率为年 11.88%。对每一个纳税年度所课征的税款而言，最后缴纳日期为纳税申报的截止之日（不考虑其延期）；对于以印花方式缴纳的税款及其他没有明确规定最后缴纳日期的情形而言，最后缴纳日期应当被视为纳税义务产生之日，最后缴纳日期在任何情况下，都不得迟于财政部长发布关于上述税款的通知和命令之日。

美国还设立了利息中止制度，即对于所得税、遗产税、赠与税和特定消费税，如果存在没有足额报税的情况，纳税人已经对上述报税不足的评定提交了放弃向税务法庭提起重新确定纳税不足的申诉权利的弃权声明，且在提交弃权声明后的 30 天内，财政部长没有发布缴纳上述报税不足的通知或命令，则从上述第 30 天开始，至发布上述通知和命令之日止，不得对上述报税不足征收利息。

（四）加拿大

加拿大对滞纳税款采取的措施是处以罚款，此处的"罚款"也是由滞纳罚款和利息两部分组成。对于未按规定申报公司所得税的纳税人将处以罚款，罚款为应缴税款的 5%，并加上每个月 1% 的利息，以 12 个月为上限，若有再次发生，则罚款为应缴税款的 10%，并加上每个月 2% 的利息，以 20 个月为上限。针对个别税种，加拿大对滞纳税款还有一些特别规定，例如个人所得税，如果纳税人没在纳税截止日期内履行缴纳税款义务的，纳税人将被处以罚款并征收利息，罚款和征收利息的数额为所欠税款之 5%，并且每超一个月，罚款和征收利息的数额增加 1%，直至最高的 17% 为止，该规定体现出了执行罚的特点。

（五）英国

英国对逾期缴纳税款的纳税人，采取的是收取利息的征管措施。英国 1970 年《税收管理法》（Taxes Management Act 1970）第九部分是关于"逾期税利息"的规定。对于逾期的税款，自该税款到期之日起至缴纳之日止，应当按照规定的税率缴纳利息。这里的税款包括所得税、附加税、资本利得税和公司税等。此外，依据该条规定，在三种情形下应当免除逾期税的利息：首先，如果税款在逾期两个月内支付，则逾期的利息应当免除；其次，如果税款总额未超过 1000 英镑或者需要缴纳的利息总额不超过 5 英镑，则利息不应被收取；再次，1948 年 1 月 1 日以前的利息不进行计算和缴纳。

英国对因不同原因加收的利息设定了不同的利率，并且对于时间段也予以划分。对于因所得税、附加税、资本利得税以及公司税等逾期缴纳而产生的利息，在1967年4月18日之前设定的利率为3%，在1967年4月18日至1969年4月19日之前设定的利率为4%，在1969年4月19日之后设定的利率为6%。对于由于纳税人过错（包括欺诈、故意违约等）造成税款的流失，为弥补损失而征收的利息，在1967年4月18日之前设定的利率为3%，在1967年4月18日至1969年4月19日之前设定的利率为4%，在1969年4月19日之后设定的利率为4%。与此同时，财政部可以根据议会下议院的决议，通过在法定文件中发布指令的方式，提高或降低上述利率。这种因发布指令而发生的利率变动，适用于指令生效时及生效后的时段，该时点之前的利率不受影响。

（六）澳大利亚

澳大利亚对滞纳税款采取的措施是征收利息费。一般利息费的适用，必须严格遵循相关法律的规定，只有某法案的某条款规定了一般利息费时，才能征收一般利息费，大部分的条款都规定在澳大利亚1936年《所得税评估法案》、1953年《税收管理法》，其他法律中也有所涉及。

在澳大利亚1953年《税收管理法》正文第二章规定了一般利息费的适用，类似于我国税法中的滞纳金之规定，通常，如果纳税人未及时向税务机关缴纳应纳税费，该纳税人就欠了利息费。某天的一般利息费的利率是以当天的基本利率加上7个百分点后的总数除以该历年的天数计算得出，一般利息费的计算采用复利计算方法，用以前的一般利息费与未支付的本金之和来乘以当天的利率计算得出。税务机关应在特定的某天或几天告知付款人一般利息费的金额，保障纳税人的知情权，避免其在不了解的情况下承担过高的利息费用。非因当事人的疏忽直接或间接造成的缴税延误，且当事人已经采取合理的行动减少了缴税延误影响的情况下，税务机关也可以部分或全部地免除某人应缴纳的一般利息费。

（七）日本

日本《国税通则法》规定，在纳税人拖延缴纳国税时将产生附带税。①

---

① 参见日本《国税通则法》第2条第1款第4项。

按照日本《国税通则法》规定，附带税包括滞纳税、利息税，纳税人申报少于应纳税款或者无申报时产生加算税。

1. 关于滞纳税的规定

在行政强制方面，则按照拖欠税额时限的不同规定不同的税率加征滞纳税，根据《国税通则法》的规定①，滞纳税的适用情形包括：一是在规定期限内已进行申报的情况下，应缴纳的国税税款在法定纳税期限届满前未缴清时；二是在提交了逾期申报或修正申报或者接受了更正等情况下，出现应缴国税时；三是在收到纳税告知的情况下，在其法定纳税期限后才缴纳基于该告知而应缴纳的国税时；四是至其法定纳税期限而未缴清预定纳税的相关所得税时；五是至其法定纳税期限而未缴清代扣代缴型国税时。滞纳税的计算方法为：

滞纳税金额 = 滞纳的税款数额 × 法定纳税期限终结日至实际缴纳

税款日期间天数 × 14.6% 年利率 ÷ 全年总天数

若自法定纳税期限终结日至实际缴纳税款日之间的期限不超过 2 个月，则可以按年利率 7.3% 计算滞纳金额，但最高滞纳金额不得超过所欠税款的 86.38%。

2. 关于利息税的规定

在经济补偿上，日本采用征收利息税的方式，根据《国税通则法》规定，利息税的适用情形为"与延期缴纳或延长纳税申报提交期限有关的国税纳税人，依照国税相关法律之规定，须将利息税与国税一并缴纳"；在分税种规定中，个人所得税与法人税根据批准的延期制度，用延期缴纳税收金额乘以年利率 7.3% 计算，遗产税与赠与税则乘以年利率 3.6%—6.6% 计算。

从上述可以看出，一方面"滞纳金"的处罚性质体现在滞纳税中，还会根据滞纳的时长区分税率，体现过罚相当原则；另一方面，利息税承担了"滞纳金"的经济补偿功能，具有收取约定利息的性质。

3. 关于加算税的规定

按照日本《国税通则法》规定，纳税人已在规定期限内进行了申报的情况下，却又提交或更正了修正申报时，对该纳税人课征应纳税额乘以 10% 加

---

① 参见《国税通则法》第 60 条第 2 项.

算税。应缴税额超过相当于规定期限内申报金额与五十万日元二者中较多的金额时，该项加算税税额则为超过规定期限内申报金额乘以百分之五的比例而计算出的金额。

纳税人在隐瞒或伪造应作为国税的课税基准等计算税额的基础事实，并根据该隐瞒或伪造而提交了纳税申报，对该纳税人课以与应作为该基础的税额乘以 35% 的比例而计算出的金额作为重加算税；纳税人在隐瞒或伪造应作为国税的课税基准等计算税额的基础事实，并根据该隐瞒或伪造在法定申报期限前未提交纳税申报，或者在法定申报期限后才提交纳税申报时，对该纳税人课以与应作为该基础的税额乘以 40% 的比例而计算出的金额作为重加算税。

4. 关于滞纳税减免的规定

日本税法对滞纳税的减免进行了规定。日本税法明确，在因灾害等原因而实行延缓纳税和滞纳处分执行停止时，与纳税延缓和执行停止的期间相对应的滞纳税可予以免除。若因停业而产生延期纳税及延期换价时，对延期纳税以及延期换价期间的滞纳税可予以免除。但是导致取消延期纳税、延期换价以及滞纳处分执行停止的事实一旦发生，自该事实发生之日起的期间所对应的滞纳税，税收行政机关有权决定不予以免除。存在以灾害等理由延长国税的纳税期限情形的，该延长期间对应滞纳税可予以免除。在其他特定情况下，税收行政机关还可以根据自己的判断将滞纳税予以免除。[1]

（八）韩国

韩国对滞纳税款处以的金钱给付义务采取的方式是：加收附加税。《国税征收法》第 21 条规定，纳税人到期未缴纳税款的，从纳税期限届满之次日起，应按未缴税金额的 3% 按日加收附加税；同时，如果滞纳的应纳税额在 100 万韩元以上的，还应从延期缴纳之次日起，按未缴税额的 12‰ 按月征收额外附加税，但额外附加税的征收期限不得超过 60 个月。

二、 税收滞纳金国际发展趋势比较研究

对逾期缴纳税款处以增加的金钱给付义务的税收规则，在各国税收征收

---

① 周倩：《税款滞纳金法律性质浅析及相关制度完善》，参见北大法律信息网：http：//article. chinalawinfo. com/ArticleFullText. aspx ArticleId＝2249，2017 年 8 月 10 日访问。

中基本普遍适用。综观其他国家和地区关于税收滞纳金的立法，设置模式各有不同，有的规定为滞纳金，有的规定为利息，有的规定为附加税等，还有的国家将未申报或未按时申报也处以新的金钱给付义务。同时，大多数国家和地区都不同程度地将滞纳金与利息、罚款进行区分设置、规定减免或最高征收标准，且不同国家和地区税收滞纳金的征收率存在差异。

（一）关于滞纳金的设置模式

不同国家和地区税收滞纳金征收模式及设置名称存在差异，法国、澳大利亚等国家将经济赔偿功能与执行罚功能合一适用，德国、美国、加拿大等国家严格区分经济赔偿功能与执行罚的功能。通过比较可以看出，多数国家针对滞纳税款所采取的处以新的金钱给付义务的措施中，将经济赔偿功能与执行罚功能进行明确区分，并采取不同手段达到分设效果。这种设置的优点是：清晰地划分了对滞纳税款所采取的不同目的的措施，有利于明确实施效果，更好地实现征管质效。

不同国家税收滞纳金设置模式情况

国家	对未履行申报义务处以金钱给付义务	对未履行缴纳税款义务的经济赔偿	对未履行缴纳税款义务的执行罚
德国	滞报金	利息	滞纳金
法国	未见明确规定	加征税款	
美国	附加税：未申报状态不超过 1 个月时，需缴纳占应纳税款 5% 的附加税，每增加 1 个月相应增加 5%，累计不超过25%。	利息、附加税	滞纳罚款
加拿大	未见明确规定	利息	滞纳罚款
英国	未见明确规定	利息	
澳大利亚	未见明确规定	利息费	

国家	对未履行申报义务处以金钱给付义务	对未履行缴纳税款义务的经济赔偿	对未履行缴纳税款义务的执行罚
日本	加算税	利息税	滞纳金
韩国	未见明确规定	附加税（附加税的征收期限不超过60个月）	
中国	按照《税收征管法》规定，我国对未履行申报义务的纳税人处以罚款。	税收滞纳金	

（二）关于滞纳金的征收率

我国对逾期缴纳税款行为采用的是征收滞纳金的方式，《税收征管法》规定按0.05%的利率按日加收滞纳金（相当于年利率18.25%），滞纳金标准在国际上处于较高水平。从国际上不同国家和地区滞纳金征收比率情况看，西方国家总体征收比率维持在12%左右，亚洲国家高于西方国家，一般维持在15%。例如，日本滞纳税的征收标准为每年14.6%，对逾期两个月之内缴纳的税款，减半征收，即按年7.3%利率征收滞纳税。韩国对纳税期满后应缴未缴税款按月加收3%的附加税，在此基础上，还可以按月额外再加收12‰的附加税，但必须以60个月为限。

不同国家税收滞纳金比率情况

国家	对未申报义务处以金钱给付义务比率	对未履行缴纳税款义务的经济赔偿比率	对未履行缴纳税款义务的执行罚比率
德国	滞报金不得超过规定税额的10%，最高为25000欧元。	利息为每月0.5%。	滞纳金每月1%。
法国	无	加征税款每个整月不得超过1%。	
美国	未申报状态不超过1个月时，需缴纳占应纳税款5%的附加税，每增加1个月相应增加5%，累计不超过25%。	利息平均比率为年11.88%。	对申报后少缴税款的行为，处以少缴税款20%的罚款。

国家	对未申报义务处以金钱给付义务比率	对未履行缴纳税款义务的经济赔偿比率	对未履行缴纳税款义务的执行罚比率
加拿大	无	利息 12 个月以内 1%，再次发生 2%。	滞纳罚款 12 个月以内 5%，再次发生 10%。
英国	无	利息 6%	
澳大利亚	无	利息费的利率是以当天的基本利率加上 7 个百分点后的总数除以该历年的天数。	
日本	加算税比率为 10%。	利息税：个人所得税与法人税根据批准的延期制度，用延期缴纳税收金额乘以年利率 7.3% 计算，遗产税与赠与税则乘以年利率 3.6%—6.6% 计算。	滞纳税年利率为 14.6%。
韩国	无	附加税（附加税的征收期限不超过 60 个月），3% 按日加收。	
中国	按照《税收征管法》规定，我国对未履行申报义务的纳税人由税务机关责令限期改正，可以处二千元以下的罚款；情节严重的，可以处二千元以上一万元以下的罚款。	税收滞纳金比率为按日万分之五。	

（三）关于滞纳金的最高上限、减免及排除规则

关于滞纳金的最高上限，加拿大规定个人所得税的滞纳款为所欠税款之5%，并且每超一个月，罚款加1%，直至最高的17%为止；美国附加税的上限为不超过未缴税款的25%；韩国的纳税人在纳税日期之后每月产生欠缴国税12‰附加税，附加税征收期限不得超过六十个月，也是对上限进行了规定，体现了行政行为的合理性原则。

关于减免规定，德国《税收通则》中规定了对于有正当理由经批准延期纳税的，可减按 0.5% 加收滞纳金；对拖欠税款在三天以内的滞纳不收取滞纳金。加拿大对征收滞纳金的期间进行了限制，规定首次发生逾期纳税行为的，征收滞纳金时间不得超过 12 个月；如果再次出现逾期纳税行为，则准予征收滞纳金期间上限提高至 20 个月。日本对 2 个月以内的延期缴纳行为，减按 7.3% 每年的标准加收滞纳税。

关于排除规则，德国《税收通则》规定，通过征收利息的方式，将法律救济、租税裁决、租税报告、行政处分的撤销等情形经历的期限，排除在滞纳金期限之外。日本税法规定，当因停业而产生延期纳税以及延期换价的情形时，对延期纳税以及延期换价的期间产生的滞纳税可予以免除。国际上，有的国家在滞纳金设置时，考虑了纳税人的特殊情况，将不可抗力或者行政行为变更期间排除在滞纳金加收期限之外，具备行政合理性。

三、 代表性国家税收滞纳金措施及其发展趋势对我国的借鉴

各国的税收法律制度的构建都是架构在其经济基础之上的，在对不同国家及地区的税收滞纳金制度进行借鉴的同时，我们还需要关注我国的税收基础与环境，因地制宜选择有借鉴意义的方式完善税收滞纳金制度。

（一） 我国税收滞纳金的立法演变及性质

1. 立法演变和相关规定

我国的税收滞纳金征收比率设置主要经历了两段历程。第一阶段为改革开放前，税收滞纳金规定零星分散于各税种规定中。1950 年 1 月颁布的《工商业税暂行条例》中第二十七条规定："不按期缴纳税款者，除限日追缴外，并按日处以应纳税额 1% 的滞纳金；必要时，得由中央人民政府财政部以命令增减之。"从当时经济社会背景来看，滞纳金是为保障税款及时缴纳、敦促欠缴义务人及时缴纳税款产生的，其征收比例很高，具有强烈的执行罚性质。1956 年颁布的《文化娱乐税条例》第八条第一款规定："纳税人如果不按照规定期限交纳税款，除限期追交外，并且按日处以应纳税额的千分之五的滞纳金。"1980 年颁布的《中华人民共和国中外合资经营企业所得税法》中第十三条规定，不按期缴纳税款的，按日加收滞纳税款的千分之五的滞纳金，与《文化娱乐税条例》规定的加收率相同。1991 年的《中华人民共和国外商

投资企业和外国企业所得税法》第二十二条规定："纳税义务人未按规定期限缴纳税款的，或者扣缴义务人未按规定期限解缴税款的，税务机关除限期缴纳外，从滞纳税款之日起，按日加收滞纳税款千分之二的滞纳金。"该规定将滞纳金缴纳主体明确为纳税人及扣缴义务人，加收率为千分之二。1981 年颁布的《中华人民共和国外国企业所得税法》再次将税收滞纳金加收率规定为千分之五。1991 年颁布的《中华人民共和国外商投资企业和外国企业所得税法》将滞纳金加收率规定为千分之二。1985 年发布的《中华人民共和国进出口关税条例》（经过 1987 年、1992 年、2003 年、2011 年、2013 年五次修订）第三十七条第一款规定："纳税义务人应当自海关填发税款缴款书之日起 15日内向指定银行缴纳税款。纳税义务人未按期缴纳税款的，从滞纳税款之日起，按日加收滞纳税款万分之五的滞纳金。"该条例将滞纳金的加收率规定为万分之五，这与现行税收滞纳金制度规定的加收率是一致的。

随着改革开放的不断推进，税收滞纳金的相关规定进入集中统一阶段。1986 年 4 月 21 日，国务院发布的《中华人民共和国税收征收管理暂行条例》第三十七条规定针对漏税、欠税情形，按日加收万分之五的滞纳金。1992 年颁布的《税收征管法》，经过 1995 年、2001 年、2013 年、2015 年修订，税收滞纳金加收比率由千分之二到最终确定为万分之五，体现了从重到轻、从重视惩罚性质到兼具补偿性质的趋势。2016 年修订后的《实施细则》第七十五条规定："税收征管法第三十二条规定的加收滞纳金的起止时间，为法律、行政法规规定或者税务机关依照法律、行政法规的规定确定的税款缴纳期限届满次日起至纳税人、扣缴义务人实际缴纳或者解缴税款之日止。"

通过对我国有关税收滞纳金规定的收集与归纳，可以看出，目前《税收征管法》及其实施细则中针对税收滞纳金的规定主要有以下几个方面：（1）滞纳金的加收期间为：税款缴纳期限届满次日起至纳税人、扣缴义务人实际缴纳或解缴税款之日止；（2）税收滞纳金的加收率为万分之五；（3）符合条件的前提下，针对税收滞纳金可以采取强制执行措施，可与税款一起强制执行也可单独采取强制执行措施；（4）根据《税收征管法》第三十二条、第五十二条第二款、第三款规定，加收税收滞纳金应当符合以下条件之一：纳税人未按规定期限缴纳税款；自身存在计算错误等失误；或者故意偷税、抗税、骗税的。此外，《税务行政复议规则》明确加收滞纳金属于税务机关做出的征税行为，对税务机关加收滞纳金的具体行政行为提起行政复议的，需要先行缴纳或解缴滞纳金。《纳税担保试行办法》规定，纳税担保范围包括税收滞纳金在内，纳税担保人对纳税人的滞纳金亦负有连带担保责任。同时，《行政强制法》中规定，滞纳金属于行政强制的范围，加处滞纳金的数额不得超出金额给付义务的数额，该规定是与《税收征管法》及其实施细则的规定相冲突的。

2. 税收滞纳金的性质分析

关于税收滞纳金的性质，《税收征管法》及其实施细则没有做出明确规定。目前，学术界对税收滞纳金的性质大致有以下几种观点：利息说、加收税说、经济补偿说、行政强制说、罚款说等。其中利息说、加收税说、经济补偿说着重于强调税收滞纳金的督促纳税功能和赔偿国家税收利益功能，滞纳金制度的存在，是通过金钱给付的方式使欠缴税款的纳税人负担因欠缴税款而给国家造成的经济损失。而行政强制说、罚款说等观点，则从税务机关的职能作用出发，通过对欠缴税款的纳税人采取一定的税收行政措施，用以制裁欠缴税款的纳税人，使其更好地履行纳税义务。

1998 年税务总局制发的《国家税务总局关于偷税税款加收滞纳金问题的批复》（国税函〔1998〕291 号）里提到："滞纳金不是罚款，而是纳税人或者扣缴义务人因占用国家税金而应缴纳的一种补偿。"但是，税收滞纳金是《税收征管法》中规定的制度，按照相关规定，关于税收滞纳金解释权应属于全国人大常委会，而《国家税务总局关于偷税税款加收滞纳金问题的批复》文件性质仅为规范性文件，对税收滞纳金性质进行界定，法律效力不足，且滞纳金的征收比率远高于补偿所需，不能归属于单纯的补偿性质。

按照一个纳税年度进行计算，1991 年之前，我国曾经规定的税收滞纳金按日征收比率出现过 1%、5‰、2‰，按照此比率，税收滞纳金的年征收率分别为 365%、182.5%、73%，该税收滞纳金比率远高于同期短期银行贷款利率（年利率基本为 9% 以内）。2002 年《税收征管法》修订后，税收滞纳金加收率为按日加收 0.5‰，年加收率为 18.25%，但截至目前，我国同期金融机构贷款短期、中长期利率基本控制在 5% 以内，税收滞纳金年加收率仍远高于同期银行贷款利率。可以看出，税收滞纳金比率的制定意图为补偿和惩罚性质，税收滞纳金的存在，可以使欠缴税款的纳税人看到，欠缴税款比拖欠银行贷款的损失更大。应当说，目前我国税收滞纳金的加收比率的设置，既带有补偿性质又具有一定的惩罚功能，设置的目的也是意图能在一定程度上预防纳税人故意欠缴税款的行为。

（二）我国税收滞纳金制度存在的问题

1. 加收滞纳金最高额没有上限

我国《行政强制法》规定，加处滞纳金的数额不得超出金额给付义务的数额。但是，《税收征管法》及其实施细则没有就税收滞纳金的最高限额、最长计算期限做出规定，现实中，税务机关只能据实征收税收滞纳金，税收滞纳金超出本金的情况屡有发生，"天价滞纳金"的情况受到较多非议。通过比较其他国家可以看出，对税收滞纳金的加收总额或比例一般都有明确的限制，例如美国，滞纳附加税（类似于税收滞纳金性质）最高不超过所欠税款的25%。从我国税收征管现状来看，若税收滞纳金过高，不仅加重了纳税人的纳税成本，也可能会产生反向作用，使纳税人因负担过重而怠于履行纳税义务，这与税收滞纳金制度促使纳税人及时履行纳税义务的立法本意相违背。因此，通过法律规定设置税收滞纳金的最高限额或最长期限，设定科学合理的征收上限是迫切需要的。

2. 未规定中止和免除情形

比较分析下，我国现行《税收征管法》中没有设置利息，而是赋予滞纳金兼具执行罚和补偿性两种性质，滞纳金的加收是自纳税期限届满之日起计算按日加征 0.05%，相当于年利率 18.25%，比现行同期银行贷款高十几个百分比，且未规定中止和免除情形。德国的税收滞纳金的年加收率是 12%，月加收率是 1%；日本的加收率为每年 14.6%，月加收率就是 1.2%。与经济发达国家相比，我国《税收征管法》规定的按日加收万分之五的滞纳金加收率也偏高。设置较高的滞纳金加收比率，可以提高税收违法的成本。为避免国家税收利益损失而设置保障措施的目的是正当的，但过高的税收滞纳金加收率随着滞纳期限的延长必然形成巨额税收滞纳金，如果不考虑实际情况，在非纳税人主观因素导致税款未按期缴纳或者因正当原因存在缴纳困难情况时，加收过高的税收滞纳金，且不考虑中止和免除情形，难免对纳税人太过苛刻，不利于维护税源的可持续性和健康的税收秩序。

3. 与其他行政法律法规存在冲突

《行政强制法》中对滞纳金有减免规定，[1] 同时，明确滞纳金的数额不得超出金钱给付义务的数额。[2]《税收征管法》与《行政强制法》在规定上存在一定冲突，税收滞纳金的性质不完全等同于《行政强制法》中规定的滞纳金，这带来税收实践中适用上的模糊。一是税务机关依据《税收征管法》做出的行政决定也可能难以得到法院的支持，清缴积欠税款所产生高额滞纳金的难题无法从根本上得到解决，例如：广东省广州市中级人民法院行政判决书（2013）穗中法行初字第 21 号判定广东省国税局征收的滞纳金超出了基础的金钱给付义务故而败诉。

此外，税收滞纳金的征收比率体现出其具有经济补偿与执行罚的性质，而《税收征管法》规定，对纳税人偷税、骗税、抗税等违法行为在加收滞纳金的同时，应当处以一定数量的罚款。就税收滞纳金的执行罚性质而言，同时处以罚款的规定，与《中华人民共和国行政处罚法》（以下简称《行政处罚法》）第二十四条"对当事人的同一个违法行为，不得给予两次以上罚款的行政处罚"，即"一事不再罚"的规定存在一定的内在法律逻辑冲突。

（三）各国税收滞纳金制度及其发展趋势对我国的借鉴

1. 优化滞纳金设置模式

可以将税收滞纳金设置为税收利息和滞纳金两部分内容。此处所讲的税收利息是指在允许税款缴纳义务延期履行的情况下，具有该允许期间内约定利息性质的金钱给付义务。例如，对于与税务机关达成一定约定，意图给予实际处于困境中的纳税人缓冲机会；而如果对缓缴期间的纳税人不附以任何经济负担，则可能对国家税收利益造成损失。而国外税法中，关于税收利息的规定相对较成熟。德国设置了税收利息制度，对未按期缴纳税款或者逃税的纳税人加收具有补偿性质的利息。日本税法附带税制度中，规定了利息税、

---

①《行政强制法》第四十二条："实施行政强制执行，行政机关可以在不损害公共利益和他人合法权益的情况下，与当事人达成执行协议。执行协议可以约定分阶段履行；当事人采取补救措施的，可以减免加处的罚款或者滞纳金。"

②《行政强制法》第四十五条："行政机关依法做出金钱给付义务的行政决定，当事人逾期不履行的，行政机关可以依法加处罚款或者滞纳金。加处罚款或者滞纳金的标准应当告知当事人。加处罚款或者滞纳金的数额不得超出金钱给付义务的数额。"

加算税等其他附带税，其中利息税是指在允许纳税人暂缓缴纳以及允许延长纳税申报书中提出的期限情况下，需要加收的附带税，即虽然超过了法定纳税期限，但由于存在暂缓缴纳或与曾提出延长申报期限情形，故对此类纳税人不课征滞纳税，而代之以利息税，作为对国家税收利益的经济补偿。建议我国借鉴国外税法相关规定，建立税收利息制度，主要目的并不在于惩罚纳税义务人，而是实现经济补偿目的。利息加计的利率建议设定为基本与银行利率持平，而非其他带有惩罚性质的利率，以便区分滞纳金和利息税适用的不同情况而分别加以加收。① 税收利息的设计，可以平衡经济补偿与执行罚两方面的矛盾。即在达成约定的一般缓缴期间内，无需滞纳金规则的适用，仅按照银行同期贷款利率征收税收利息。这样设置，既考量到了纳税人的实际困难，实现合理征税，也可以避免纳税人恶意利用缓缴制度占用国家税款，弥补国家税收利益损失。

2. 适当降低征收率

在增加税收利息制度情况下，适当降低税收滞纳金征收比率。我国现行税收滞纳金每日按欠缴税额的 0.05% 收取，相当于年加收率为 18.25%，要远高于我国银行同期贷款利率，约为银行同期贷款利率（不超过 5%）的 3 倍，更是高于德国 12%、美国 11.88% 等其他国家的征收率。在以往的税收征管实践中，"天价滞纳金"的案例屡有发生，有的案例所涉税收滞纳金甚至超过本金数倍之多。税收滞纳金的加收应当具有超越私权利的公益性，但前提应当是符合国家税收利益的目的性，应符合比例原则，实现所造成危害的结果最小。从公平合理原则考量，应适当降低我国现行税收滞纳金的比率，但为体现执行罚的性质与特点，滞纳金征收比率以现行的 18.25% 减去税收利息（税收利息与银行同期贷款利率持平，不超过 5%），按 12% 左右进行设定。

3. 明确滞纳金减免规定

德国、日本等国家都规定有滞纳金的减免征收条件，对我国而言也是可以借鉴的地方。参照德国对三日之内的滞纳，不收取滞纳金，更能体现对纳税人税法关怀，体现服务人民的宗旨。同时，可引入设置滞纳金的减免情形，给予税务机关不收取滞纳金的自由裁量空间，例如有下列情形之一的，可以

---

① ［日］金子宏著，刘多田等译：《日本税法原理》，中国财政经济出版社 1989 年版，第 280 页。

探索设计免收税收滞纳金：一是纳税人、扣缴义务人的财产、银行账户被税务机关实施保全措施或者采取强制执行措施，导致纳税人、扣缴义务人确实难以按照规定期限缴纳或者解缴税款的，从措施实施之日起至措施解除之日止，不加收滞纳金；二是非纳税人、扣缴义务人的过错，致使纳税人、扣缴义务人不能及时足额申报缴纳税款的情形下，不产生滞纳金；三是因不可抗力，致使纳税人、扣缴义务人未按照规定期限缴纳或者解缴税款的，从不可抗力发生之日起至不可抗力情形消除之日止，不加收滞纳金。

在具体规定设计上，为方便滞纳金减免实施，建议将滞纳金减免权限下放，由市级税务机关统一行使滞纳金减免批准权限，节约税收征收成本，提高税收征收效率，满足纳税人的实际需求。同时，不断规范税务机关滞纳金减免行政行为，严格限制税务机关的自由裁量权，对违法减免滞纳金的行为应严格追责，杜绝造成滞纳金减免方式的滥用，避免给权力寻租留下空间。

4. 设置税收滞纳金征收上限

关于税收滞纳金的征收上限，一些国家和地区都有明确的规定。德国《税收通则》规定，针对纳税人未按时缴纳税款，每月加收百分之一的滞纳金，但最高不得超过所欠税款数额的30%。美国《国内税收法典》第6651条规定，纳税人延迟支付税款，从延付之日起，每月支付税款的0.5%的款项，但最高不超过所欠税款数额的25%。日本以年利率的方式规定加收率，从法定纳税期期满之日起，按年利率14.6%加收滞纳金；若从纳税期满至实际缴纳税款之日的期间不满两个月，则可以按年利率7.3%计算，但最高加收数额不得超过所欠税款的86.38%。上述可知，大部分国家（地区）都规定了征收滞纳金的上限，并且征收的滞纳金限额都低于税款数额本身。我国的《行政强制法》第四十五条规定，如果当事人不按时履行法定的行政给付义务，行政机关可以加收不得超过行政给付义务数额的滞纳金，强调了滞纳金的数额不得超出行政给付数额。《行政强制法》的出台时间晚于《税收征管法》，其立法精神、立法环境也与《税收征管法》立法时期发生了较大变化，立法更加严格、规范。

综上，建议参考其他国家（地区）的税法规定，根据我国的国情与税收征管实际，适时修改《税收征管法》及其实施细则和其他涉及税收滞纳金的相关规定，保持与《行政强制法》的精神一致，对滞纳金的最高加收额进行明确规定，将"加收滞纳金的数额不得超过行政给付的数额"的立法精神体现在《税收征管法》中，将税收滞纳金的加收总额控制在一定范围之内，避免"天价滞纳金"现象的继续发生，回归税收滞纳金的立法本意，发挥税收滞纳金的职能作用。

5. 合理设置税收滞纳金加收期限

德国将法律救济、租税裁决、租税报告、行政处分的撤销等情形经历的期限排除在滞纳金期限之外；日本税也规定了滞纳金的免除期间。建议我国可通过修改《税收征管法》及实施细则的相关规定，借鉴国际通行做法，明确滞纳金的加收期限。这样既方便税务机关计算滞纳金的滞纳期限，促进税收征收规范科学，体现行政合理性；也能充分提醒纳税人及时缴纳税款，方便广大纳税人。第一，建议在《税收征管法》及实施细则中明确规定，税务机关实施征收管理、税务稽查等行政行为时，所占用时间系税务机关行政行为所致，不应算在纳税人的税款滞纳期限之内。税收实践中，税务机关确定纳税人或扣缴义务人应补交的税款或滞纳金，需要经过一段时间的调查核实或检查确认。有些检查需经几个月甚至超过几年，若将这些时间也计算在滞纳期限内，则属于因税务行政机关做出具体行政行为需要的必要期间，而增加纳税人的经济负担，这无疑有违公平原则。将行政机关做出相关行政决定的必要期间，合理排除在计算纳税人的滞纳金期限之外，以彰显公平，具有合理性。第二，纳税人因正当理由和情形申请延期缴纳税款期间，应当免征或减征滞纳金，将这段期间剔除于计算纳税人的滞纳金期限外。第三，纳税人或扣缴义务人涉及偷税等需要移送公安机关、可能触及刑事责任时，公安机关的侦查期限也应排除在计算滞纳金的期限外。第四，当纳税人或扣缴义务人对税款征收的行政决定不服，若纳税前置规定被取消，则在滞纳金设置中，纳税人行使救济权利时，所经过的救济期限也应当排除在外，但税务机关征收的行政决定被维持时，滞纳金自滞纳税款之日起算。

第四章　退税管理制度

退税，即税款退还，是纳税人的税收退还请求权在征管程序中的体现。税款退还请求权，是指纳税人在履行纳税义务的过程中，由于征税主体对纳税人缴付的全部或部分款项的税收没有法律依据，因而纳税人可以请求予以退还的权利。[1] 税务机关的税款退还义务和纳税人的税款退还请求权，构成了税收征管中退税制度的基础。[2]

一、 代表性国家退税制度规定

（一）德国

德国《税收通则》规定，法定偿付义务依托的事实构成一旦实现，即生成税收债务关系的请求权。[3] 税收债务关系请求权的时效期限为五年，[4] 自该请求权首次到期的日历年度届满之时起算，时效届满后请求权即消灭。

此外，德国《税收通则》还规定了退付多缴税款利息的相关制度。

1. 退税利息计算基础

德国《税收通则》第233条第三款规定，利息计算以已核定的税额为基准，减去应抵缴的税款扣除额、应抵缴的公司税和计息开始前核定纳税人预付税款的差额。对于财产税，利息计算以已核定的税额为基准，减去已核定的预付税款或此前核定的年度税金的差额。计息起始日为纳税人缴纳税款

---

[1] 杨志强主编：《税收法治通论》，中国税务出版社2014年版，第260页。

[2] 张守文：《税法原理》，北京大学出版社2012年版，第182页。

[3]《外国税收征管法律译本》组译：《外国税收征管法律译本》，中国税务出版社2012年版，第1685页。

[4]《外国税收征管法律译本》组译：《外国税收征管法律译本》，中国税务出版社2012年版，第1718页。

之日。

2. 计息期间

德国《税收通则》第236条第一款对退税的诉讼期利息计算方式做出规定：如果根据具有法律效力的法院裁定或其他裁定，调减已核定的税额或者给予退税，则应在相应条件下，自税务行政案件截止之日起至税款退还之日止，对应退税金额加计利息，如果纳税人是在发生税务行政诉讼案件截止之后才缴纳应退还的税款，则应自税款缴纳之日起开始计息。

3. 利率和计算方式

德国《税收通则》第238条规定：利息为每月0.5%，应从计息开始之日起，按整月支付利息；因抵免而丧失抵免前退付利息的请求权时，纳税人应付债务的到期日，视为税款缴纳日，以此作为后续应退利息的起算时间。计算利息时，各税种应计息的金额按照可被50欧元整除的最近数额四舍五入。

（二）美国

1. 抵免规定

美国《国内税收法典》中关于多缴税款的范围分为两部分：一是实际多缴税款；二是过多的抵免额，即如果纳税人允许抵免的金额超过已抵免的税款，则超出部分应当被视为多缴税款。

《国内税收法典》第6402节规定，对于多缴税款，财政部长在适用的期限内，可以将多缴税款在纳税人的国内收入税任意纳税义务中进行抵免，并且应当遵从规定，向该纳税人偿还抵免后的余额。

多缴税额的抵免分为以下几种：一是抵免预提所得税。即财政部长有权制定规章，规定将纳税人以前纳税年度多缴的所得税款在未来任意纳税年度的预提所得税中进行抵免。二是抵免过期的赡养费。即要偿还给纳税人的多缴税款，应当抵免该纳税人在本州所欠任意过期的赡养费金额。三是抵免过期的联邦机构债务和州所得税债务。即税务机关一旦收到任意联邦机构或者任意州发来的关于纳税人存在与该机构有关的过期债务的通知，财政部长应当从应付给纳税人的多缴税额中减去上述债务金额，将已抵免的金额支付给上述机构，并将抵免行为通知纳税人，告知纳税人退还的多缴税款已经被用于清偿上述债务。

如果财政部长收到来自多家联邦机构或者任意州关于某个纳税人存在上

述债务的通知，则该纳税人的多缴税款应当按照相关债务产生的顺序，依次抵免债务。

纳税人的多缴税额应按以下顺序进行抵免：一是欠州机构过期的法律上可执行的州所得税债务；二是多缴税款的纳税人任意国内收入税的任意纳税义务；三是过期的赡养费；四是欠联邦机构的任意过期的法律上可执行的债务。

对于分期缴纳税款，如果该纳税人已缴纳的一笔分期税款，多于应缴纳分期税款的正确金额，且仍存在未付分期税款情形，则该笔多缴税款应当在未付分期税款中抵免。

如果财政部长做出退税决定，应当将载有退税人基本信息、退税事实情况、退税金额等内容的退税决定报告提供给税收联合委员会。自该退税决定报告提交给税收联合委员会之日起满30天之前，税务机关不得对超过200万美元的任意所得、战时利得、超额利润、财产或赠与税等征收的任意税款，进行退税或者抵免。也就是说税务机关对高额特殊多缴税款进行退税或抵免前，必须经过美国税收联合委员会的审核，若审核期限未满，税务机关不得先行退税。财政部长首次做出对国内收入税多缴的评定决定日期，应当被视为允许该税款退税或者抵免的日期。如果出现不允许退税申请情形的，财政部长应当对该纳税人解释不允许退税的原因。

2. 退税利息

美国《国内税收法典》明确规定了对于多缴的税款要计算利息并支付给纳税人。

关于利率的规定。多缴税款利率包括联邦短期利率与固定利率两部分。财政部长应当在每个公历季度的第一个月确定联邦短期利率。固定利率原则上是3%，对公司而言是2%，公司在任意纳税期间所缴纳的多缴税款超过1万美元的部分，固定利率是0.5%。也就是说当应退税款过高时，固定利率会下调。

由财政部长支付退税利息时，上述利息应当每天按复利计算，即利息本身计入计算利息的基数。

关于计息期间的规定。国内收入税的多缴税款应当按照多缴税款利率计算支付下列期间所产生的利息：一是抵免金额的利息，计算期间从多缴税款日至被抵免的税额到期日；二是退税金额的利息，计算期间从多缴税款日至财政部长做出决定的日期，且财政部长确定的计息结束日不得超过退税支票送达纳税人前的 30 天，无论送达是否被纳税人所接受，退税支票的接受不得对纳税人享有的主张多缴税款及利息的权利造成任意侵害；三是迟到或提前的纳税申报，对于超过法定期限的逾期申报而言，不得退付纳税人在申报之前期间的任何利息，即不得因为纳税人迟到申报而延长计息期间；纳税人在法律规定的纳税申报截止日之前的任意一天提交纳税申报或者提前缴纳税款时，应当以法律规定的纳税申报截止日为多缴税款利息的起算时间，即不得因为纳税人提前申报缴纳税款而延长计息期间。

在下面三种特定情形退还纳税人多缴税款时，不予退还利息：一是在提交纳税申报后 45 天内的退税，如果多缴税款在本纳税年度最后一天以后的 45 天内被退还，或者在纳税申报提交日以后的 45 天内被退还，则不得退付上述多缴税款的利息；二是在抵免或者退税申请 45 天内的退税。纳税人对于多缴税款提出抵免或者退税申请，且上述多缴税款在提交申请后的 45 天内被抵免或退还的，不得支付多缴税款在提出申请日到做出抵免或退还日期间所产生的利息；三是美国收入局发起的调整。如果由于财政部长发起的调整，导致多缴税款的退税或者抵免，则上述多缴税款的利息应当从多缴税款本应允许计息的天数中减去 45 天予以计算。

综上，美国对于税务机关在较短期限内完成退税的，不予退还利息，而这个较短期限规定为 45 天。

3. 退税时限要求

《国内税收法典》第 6511 节规定了纳税人申请退税和抵免的一般时限要求。对于纳税人在法定申报时限内提交纳税申报所形成的多缴税款，纳税人应当在提交纳税申报后 3 年内或者在缴纳税款后 2 年内提交退税申请。纳税人可以自行选择两个时限的较晚时间；如果纳税人未提交纳税申报所形成的多缴税款，纳税人应当在缴纳税款后的 2 年内提出退税申请；对于纳税人被要求贴花缴税形成的多缴税款，应当在缴纳税款后的 3 年内提出印花税的退税申请。若纳税人未能在上述期间届满前提出退税或抵免申请，则不得进行退税或抵免。

超过退税申请时限提出申请无效：一是纳税人在规定的退税申请期届满

后提出退税或抵免申请；二是在规定期限内提出退税申请被财政部长拒绝；三是在提起诉讼的期限届满以后再次提出退税或抵免申请均应当被视为无效行为，不得予以退税或抵免。

《国内税收法典》还规定了特殊时限要求：对多缴税款情形的认定，应当考虑造成多缴税款事由的发生时间。对于申报纳税行为在前、退税原因发生在后的情况，应当从实际情况出发，不宜以纳税申报之日作为退税申请时限起算日，而应以退税原因产生之日作为退税申请时限起算日。就此，美国税法规定了三种情形：

一是在经营净亏损或者资本亏损弥补前。如果多缴税款是由经营净亏损或者资本净亏损结转所致，则多缴税款行为不得被视为在亏损纳税申报之前发生。即只有提交关于经营或资本净亏损纳税申报材料之后，方能确定纳税人是否存在多缴税款情况，应以申报期间（包括其延期）截止日作为申请退税时间起算日。

二是在外国税收抵免前。如果多缴税款是由于尚未抵免其已在或应在国外缴纳所得税所致，则上述多缴税款行为不得被视为在国外实际申报或缴纳税之前发生。且在该情况下的退税申请期间，应自法律所规定的提交实际缴纳或产生外国抵免税款所在年度的纳税申报截止之日起 10 年。

三是在特定抵免前。如果多缴税款是由于尚未抵免任意商业抵免[1]所致，则上述多缴税款行为不应当被视为在申报商业抵免之前发生。

美国税法此款表述的立法意图是实质课税和实质退税，即纳税人的多缴税款情形在时间上应滞后于导致多缴税款的原因产生之日。

在退税申请期限届满前，如果纳税人因为身体健康或者客观上的其他原因导致不能申请退税的，上述期限可以中止，直至该情况消失后继续计算期限。

4. 退税或抵免金额的限制

一是在 3 年期间提交申请时的限制。如果纳税人在法律所规定的 3 年期间内提出申请，无论是否通过贴花方式多缴税款，退税或者抵免的金额不得超过在提交退税申请之前 3 年内所缴纳的税款总额。二是未在 3 年期间提出

---

[1] 根据美国《国内税收法典》第38条的规定，一般商业抵免包括该法律所规定的研究抵免、低收入者住房信贷、矿山救援队训练抵免等三十余种情形。

申请时的限制。如果纳税人的退税申请不是在法定 3 年期间提出的，则退税或者抵免的数额不得超过在提交退税申请之前 2 年内缴纳的税款总额。由此可见，美国税法对退税的最高额度做出了限定。

5. 救济途径

在美国，纳税人税收返还权方面的救济可以通过向法院提请行政诉讼实现。《国内税收法典》第 7422 节规定，纳税人如果未就多缴税款事宜及时向财政部长提出退税或抵免申请的，不能向法院提出关于主张税务机关错误征收或违法征收国内税、无授权下征收罚款等行政诉讼，也就是说如果纳税人对多缴税款提出异议，但未提交退税申请，就不得进行税务行政诉讼。同时无论上述税款、罚款是否已经缴纳，纳税人都可以坚持上述诉讼。此款的中心思想是纳税人提起税务行政诉讼的前提不是是否已缴纳多缴税款，而是是否在法定期限内提出退税申请。

由于在税收程序上，美国税务机关公务员、雇员个人行为是国家的行政行为，所以针对这些人的上述行政诉讼，均应视为假定美国税务机关为诉讼的一方，而非上述个人。

就退还已缴纳税款的诉讼而言，如果是用多缴税款抵免了税收债务，应当被视为已缴纳了税收债务。

6. 公司预提所得税的多缴税款调整

每个纳税年度结束后，在次年 3 月 15 日（含当日）之前，同时在提交该纳税年度纳税申报之前（含当日），公司可提交申请，要求对该纳税年度预提所得税的多缴税款进行调整，该申请不构成抵免或退税申请。申请中须列明公司在该纳税年度内已缴纳的预提所得税金额、公司预计的该纳税年度所得税负债金额、调整金额及税务规章要求的其他信息。

在公司提交预提所得税调整申请后 45 日内，财政部长应对申请进行审查，以发现遗漏和错误，并根据申请和审查确定调整金额。如果财政部长发现申请中存在重大遗漏或其认为无法在 45 日内更正的错误，财政部长可以拒绝该申请，而无须继续审查。

在上述 45 日的期间内，财政部长可将调整额用于抵免公司的国内所得税负债，并应向公司返还剩余金额。该调整应被视为对已缴预提所得税的调减。调整金额等于公司在该纳税年度缴纳的预提所得税金额减去提交申请时公司在该纳税年度预提的所得税负债金额，如果申请调整金额等于或少于公司在申请中预计的该纳税年度所得税负债金额的 10%，且等于或少于 500 美元，则申请不得予以允许。这是出于对行政成本的考虑，对小额纳税调整申请不予采纳。

（三）澳大利亚

1. 退税时效

根据澳大利亚 1953 年《税收管理法》规定，获得退税的权利在征税期结束或者货物进口起 4 年内有效，即退税请求权的时效为 4 年，自征税期结束之时或货物进口之时起算。[1]

2. 抵免规定

澳大利亚 1953 年《税收管理法》规定，税务局长必须退还给纳税人其税收账户余额，但是如果税收账户结余是因为纳税人支付了预期的欠税而产生，则不得要求税务局长退还税收账户余额，除非该纳税人后来以法定方式提出税款退还请求，收到该请求后，税务局长必须将没有对该税收账户余额进行分派或使用前的全额退还给纳税人。

如果税务机关未依照上述规定把税款退还纳税人，税务局长可以等收到纳税人发出通告后再退还。税务局长可以根据纳税人通告或自行评估确定退税金额后进行退税。

3. 退税利息

根据澳大利亚 1953 年《税收管理法》，如果税务局长未能根据法律规定及时退还税款，税务局长应该支付退税利息。

（四）印度

印度《所得税法案》第 237 条规定，纳税人表明其所缴纳的税款或其代为缴纳的税款，在任何纳税年度超过该年度根据本法规定的应缴纳税款，都有权申请退还超额缴纳的税款。若发生死亡、丧失工作能力、破产清算或其他原因，造成该纳税人无法索赔或收到退税，则其法定代理人、受托人或监护人有权要求或接收上述退税。

---

[1]《外国税收征管法律译本》组译：《外国税收征管法律译本》，中国税务出版社 2012 年版，第 1546 页。

1. 退税利息

税务机关根据本法确定纳税人总收入后的三个月内不予退税，或纳税人根据本法提出退税申请后三个月内税务机关不予退税，中央政府应从上述三个月期限届满之日起到签发退税决定之日止，按照应退税金额，支付给纳税人年利率15%的利息。

如果是由于纳税人原因造成税务机关超过三个月的延期退税，这部分延期退税期间应当在计息期间中剔除。

2. 其他规定

由于诉讼或裁定导致的退税，必须由税务评估人员评估后确定退税金额。若未发生税务机关错误支付或超额支付退税的情形，该税务评估决定为最终决定，纳税人不得就任何退税评估决定的正确性提出质疑。

（五）日本

日本《国税通则法》第五章第56条规定，在出现了需返还的退还金或多缴误缴的国税款项（以下称"退还金"）时，国税局长、税务署长或海关关长须立即以现金退还。

1. 抵免规定

日本税法确定了多缴税款必须先抵免欠税，余额部分方可进行退税的原则，抵免税额视为已缴纳相应欠税，且抵免事项需告知纳税人。

《国税通则法》第57条规定，在出现了需返还退还金的情况下，如果接受退税的纳税人存在应缴国税时，国税局长、税务署长或海关关长不得实施退税，而应将该退还金充抵其应缴国税。在此种情况下，如果应缴国税中有滞纳税或利息税时，该退还金必须优先用来充抵国税，这是因为税款是计算滞纳税或利息税的基础，理应首先冲抵税款金额。

在出现了应充抵的情形，并且符合行政法规规定的充抵条件时，则视为纳税人已经缴纳了与已充抵退还金相当数额的国税。国税局长、税务署长或海关关长实施了充抵时，应当将冲抵事项通知该国税纳税人。

2. 退税利息

日本税法规定，对因多缴税款形成的退税，应当加计利息退还纳税人，即"退还加算金"。

《国税通则法》第58条规定了计息期间，国税局长、税务署长或海关关长将退还金进行退还或用来充抵国税的情况下，应当根据以下关于退还金的分类，按相应计息开始日的次日起至支付退税之日或充抵之日的期间日数，将其金额乘以年7.3%的比例计算出退还加算金，加算到应退税或应充抵的金额中去。

一是纳税人在法定纳税期限之前提前缴纳税款，事后发现多缴税款的，则该法定期限期满之日为开始计息日。

二是纳税人对有争议的税务决定进行申诉后，税务机关做出更正的决定、裁决或者判决，使得应缴税额减少而产生的多缴税款，开始计息日为该更正做出之日的次日起至满一个月之日止，如果该日在法定纳税期限之前，则该法定期限为开始计息日。

三是前两项情形以外原因导致的多缴税款，开始计息日为行政法规规定的多缴误缴税款之日的次日起至满一个月之日止。

日本税法规定，若存在下列特定情况，则需要将相应期间从计息期间中扣除：一是纳税人退税请求权，在依照日本民事执行法的规定被实施扣押命令时，计息期间应当扣除从收到该扣押命令或扣押处分送达之日的次日起至满七日当天的期间；二是纳税人退税请求权，被实施了临时扣押时，计息期间应当扣除实施该临时扣押的期间。

3. 退税时限要求

《国税通则法》第74条第一款规定，纳税人对国家的退税请求权，自可进行该请求之日起的五年内未行使，时效则消灭。

日本《地方税法》第18条规定，由于多缴错缴地方团体征收金而产生的对地方团体的退还请求权，以及按地方税法规定的退还金而对地方团体的退还请求权，从其可以进行请求之日起经过5年，其时效消灭。

4. 救济途径

日本关于税收返还请求权的行政救济制度有不服审查、异议申诉和行政诉讼三种。

日本《国税通则法》第8章"不服审查与诉讼"，详细规定了日本的救济程序。第75条规定，纳税人对国税相关处分不服，可以向做出该处分的机关提出异议申诉，也可以向国税不服裁判所所长提出审查请求。国税不服裁判所是独立于征税职能外的税务机关，是日本专门设立的对纳税人提出税务审查请求做出裁决的机关。

《国税通则法》第115条规定，纳税人需要就纳税争议事项向有权部门先行提出异议申诉或审查请求，对裁决不服的，才可以进行行政诉讼，并且应当将异议决定书或裁决书的副本送交受理该行政诉讼的法院。因此日本在税务救济方式选择上具有明确的先后顺序，纳税人不可直接对税务争议提起税务行政诉讼。

5. 退税尾数的特殊规定

《国税通则法》第120条对退税尾数做出了如下规定：一是退还金中出现不满1日元的尾数时，则该尾数金额应舍去并不予退还。二是退还金总额不满1日元时，按1日元退还。三是退还加算金出现不满100日元的尾数或其全额出现不满1000日元时，则舍去该尾数金额或该全额。四是在计算退还加算金时，作为其计算基础的退还金税额出现不满1万日元的尾数，或该退还金全额不满1万日元时，则舍去该尾数金额或该全额。

（六）韩国

2008年实行的《国税基本法》（以下简称《基本法》）赋予了纳税人申请退税的权利，该法规定纳税人有权要求退税，并要求退还相应利息。

1. 抵免规定和退税利息

《基本法》第六章有国税还给金和国税还给加算金的相关规定。纳税义务人在纳税过程中有超缴、误缴的税额，税务部门应即时将超缴和误缴的税额作为国税还给金用以抵免纳税人其他应纳税款、滞纳金和罚款，所剩余额应在做出退税决定之日起30日内退还纳税人，同时退还国税还给加算金。《基本法》第51条也明确了扣缴义务人有就其多缴纳税款申请退税的权利。

国税还给加算金即多缴税款的利息，是指税务署长将多缴税款返还或充当国税还给金时，应参照相关期间金融机构的存款利率或按照总统令规定的利率，计算利息补偿给纳税人，作为国家占用纳税人资金付出的代价。

2. 退税时限要求

《基本法》第54条规定，纳税人申请国税返还金的权利须在5年内行使，如果未在期限内行使则时效消灭。由此可知，在韩国退税的申请时限为消灭时限。

3. 救济途径

《基本法》第七章规定了解决税务争议的程序。当纳税人受到税务违法处分或税收权利受到侵害时,可以向做出该处分的税务署长或所属地方国税厅长提出审查请求,申请撤销或改变处分。此种规定相当于我国的行政复议制度。纳税人对审查结果不服的,方可提起行政诉讼。同时韩国规定在进行审查和行政诉讼期间,遵循不停止执行原则,即在审查和诉讼期间继续执行有争议的税务决定。

二、 退税制度规定国际发展趋势比较研究

(一)退税制度专门立法

随着全球对纳税人权利保护的逐步重视和纳税人自我保护意识的增强,大部分国家和地区都从立法层面对纳税人的税收退还请求权进行了较为全面细致的规定,主要体现为在税收基本法、税收征管法中以设立专章的形式对纳税人的税收退还请求权予以明确,集中规定了纳税人申请退税的条件、申请期限、行政救济等。例如美国的《国内税收法典》第 65 章"税款的免除、抵免与返还"、日本《国税通则法》第 5 章"国税的退还与退还加算金"、澳大利亚《税收管理法》第 2 章中的"税收账户结余的退税和抵免"、印度的《所得税法案》第 19 章"退税"。

这种专章规定退税制度的形式,转变了税法设立之初一味强调纳税人纳税义务的观念,凸显出现今各国和地区对纳税人权利保护的进一步关注,更有利于保护纳税人税收利益,同时规范税务机关行政行为,促进税务机关与纳税人关系的和谐。

(二)抵免先于退税

在退税实践中,从退税的申请到税务机关批准退税需要进行一系列的审核流程,若不考虑纳税人有欠缴税款的实际情况,税务机关单方面就多缴税款进行退税,则既增加了税收成本,又可能造成国家税款的流失或追缴困难。所以大部分国家和地区都设置了对纳税人的多缴税款在退税前需要先行抵免的规定,且抵免事项需要告知纳税人。例如日本、澳大利亚的多缴税款必须先抵免欠税,美国的多缴税款可以抵免预提所得税、过期赡养费、过期的联邦机构债务和州所得税债务,德国的退税金额可以抵缴已核定的预付税款,

韩国的国税返还金可以充当应纳的税款、滞纳金和罚款等。

抵免的范围从欠税一直扩大到应纳的税款、滞纳金和罚款，虽然基于世界范围内税制差异的原因，各个国家或地区设置的抵免范围不尽相同，但都体现了多缴税款先行抵免，有余额方可退税的原则，既方便了税款的计算和缴纳，又降低了税收征管成本，一定程度上防范了税款流失。

（三）退税利息

纳税人的多缴税款在退还之前，相当于国家占用了这部分资金，使得纳税人无法使用该笔资金投入其他正常生产经营活动，从而造成了纳税人的经济损失，所以大部分国家和地区在规定多缴税款可予以退税的同时，也确定了国家需要就资金占用情况付出代价，即支付退税金额的相应利息。

1. 利息的起算时间

退税利息的起算时间在各个国家（地区）大多为纳税人多缴税款的缴纳之日，如日本。也有进一步明确规定退税利息的计算始于纳税申报期限届满之日，如美国税法规定：纳税人在法律规定的纳税申报截止日之前的任意一天提交纳税申报或者提前缴纳税款时，应当以纳税申报期限届满之日作为多缴税款利息的起算时间。还有国家规定了不予退还利息的期间，如印度规定自税务机关确定纳税人收入总额或纳税人提出退税申请后的三个月内不计算退还利息，之后才开始计息。

2. 计息期间

关于计息期间，大部分国家和地区仅规定了退税金额需要计算利息，如印度等。但也有部分国家规定了多缴税款用于抵免税款的部分也要计算利息，如美国在《国内税收法典》第 6611 节中规定，要计算从多缴税款日到被抵免税款到期日之间的退税利息，又如日本在《国税通则法》第 58 条第三款中也规定了要计算从多缴税款之日的次日起至税款充抵之日之间的利息。这种规定的立法初衷，是纳税人多缴税款之日到纳税人用多缴税款来抵免未来税款之间往往还有一定时间，这段时间的实质也是国家对纳税人资金占用的时间，因此要对抵免税款部分计算退还利息。

3. 利率规定

各国关于退税利率的规定，大致可以分为三种方式。一是固定利率计算法。如印度规定中央政府就纳税人多付的税额支付利息，年利息率为 15%；

又如日本规定以年 7. 3% 的比例计算退还加算金。二是浮动利率计算法。即以金融机构的某个期间的利率作为退税利率，此利率会随着时间的推移不断变化：如韩国规定应按照多缴税款期间金融机构的存款利率计算利息返还纳税人。三是固定利率加浮动利率计算法。如美国规定多缴税款利率应当是联邦短期利率与固定利率之和。联邦短期利率为每季度调整的浮动利率，固定利率原则上是 3%，对公司而言是 2%，且当多缴税款超过一定金额时，固定利率还会下调。

固定利率计算法和浮动利率计算法各有利弊，固定利率法一目了然、计算简单，但随着市场经济的不断变化，固定利率计算法的合理性有待考证；而浮动利率法在一定程度上考虑了市场经济的变化因素，对纳税人而言更为公平合理，但实际操作较为复杂。

（四）退税申请时限

多缴税款的成因较多，但在征管实践中大多为计算错误、适用法律错误等。自纳税人多缴税款行为发生至发现多缴税款之日，很可能经历了一段时间，为充分保护纳税人退税申请权的行使，应当给予纳税人提出退税的申请时间，但为了避免征纳双方权利和义务处于一种长期不稳定的状态，需要对退税申请权的行使加以时间上的限制，因此各国的通行做法是给予纳税人一段合理的退税申请期间，退税时效届满，纳税人丧失退税申请权。

在这一点上韩国和日本均规定了 5 年的退税申请时限，纳税人在 5 年内未行使退税申请权的，时效消灭。美国的退税申请时效较短，要求纳税人在提交纳税申报后 3 年内或者在缴纳税款后的 2 年内提出退税申请。

（五）退税权利的救济制度

无救济就无权利，纳税人退税权利的最终实现需要相应救济制度的维护和保障。目前各国对于退税救济制度主要有以下两种模式：

1. 无需非诉讼救济方式前置。美国规定纳税人如果未就多缴税款事项及时向财政部长提交关于退税或抵免申请，就不能向法院提起相关诉讼。美国仅规定了在提交退税申请之前禁止诉讼，并不强制要求纳税人必须进行行政复议等非诉讼救济方式前置。同时美国也没有要求纳税人在诉讼之前对存在争议的税款提前缴纳的规定，给予了纳税人行政救济方式的充分选择权。

2. 需非诉讼救济方式前置。日本的税务救济方式有异议申诉、不服审查和行政诉讼。异议申诉和不服审查相当于我国的行政复议制度，日本《国税通则法》明确规定了异议申诉和不服审查的前置要求，即纳税人需要就纳税争议事项先行向有权部门提出异议申诉或审查请求，只有在相关部门做出了裁决之后，纳税人才能向法院提起行政诉讼。韩国也有类似的行政复议前置规定，纳税人可就税务争议向有权部门提出审查请求，对审查结果不服的，才可以提起行政诉讼，同时在救济期间，有争议的税务行政行为不得停止执行。

相对于可直接提请行政诉讼而言，非诉讼救济方式前置有如下优势：一是基于税务机关对税务争议处理更为专业的前提，非诉讼救济方式前置便于税务机关帮助纳税人理清涉税问题，有针对性地对纳税人进行行政救济；二是更有利于维护行政权的权威，有利于行政统一；三是经过一系列非诉讼救济方式后再行诉讼，可以在一定程度上减轻行政法院的负担。但是其弊端也是显而易见的，非诉讼救济方式前置限制了纳税人行政救济方式的自主选择权。

三、 代表性国家 （地区） 退税管理制度对我国的借鉴分析

（一） 加快退税制度立法

目前世界上很多国家和组织都出台了对纳税人权利保护的专门法案。如OECD 的《纳税人宣言》、美国的《纳税人权利法案》、澳大利亚的《纳税人宪章》。而在中国，法律缺失已是税收法律体系的关键问题，更没有对纳税人权益保护的专门法律。很多国家和地区都在税收法律中对纳税人税收退还请求权做出具体规定，突出对纳税人权利的保护。我国的退税管理规定散见于《税收征管法》及其实施细则的税款征收章节中，且大部分是对退税权利的制约和限制，对比我国与以上大部分国家的退税规定，不难发现我国对退税制度的规定相对薄弱、不全面，且没有重视对纳税人税收返还权这一基本权利的保护。

建议在完善我国税收法律体系的大前提下，借鉴本章外国退税立法模式，丰富退税制度，明确统一规定，逐渐完善退税管理制度立法。短期目标可以在修订新征管法的过程中设专章或专节，规定纳税人的退税请求权，充分保障纳税人的退税权利，明确税务机关的退税义务。长远期目标可以出台保护纳税人权利的专门法律，将纳税人的全部权利收录其中，从而使纳税人的权利在实践中有充分的法律依据予以保护，并能得到有效落实。

（二）改变按照退税发现主体的不同区分进行退税管理的做法

如前文所述，我国目前退税管理规定区分的依据是退税发起主体，发现主体的不同，影响着后续退税申请时限、退付利息等一系列具体规定。但如何区分税务机关发现和纳税人发现，目前在征管实践中仍没有明确。税务机关发现的方式到底是税务机关通过某种途径，在工作中首次自行发现多缴税款，还是只要税务机关知悉了多缴税款的事实，即使是被纳税人告知后发现也可以定性为税务机关发现，目前在学理和实践中都莫衷一是。而显然，如果税务机关被动发现也可归类为税务机关发现，那么纳税人发现情形的后续退税规定则会变为一纸空文。另外税务机关发现的程度是仅发现多缴税款的情况即可，还是税务机关必须能够确定多缴税款的准确数额，才能够启动"税务机关发现"的程序进行退税，也没有明确的制度规定。退税发起主体在实践中的判断问题，造成了后续退税规定的适用混乱。

综合各国（地区）的退税规定，基本没有以纳税人还是税务机关发现来区分后续退税管理的规定，且此种区分在学理和实践中也有诸多问题尚不明确，难以适用。建议不区分退税情形的发现主体，也不以发现主体的不同区分其所适用的后续退税规定，统一规定为只要纳税人超过应纳税额缴纳的税款，税务机关都应在查实后退还。

（三）改进退税申请期限规定

目前我国退税管理制度规定纳税人发现的多缴税款，退税申请期限为3年，超过此期限，税收返还请求权消灭，纳税人不得再向税务机关主张申请退税，即使申请，税务机关也无返还义务。明确退税申请期限，目的是防止纳税人怠于行使税收退还请求权，使征纳双方的债权债务关系处于一个长期不稳定的状态。但是3年时间对于纳税人行使退税申请权相对较短。横向比较，韩国、日本对退税申请时限都规定为5年；且美国和日本都有退税时限中止的规定，即因不可抗力或者其他纳税人难以排除的事由导致纳税人在该期限内，不能行使税收退还请求权的，退税时限中止，直到该事由结束或者纳税人排除该事由之日起继续计算。此外，关于退税时限中止的规定，能够切实保护纳税人的退税权利，而我国目前缺乏退税申请时效中止的相关规定。建议我国可考虑从以下几方面完善关于退税期限的规定：

一是借鉴国际上的通行做法，为充分保证纳税人的合法权益，综合考虑节约行政成本、保证征纳双方法律关系稳定等因素，将退税申请期限延长至 5 年；二是细化退税期限起算日期的规定，起算日期直接关系到税务机关对其退税时限是否已过时效的计算，实践中税款缴纳情形不同，退税申请起算时间也应不同。虽然以申报缴纳税款之日起计算纳税人申请退税期限有利于维护征纳关系的稳定，但是如果退税事由发生之日滞后于税款缴纳之日甚至滞后于退税申请期满之日，比如合同解除导致需要退税，如仍坚持以税款缴纳日期为计算起点，那么从税款缴纳之日至退税事由发生之日的期间将在有限的退税申请期间内白白浪费，可能造成纳税人申请退还多缴税款的权利无法实现，违背让纳税人在发现多缴税款后及时行使退税申请权的立法初衷，带来征纳双方矛盾。可以借鉴美国做法，对退税事由的发生时间滞后于税款缴纳时间的情形予以列举，退税申请期限起算日不再仅指税款缴纳之日，而推迟到退税原因确定之日，或统一规定为自纳税人知道或应当知道税款多缴之日，为纳税人退税权提供公平合理的保护；三是建议引入退税申请时限中止的有关规定，适当向税收法律关系中处于弱势一方的纳税人进行利益倾斜，可参照现行规定中延期申报的相关规定，当纳税人因为不可抗力导致不能及时行使税款返还权时，应当中止计算退税申请期限，保证纳税人可以充分行使税款返还的权利。

（四）扩大退税利息范围

目前我国《税收征管法》只对纳税人发现多缴税款的情形做出了退付利息的规定，税务机关发现的情形不予退付利息。对比世界范围内退税利息规定的总体趋势，可以说我国退税利息的退付范围较窄。退税利息是国家对纳税人资金占用的补偿，不应区分多缴税款发现主体或处理方式来确定是否退付利息。例如印度不区分多缴税款的发现主体均退付利息，美国和日本对多缴税款和抵扣税款均退付利息。以下用一个实例来说明对抵扣税款不退付利息的情况：某纳税人 2017 年才确认 2013 年的资产损失，确认 2013 年多缴企业所得税税款 10 万元，企业所得税法规定这笔多缴的企业所得税税款可以在追补确认年度即 2017 年企业所得税应纳税款中予以抵扣，而这种抵扣目前是不退付利息的，国家对纳税人 10 万元税款的 4 年占用时间未付出代价，对纳税人显失公平，因此对抵扣不退付利息是不合理的。

建议扩大退付纳税人利息的范围，原则上只要是纳税人多缴税款，无论发现主体，无论是退付现金还是抵扣未来税款，只要实质构成了国家对纳税人资金的占用，都应当按照目前纳税人发现的退税情形来计算退还利息。参照美国抵免利息的规定，将从多缴税款日至税款被抵免日之间的利息退还纳税人，这样规定后，前文中由于资产损失多缴企业所得税税款的案例将进行如下计算：假设银行同期存款利率是2%，那么2013年至2017年共4年，累计应返还利息合计$100000 \times 2\% \times 4 = 8000$元，当然这8000元利息可以直接返还纳税人，也可以继续抵扣未来税款。由此可见，扩大退税利息加计范围，将税务机关多征收的税款全部返还纳税人，退税利息退还制度将更趋于合理。

（五）完善税务救济制度

世界范围内不经复议可直接诉讼的国家有美国，需要复议前置的国家和地区有日本、韩国和我国台湾地区。而目前我国《税务行政复议规则》规定对多缴税款等涉及征税行为的争议，应当在先缴纳税款和滞纳金或者提供相应的担保后再申请行政复议，对复议决定不服的，才能向人民法院起诉。也就是说纳税人多缴税款的行政救济方式是行政复议前置，这种做法具有一定的合理性，维护了税务行政行为的权威，避免法院税务诉讼案件激增，但是却不利于纳税人自由选择权利救济方式。可以借鉴世界其他国家的做法，在保留现有行政复议前置优势的前提下，结合我国实际情况探索出一条兼顾复议前置和直接诉讼优势的税务救济之路，进一步完善退税救济制度。

在我国的征管实践中，涉税纠纷日益复杂化、专业化，随着纳税人权利保护意识的不断增强，涉税案件数量也日益增多，如果取消税务行政复议前置，税务行政诉讼案件将大量增加，法院难以承受，且税务案件的专业性很强，就目前法官的税务专业水平，其较难在审判过程中掌握税务诉讼案件所涉及的全部税收业务，从而可能导致其对案件做出不准确的判断，因此，税务行政复议前置仍然是有必要的。此外，就保护纳税人税务救济权出发，目前可逐步建立更加完善的行政复议救济制度，促进税务机关依法行政。一方面，从程序上为纳税人创造公开公正的救济渠道，推广行政复议庭公开听证审理模式，加强行政复议案件公开审理。另一方面，从实体上，对不同类型案件分情况处理，真正实现化解矛盾、解决问题的目的；遇到复杂、疑难的行政复议案件时，应及时召开行政复议委员会会议进行集体研究审议，邀请专家委员参与决策意见，确保案件实体公正、程序正确。

　　从长期来看，有以下两种建议优化税务救济途径。一是可以尝试参照日本的税务行政救济做法，设立专门的税务行政复议机构，充分发挥税务行政复议机构解决税务行政纠纷的作用，复议机关不受征税机关直接领导，专司对纳税人提出的税务异议申请进行调查和审理，这样，既保证了纳税人税款返还权等权利的充分保护和税务救济权利的充分行使，又避免了税务诉讼案件大量涌入法院，短期内增加行政法院工作负担。二是可以在现有规定中的处罚、税收保全、强制执行等可以直接诉讼情形的基础上，增加几种特殊情形，可以不经行政复议直接诉讼，比如当做出行政决定的机关层级较高时，可以考虑直接进行行政诉讼。上述两种方式并行，更有利于实现我国税务救济的改革，畅通纳税人税收返还权维权之路。

第五章　税务检查制度

我国的税务检查制度，包含了针对纳税人、扣缴义务人履行纳税义务情况的日常检查和针对税收违法案件的税务稽查。在国外税收实践中，有的国家将税务检查称之为"税收审计"（tax audit），并将其解释为"专业人员进行核实账簿或文档的一种行为"，[1] 也有国家将税务检查称之为税务调查、现场检查等。综合国外关于税收检查的各类定义以及我国关于税务检查的规定可以发现，不论是税务检查还是税收审计，其实质都是查明应税事实和税收违法行为事实，收集相关信息和证据，并以此为依据，正确做出税收行政处理决定。[2] 税务检查制度的本质，是税务机关为了税收目的的实现而对纳税人、扣缴义务人的各项信息进行核查、验证的全部活动的总称。

一、代表性国家税务检查制度及其发展趋势

（一）德国

德国有关税务检查制度的规则主要规定于德国《税收通则》[3] 第四章第四节"外部审计（external audit）"和第五节"税务调查（tax investigation）"中，共有 16 个条文。

德国的外部审计制度规定了税务实地调查的范围、许可、实施程序以及纳税人的协力义务[4]；税务调查制度规定了针对税收犯罪和违法案件发生时调查程序的启动和实施程序。同时，德国的税务机关也非常重视纳税人以及其

---

① 靳东升、付树林：《外国税收管理的理论和实践》，经济科学出版社 2009 年版，第 238 页。

② 刘剑文主编：《财税法学》（第 2 版），高等教育出版社 2012 年版，第 487 页。

③ 德国《税收通则》在德国税法体系中处于基本法的地位，于 1919 年公布生效，并于 1977 年进行了全面的更新与修订，共包括九章 415 条。

④ 协力义务，是指法律规定的纳税人应当协助税务机关查明课税事实的义务。

他社会各界力量的协助，纳税人可以通过包括电话、邮件、信箱在内的多种模式对税收违法行为进行举报，而举报的相关信息往往成为税务机关检查工作的重要基础。

外部审计针对的对象是进行工商业经营、农林业经营、提供专业服务以及根据德国《所得税法》确定的年收入之和超过 50 万欧元的纳税人和扣缴义务人。除了上述常规对象之外，当涉事性质和范围不适宜在主管税务机关的办公场所进行审查，或者纳税人未按照《税收通则》第 90 条的规定履行协助义务的，[①] 税务机关都有权力对此采取审计行为。外部审计的目的是对纳税人的纳税情况进行调查，审计行为可以涵盖多个税收类型、跨越多个税收期间，也可以仅仅针对某些特定事件。为了达到统一的税收审计目的，对于非法人社团组织，税务机关会将合伙人的纳税情况纳入审计范围；对于经济组织，审计还涉及监督机构人员的纳税情况；对于扣缴义务人，代扣代缴行为则会被重点关注。另外，当税款争议产生时，税务机关也有可能采取审计措施以解决争议。外部审计由主管征税的税务机关执行，同时也可委托其他税务机关实施审计，受托税务机关可以以主管税务机关的名义进行税额核定并给予具有约束力的承诺。对税务机关来说，外部审计中的一个重要原则就是：审计行为仅针对对纳税义务和税额估算具有决定性作用的事实及法律情况，无论其对纳税人有利或者不利。

德国税务机关内部设有专门的税务检查机构，对大型联邦企业每年实施一次税务调查，而对中小企业则每 3－5 年实施一次抽查，[②] 这种检查工作一般都需要提前告知并下达税收检查通知书。根据德国《税收通则》196 条的规定，实施检查行为前，税务机关应当以书面形式发出附有法律救济说明的检查令，就检查的范围做出规定。税务检查一般可以分为三个步骤：第一阶段为准备阶段，检查人员在确定检查对象后，一般会提前查阅税务资料和会计报表，并拟定检查方案。倘若税务局接收到了被检查企业的税务案件举报，则会根据举报的内容有的放矢地进行检查核实。依据德国《税收通则》第 197 条规定，检查人员在不妨碍检查目的的情况下，应在检查开始之前的适当

---

① 根据德国《税收通则》第 90 条的规定，纳税人及其他相关人员必须与税务当局合作，以确定案件的事实。

② 高小萍：《意大利、法国、德国的税收检查审计》，载《税务》2001 年第 8 期。

时机，将检查令以及预计的检查开始时间和检查人的姓名提前通知需要被实地检查的纳税人。① 第二阶段为调查阶段，检查人员会采用各种可行的方式进行检查，依据税收法律，检查人员应对相关企业的会计报表、财务账簿以及各种合同和原始凭证进行核对。此外，经过法院批准，检查人员还可以对目标企业进行搜查、监听以及对相关犯罪嫌疑人采取强制措施。在紧急情况下，如果检查人员认为申请法院批准有可能导致被检查人转移、损毁资料和证据，则无需法院批准即可对住所和营业场所进行搜查，但检查人员的数量必须维持在两人以上。对于不需要定期进行检查的中小企业，第 203 条还规定了简易的实地检查程序，对于纳税人，税务机关按照个案情况认为不必对其进行定期实地检查的，可以进行简易的实地检查。② 税务检查的最后一个阶段为定案阶段，检查人员和企业之间总共有两次针对调查结果交换意见的程序，③ 在大多数情况下，这两次意见交换程序往往能收到良好的效果并解除双方之间的争议。而在少数情况下，在纳税人和税务检查机关经过两次协商仍然无法取得共识，纳税人可以选择默认税务机关的调查结果，或者起诉至法院解决相关争议。双方在法院依旧会获得一次庭外调解的机会，若以上调解方式均告失败，则法官会做出判决。

虽然德国税务检查人员具有相对较大的调查权，但为了避免权力滥用，其亦受到上级部门和外部机构的监督。具体而言，税务检查人员要受到上级长官以及上级财政部门对其公务执行情况的监督。同时，外部审计部门也会

---

① See Fiscal Code of Germany, Section 197: "The audit order as well as the likely starting date of the audit and the names of the auditors shall be disclosed to the taxpayer in relation to whom the external audit is to be conducted areasonable amount of time before the audit begins where this does not endanger the purpose of the audit. The taxpayer may elect not to have the deadline enforced. Where pursuant to section 194 (2) the audit is to cover the tax circumstances of partners and members as well as members of supervisory bodies, the audit order shall also be disclosed to these persons."

② See Fiscal Code of Germany, Section 203: "The revenue authority may conduct a shortened external audit of taxpayers in respect of whom it regards an external audit in frequent intervals unnecessary in the particular circumstances. The audit shall be restricted to the essential bases of taxation."

③ See Fiscal Code of Germany, Section 201: "A meeting shall be held on the results of the external audit (final meeting) unless the external audit leads to no changes to the bases of taxation or the taxpayer elects to forgo such a meeting. During the final meeting, disputed issues in particular as well as a legal assessment of the audit findings and their tax implications shall be discussed."

对其工作效率、执法情况以及行为经济性进行监督。①

（二）法国

在法国，税务检查制度被称为税收审计，主要规定于法国《税收程序法》（Tax Procedure Act），是指税务官员对纳税申报表和其相关支持文件进行审核，可以对税额计算提出质疑并重新核定税额的程序。税收审计是法国税收征管的重要基础，以严格著称，主要体现在以下几方面。

一是设立专门的税收审计机构。税收审计机构分为四级：在中央一级，在税务总局下设国家和国际税务审计局；在跨大区一级，设立了 10 个跨大区税务审计局；在大区和省两级，设置了 106 个审计与调查局。为确保审计工作的独立性和公正性，各级审计机构之间并不存在从属关系，而是属于互相提供信息及其他协助的合作关系。在大区以上级的审计机构中，设置了专门负责审计的人员，以保证专业性。各类企业按照规模大小，分别归中央、跨大区、大区、省税收审计局管辖。②

二是不论对企业的纳税情况是否存在怀疑，检查人员都可以针对企业近三年的纳税情况实施税收审计，对企业的账簿、来往函件、销售购买发票、开支报告等会计凭证进行检查。根据《税收程序法》，审计工作分成外部审计和内部审计两大部分，外部审计主要针对的是对纳税人账簿资料的检查，而内部审计则主要是税务机关内部对于纳税人的评估以及管理。③

三是检查人员有权对被审计企业涉及的所有税种实施审计，也可以只对其中个别税种进行审计。在税收审计过程中，检查人员与被审计企业需要三次会面。第一次会面，通常在被审计企业进行，需要企业法定代表人和会计师参加，首先由企业法定代表人简短介绍企业的经营活动，然后由检查人员提出要审核的文件，也可能会解释其审查事项。第二次会面仅要求会计师参加，并在会计公司办公室进行。税收审计可以持续几个月，但是对于年营业额低于 77.7 万欧元的货物销售企业或年营业额低于 23.4 万欧元的其他企业不得超过 3 个月。第三次会面，检查人员会解释是否会对企业纳税情况进行重新评估。如果需要重新评估，税务机关会向企业发送信函，指出争议事项

① 孟庆平：《德国的税收征管及对我们的启示》，载《涉外税务》2001 年第 11 期。

② See Ministere Des Finances Et Des Comptes Publics, The French tax administration how does it work?

③ 高小萍：《意大利、法国、德国的税收检查审计》，载《税务》2001 年第 8 期。

以及需要补充缴纳的税款。企业可以在收到后 30 天内回复并提出反对意见，如果没有回复，税务机关将发送税款缴纳通知。企业提出反对意见的，税务机关如果全部或部分同意，将会修改重新评估决定。在重新评估的情形下，税务机关会根据纳税人违法行为情节轻重大小，分不同情况予以区别处理，除补缴税款外，纳税人还将受到处罚。①

法国《税收程序法》授予了审计机构很大的检查权力，审计人员经法院批准，可以对纳税人实施搜查措施，以获得相关证据。② 具体而言，《税收程序法》第 L10 条规定："税务机关可以要求纳税人提供与所报送的纳税申报表或者文书有关的各种信息、凭证或者澄清说明。"第 L12 条规定："税务机关可以对有义务缴纳所得税的自然人进行个人纳税情况正反对照检查③，不管有关自然人是否已经在法国登记了税务住址。在进行个人纳税情况正反对照检查时，税务机关可以检查纳税家庭所申报的收入，是否与纳税家庭全部财产情况、财务状况以及各家庭成员消费水平方面的资料相一致，且正反对照时间不得超过 1 年。"④ 在检查行为的实施方面，法国《税收程序法》第 L46 条也给予了检查人员极大的便利，要求民事和军事机关以及治安力量应当配合税务机关工作人员的要求，随时协助其执行公务。

（三）英国

英国现行有关税务检查的制度规定于英国 2008 年《财政法案》（Finance Act 2008）。英国皇家税务海关总署（H. M Revenue and Customs，HMRC）负责税务检查。税务海关总署获取信息和进行税务检查的权力并非一开始就适用于所有税种，而是逐步推进。起初适用于个人所得税、企业所得税、资本利得税与增值税。自 2010 年 4 月 1 日起，该权力延伸至遗产税、土地税等。

---

① See AFIGEC, Tax audits in France for companies and branches, 2012.

②《外国税收征管法律译本》组译：《外国税收征管法律译本》，中国税务出版社 2012 年版，第 1746 – 1750 页。

③ 按照学理解释，针对被检查人本人的调查为正面调查，而针对相关第三人的调查则为反面调查，参见陈清秀：《税法总论》，台湾翰芦图书有限公司 2001 年版，第 445 页。

④《外国税收征管法律译本》组译：《外国税收征管法律译本》，中国税务出版社 2012 年版，第 1746 页。

与行使其他权力一样，税务海关总署行使检查权也需要满足比例原则①的限制，同时不得无理地干涉个人权利。②

英国对纳税人实施分类管理的策略，根据纳税人对税法的遵从程度和企业规模这两个标准，将纳税人划分为三个等级，分别采取不同的检查措施。划分标准较为明晰：第一等级纳税人为营业额超过 2 亿英镑且事务复杂的大型企业。税务海关总署重点监控大型企业的纳税情况，并设置客户关系经理（Customer Relationship Manager），协助大型企业专门处理税务事项。第二等级纳税人包括营业额在 1000 万至 2 亿英镑之间且雇员超过 20 人的公司、营业额在 1500 万至 2 亿英镑之间或合伙人超过 10 人的大型合伙企业以及营业额超过 500 万英镑且合伙人超过 5 人的中型合伙企业，中型企业的经营情况和规模也具有一定复杂性，但通常情况下无需像大型企业一样占用税务海关总署大量的资源和精力，因此税务海关总署在日常检查中保持对其业务上的持续关注，并定期实施抽查。第三等级纳税人为其他小型经济组织，税务海关总署对其的监控较为宽松。③ 但需要注意的是，此处的分类数据标准并不是一成不变的，而是会随着经济发展态势有所变化。④

在具体的措施中，检查人员在发现纳税人存在不依法履行纳税义务，疏忽、欺诈或故意不负责任等行为导致可能逃税或少缴税款时，有权对纳税人进行询问和调查以核实其纳税义务，并对其各种违法犯罪行为进行惩治。⑤ 检查人员在税务检查方面有相当大的权力，以增值税的税务检查为例，检查人员可在任何合理的时间进入纳税人的营业场所，进行检查并询问有关问题，另外还有权带走纳税人的有关记录和产品样品。特别情况下，检查人员如怀

---

① 比例原则是指行政权力的行使除了有法律依据这一前提外，行政主体还必须选择对相对人侵害最小的方式进行，通常包含目的性、必要性、比例性三方面的内容。参见马怀德主编：《行政法学（第二版）》，中国政法大学出版社 2009 年版，第 50 页。

② See Article 8 of the Human Rights Act.

③ large is greater than £ 200 million turnover plus "complex" cases; medium covers companies with turnover between £ 10 – 200 million and more than 20 employees, for partnerships the Large Partnership Unit gets all cases with 10 partners or more, turnover between £ 15 and £ 200 million as well as some smaller ones, a medium sized partnership has turnover of £ 5 million or more if there are more than 5 partners.

④ Office of tax simplification, Review of the competitiveness of the UK Tax administration: final report, October 2014, p. 62 – 65.

⑤ 财政部税收制度国际比较课题组：《英国税制》，中国财政经济出版社 2009 年版，第 173 页。

疑纳税人有欺诈行为，可以经过法院批准获得搜查权并进入纳税人的营业场所进行搜查，但这种权力的行使受到严格限制，仅限于调查重大的税收欺诈案件时使用，并要求与警察联合行动。但是，英国2008年《财政法案》第36项第2部分第10条第2项则规定："本条所规定的权力不包括进入或检查任何专门用作居住的场所的权力。"① 也即说明，对于居住场所，检查人员是没有检查权力的。为了保障检查人员能够顺利执法，英国2008年《财政法案》中规定，任何阻碍检查或者不遵守要求的行为都会被处以300英镑的罚款；② 如怀疑纳税人有犯罪行为，还可以未经法院授权就对其予以拘捕。在所得税方面，如果纳税人被怀疑有不遵从、疏忽、欺诈等行为而可能造成少缴纳税款时，检查人员有权对其进行调查和询问，还可以审查其经营账簿等有关资料。对个人的税务调查，通常是由各地的税务部门负责进行，但是如涉及重大的欺诈案件，税务海关总署调查部（Inquiry Branch）也将介入案件调查，并可在必要时提起公诉。

（四）美国

美国的税收法律体系非常完备，税务检查制度主要规定于美国《国内税收法典》（Internal Revenue Code of 1986）。根据检查人员和对象的不同，税收检查可分为以下三类：信息审计（correspondence audit）、现场检查（field examination）以及刑事调查（criminal investigation）。

信息审计所涉案情最为简单，由税收检查人员以送达公函的方式通知纳税人，要求纳税人对其所涉及的纳税事项进行解释，并提供相应文件，如果存在漏缴税款则由纳税人自己补缴。现场检查则主要用于涉及复杂的事实或法律问题的情形，或者涉及当事人存在主观故意的情形。在现场检查的过程中，检查人员应当在纳税人的实际经营场所对账簿资料等文件信息进行检查，并可要求与纳税人面谈，如果纳税人拒不配合检查人员的检查行为，检查人员有权签发税务传票。信息审计和现场检查都属于行政调查，2010年国内收

---

① See Finance Act 2008, Schedule 36, Part 2, Section 10 (2): "The powers under this paragraph do not include power to enter or inspectany part of the premises that is used solely as a dwelling."

② See Finance Act 2008, Section 114 (6): "Any person who (a) obstructs the exercise of a power conferred by this section, or (b) fails to comply within a reasonable time with a requirement undersubsection (5), is liable to a penalty of £ 300."

入局检查案件173万起，其中信息审计127万起，占73.4%；现场检查46万起，占26.6%。①

检查人员在现场检查过程中，如果认为纳税人存在较为严重的欺诈情况，应当按规定将案件移交给国内收入局刑事调查部，由刑事调查部对该案件实施刑事调查。在刑事调查的过程中，调查人员有权传唤被调查对象，并可携带武器以保证调查程序的顺利进行及调查人员的人身安全。在必要情况下，调查人员可以向法庭申请搜查令和逮捕令，获得搜查现场、扣押证据以及逮捕嫌犯的权力。美国《国内税收法典》第7608条还规定了无须许可证即可逮捕罪犯的情形：税收检查人员在实施检查行为时，如果遭到被调查对象的现场攻击，或者有合理正当的理由认为对方可能构成、已经实施或正在实施美国法律所规定的重罪，那么不需要事先申请许可证即可实施现场逮捕。②

美国同样允许税收检查人员在白天或晚上的对外开放时间进行税收检查，美国《国内税收法典》第7606条规定，检查人员可以在白天进入任何应纳税物品或客体所在的建筑物或场所进行检查，如果上述场所在晚上开放，则同样可以在该时间进入以履行工作职责。③ 为了保护纳税人的合法权益，美国《国内税收法典》第7213条规定："任何故意泄露检查信息的检查人员都将被

---

① 江苏省地方税务局赴美考察团税务管理组：《美国税务管理的特点及启示》，载《涉外税务》2012 年第 10 期。

② See Internal Revenue Code of 1986, Subtitle F, Section 7608 （a）："……（3）in respect to the performance of such duty, make arrests without warrant for any offense against the United States committed in his presence, or for any felony cognizable under the laws of the United States if he has reasonable grounds to believe that the person to be arrested has committed, or is committing, such felony."

③ See Internal Revenue Code of 1986, Subtitle F, Section 7602："（a）Entry during day – The Secretary may enter, in the daytime, any building or placewhere any articles or objects subject to tax are made, produced, orkept, so far as it may be necessary for the purpose of examiningsaid articles or objects；（b）Entry at night – When such premises are open at night, the Secretary may enterthem while so open, in the performance of his official duties."

处以五年以下有期徒刑或者五千美元以下罚金。"①

与此同时，美国的税收检查人员还被赋予了一项特殊的权力，根据美国《国内税收法典》第 7601 条至第 7610 条有关税务传唤程序的规定，检查人员在必要的情况下，可以传唤有纳税义务的人或与此纳税义务有关的其他人，被传唤者需按税收检查人员的要求出示账簿等文献数据资料并回答相关问题，如果故意隐瞒情况或提供虚假信息则会受到惩罚。

（五）加拿大

税务检查制度在加拿大也被称为税务审计，主要规定在加拿大 1985 年《所得税法案》（Income Tax Act 1985）中。加拿大联邦税务局下设专门的税务审计部门，拥有人数较多的专门审计人员，同时要求审计人员必须具备较高的专业素质和业务能力，以促进纳税准确性，维护税收严肃性。加拿大税务审计部门在工作过程中，要严格遵循"重点与可能"的原则，"重点"表现在审计对象是重要的行业、领域、公司和个人，审计的内容则主要是评估该重点审计对象是否存在风险，如果评估结果认为其风险较高，则会予以重点监视；"可能"则代表着人力资源与财力资源的能力，审计人员实施审计工作时应当合理划分人力与财力资源，根据不同的纳税人和税收种类，采用恰当的审计方法以区别对待。②

另外，加拿大税务局和海关联合开展了一项名为随机审计的核心项目，该项目主要针对中小型企业进行，项目的内容是收集中小型企业在税收遵从方面的相关资料。在核心的审计项目库中，审计人员使用统计抽样方法，选择企业进行调查审计，主要调查的内容包括企业不遵从税法的详细信息、不

---

① See Internal Revenue Code of 1986, Subtitle F, Section 7213: "It shall be unlawful for any officer or employee of the United States or any person described in section 6103 (n) (or an officer or employee of any such person), or any former officer or employee, willfully to disclose to any person, except as authorized in this title, any return or return information (as defined in section 6103 (b)). Any violation of this paragraph shall be a felony punishable upon conviction by a fine in any amount not exceeding $5, 000, or imprisonment of not more than 5 years, or both, together with the costs of prosecution, and if such offense is committed by any officer or employee of the United States, he shall, in addition to any other punishment, be dismissed from office or discharged from employment upon conviction for such offense. "

② See Wells, S C.: State Tax Amnesty Programs on the Rebound, Journal of State Taxation, 2002, 20 (4).

遵从税法的理由等。虽然该项目针对中小型企业，审计内容相对比较简单，但是只要被抽中，则所有的随机审计项目均为完整审计。审计项目的选择虽然是随机的，但仍然是由审计员凭借专业判断，使用直接或间接的方式，确定每个领域中的审计对象，尤其集中在会计记录可靠性被怀疑的企业。

在加拿大，由国家税务大臣授权的人员才可以在任何合理时间内检查、审计或调查纳税人的账簿和记录，并获取与纳税人情况有关的任何其他人的账簿和记录。该检查权的行使必须是以所得税法案的执行或管理为目的。根据该权力，检查人员还可以进入任何非居住性的场所。被检查的不动产或公司的所有者或管理者，有义务向被授权人提供所有合理的帮助以及回答所有适当的问题。如果要进入住宅，检查人员必须首先获得该纳税人或法院的允许或授权。① 加拿大税法规定税务机关执行搜查时应当取得法官签发的许可证。加拿大 1985 年《所得税法案》第 231.3 条第 1 项规定，法官可以应财政部长的单方申请，签发书面许可证，授权任何主体进行税务搜查。②

（六）澳大利亚

澳大利亚是一个以所得税为主体构建税收体系的国家，其有关税务检查的制度规则，大多规定于澳大利亚 1936 年《所得税评估法案》（Income Tax Assessment Act 1936）之中。澳大利亚联邦税务局（Australian Taxation Office，ATO）为了实施对税源的有效监控采取了多种手段与方式，并根据税源大小的不同采取了不同的监控方法。③ 第一类是对大型企业的监控，澳大利亚联邦税务局认为，所得税征收程序最为复杂，如果不能集中力量管理、进行全面审计，大型跨国公司往往会利用澳大利亚的税收规则漏洞进行企业税收筹划，

---

① 陈宝熙：《对西方国家税务检查权的考察及借鉴》，载《扬州大学税务学院院报》，2007 年第 1 期。

② See Income Tax Act 1985, Section 231.3（1）："A judge may, on ex parte application by theMinister, issue a warrant in writing authorizing any personnamed therein to enter and search any building, receptacleor place for any document or thing that may affordevidence as to the commission of an offence underthis Act and to seize the document or thing and, as soonas practicable, bring it before, or make a report in respectof it to, the judge or, where the judge is unable to act, anotherjudge of the same court to be dealt with by thejudge in accordance with this section."

③ 湖北省外国专家局：《赴澳大利亚税收考察报告》，http：//hubei.caiep.org/trainpro/content.php？id＝1155，2017 年 8 月 9 日访问。

以达到避税目的。① 因此，澳大利亚联邦税务局便依据企业在股票市场的市值和在交易市场的地位，将达到一定标准的大型企业列入重点监控范围，成立专门的机构对其进行管理。第二类则是针对中小企业的监控，澳大利亚税务机关为了防范中小企业的管理人员将他们的个人支出在企业列支，对中小企业实施了附加服务税的征收，将那些与公司业务无关的支出剔除在可抵扣范围之外。与此同时，澳大利亚联邦税务局采取了以下方法加强对此类税源的监控：首先是对企业进行现场检查，对账簿资料进行查阅和复制；其次是对缴纳了税款但在具体事项的执行上还有所欠缺的企业提出建议和批评；② 最后是在检查行为实施半年后对不达标企业进行复查，如果复查中出现问题则要对该企业实施相应制裁。第三类是对小微企业和自然人的监控，包含了对账簿资料等书面文件的审计以及对纳税人进行约谈这两类监控形式，纳税人如果无法自证清白，将会遭受严苛的制裁。③

根据澳大利亚1936年《所得税评估法案》第263条的规定，检查人员在必要情况下，可以于任何时间进入有关建筑、场所，接触有关账簿、文件，并可以对任何有关文件进行摘抄和复制。④ 第263条规定赋予了检查人员非常广泛的检查权力，检查人员及任何被授权的人员拥有进入各类场所的充分权力，唯一的限制仅仅是该检查行为必须"符合该法案目的"，这一要求可确保检查人员的行为必须是出于税务检查的需要，而不得将这种权力作为一种暴力压制工具。⑤ 澳大利亚1953年《税收管理法》中规定，为了对提交给局长的事项进行调查，被授权的检查人员可以在任何合理的时间进入该地区的所有区域。这条规定赋予了检查人员在任何时间实施检查行为的权力，而不仅

---

① See compliance Management of Large Business Tax Group, Experiences and Practices of Eight OECD Countries OECD Forum on Tax Administration, 2008.

② 例如不积极配合检查、账簿资料保存不够完善等。

③ See OECD (2013), Tax Administration 2013: Comparative Information on OECD and Other Advanced and Emerging Economies, OECD Publishing, p. 54.

④ See Income Tax Assessment Act 1936, Section 263: "The Commissioner, or any officer authorized by him in that behalf, shall at all times have full and free access to all buildings, places, books, documents and other papers for any of the purposes of thisAct, and for that purpose may make extracts from or copies of anysuch books, documents or papers."

⑤ 陈宝熙：《对西方国家税务检查权的考察及借鉴》，载《扬州大学税务学院院报》，2007年第1期。

仅局限于营业时间，只要该检查行为符合特定的目的即可。

澳大利亚 1936 年《所得税评估法案》除了在第 263 条规定了检查人员现场检查的权力，还在第 264 条赋予了检查人员要求他人提供账簿文件的权力。不论是否属于相关纳税人，在检查人员书面通知后，相关人员都应当及时提供他们所掌握的相关信息、出示他们掌握的相关账簿文件和其他文书。第 264 条规定的内容详细说明了检查人员有权向纳税人提出的三种要求：一是提供相关的信息；二是注意并提供相关的线索；三是出示监控范围内的账簿文件。① 检查人员在一般情况下并不对检查对象使用搜查许可证，原因在于税务局获取法院的搜查许可授权相对较为困难，检查人员并没有申请和发放搜查许可证的权限。但是检查人员按照第 264 条规定的正常程序通知信息掌握者出示证据，如果该信息掌握者被认为有篡改或毁坏该证据的可能性，检查人员就会获取法院的搜查许可授权，拥有搜查许可证的检查人员在实施检查行为前无需提前通知纳税人。在实践中，联邦税务局如果认为被检查对象身份特殊，也可请求与联邦警察局共同进行检查。

（七）日本

日本的税务检查通常称为税收调查。日本国税厅按一定权限标准将税收调查权分成三类：第一种是以收集确定纳税义务的资料为目的的调查权，该调查权亦称为实体税法调查权，其内容分别由所得税法、法人税法②等单行实体税法予以规定；第二种是以实施滞纳处分为目的的调查权，要实施滞纳处分，必须掌握滞纳税款的纳税人的财产情况，所以《国税征收法》特别规定了实施滞纳处分的调查权；第三种是以调查违法案件为目的的调查权，其内

---

① See Income Tax Assessment Act 1936, Section 264: "(1) The Commissioner may by notice in writing require any person, whether a taxpayer or not, including any officer employed in or inconnection with any department of a Government or by any publicauthority: (a) to furnish him with such information as he may require; and (b) to attend and give evidence before him or before any officerauthorized by him in that behalf concerning his or any otherperson's income or assessment, and may require him toproduce all books, documents and other papers whatever inhis custody or under his control relating thereto. (2) The Commissioner may require the information or evidence to begiven on oath or affirmation and either verbally or in writing, andfor that purpose he or the officers so authorized by him mayadminister an oath or affirmation. (3) The regulations may prescribe scales of expenses to be allowed topersons required under this section to attend."

② 日本《法人税法》与我国《企业所得税法》近似。法人税的纳税人是以营利为目的的普通法人组织和其他有经营性收入的法人组织，征税对象是法人各经营年度从事经营获取的利润。

容由《国税犯则取缔法》予以规定，因该法通常被简称为《国犯法》，故该调查权亦称为国犯法调查权。①

三种调查权不仅目的、性质和形式不同，而且在实施上也泾渭分明。譬如，绝不允许行使国犯法调查权来确定纳税义务，反之，也决不允许为调查违法案件而行使实体税法调查权或滞纳处分调查权。同理，不能以实施滞纳处分为目的行使实体税法调查权和国犯法调查权。

实体税法调查权在性质上属于政府机关的一种行政行为，所以该类调查权的行使应当受到行政程序的规制和调整。《国税征收法》第142条规定，征收官员认为有必要的情况下，可以对纳税人的物品以及除住所之外的其他场所进行检查。但是，为了保护纳税人的隐私，对于住所的检查是绝对禁止的。此外，日本对于现场检查的时间做出了极其细致的规定，《国税征收法》第143条规定，在日落以后、日出之前的时间内不能实施税务搜查；但对宾馆、饭店等公众场所可以在日落以后、公众公开出入的时间内进行搜查。税务机关在实施实体税法调查权时并无强制权限，无法对纳税人实施强制措施，只能依照《国税征收法》的规定对纳税人进行询问，对经营场所进行检查，如果没有纳税人的同意和配合而强行实施调查，那么该行为属于违法行为。但是，日本所得税法中对于纳税人的不配合行为又规定了相应的处罚条款，税务机关行使调查权时，被调查者不但要承担忍受义务，甚至在不协助调查时可能还会受到刑事制裁，即"对该职员的质问不予以回答，或做虚假回答，抑或拒绝根据该项规定进行的检查，妨碍或回避检查的人，对其处以1年以下的拘役或20万日元以下的罚金"。②

以实施滞纳处分为目的的调查权，根据《国税征收法》第141—147条的规定，是指在应纳税额已经确定但纳税人未按照规定的期限缴纳税金的情形下，对其进行滞纳处分（采取扣押其财产等手段）时，为了解滞纳税款纳税人的财产状况所进行的调查。与实体税法检查权不同，滞纳处分调查权是法律所认可的强制调查，因为纳税人的行为实质上已经侵犯了国家利益，因此

---

① ［日］北野弘久著，陈刚等译：《税法学原论》（第4版），中国检察出版社2001年版，第125页。

② 杨广平：《税务调查权之行使与纳税人权利之保护》，载《纳税人权利保护法暨第六届两岸税法研讨会文集》。

必须赋予检查人员一定的强制权，以保障国家的税收利益。

以调查违法案件为目的的调查权也被称为国犯法调查权。实施国犯法调查权的目的是收集能够证明有违反法律情形的资料。国犯法调查权的规定也被称为日本的"税务警察"制度，实施国犯法调查权的税务警察，除了拥有询问、检查和证据保全等非强制调查手段之外，必要时还可以采取相应的拘留和逮捕等必要强制措施。与此不同，行使实体税法调查权的目的是为实施正当的课税行政处分收集资料，因此它属于纯粹的行政行为。国犯法调查权和实体税法调查权在性质和目的上有质的不同，两者不能混同使用，国犯法调查权在实质上具有刑事追诉权的性质，而实体税法调查权不具有这种性质。[①]

（八）韩国

韩国的税收立法较为完善，在税务检查方面，《国税基本法》规定了检查行为的基本原则和具体内容；《课税资料提交及管理法》规定了纳税人应当及时向检查机关提供涉税信息的义务；而《纳税人权利宪章》则规定了纳税人在检查行为中的合法权利和利益。[②]

韩国国税厅实行中央、省、市（县）的三级管理制度，由国税厅本部、6个地方国税厅、115个税务署（税务支署）组成。1999年9月国税厅实施了一次重大的机构改革，将原先按照税种管理设置机构转变为按照税收功能和征管流程设置机构，其中稽查局专门承担税收检查工作。而地方国税厅则更加注重突出稽查的职能，7个职能局中有5个具备稽查职能，包括4个税收稽查局以及1个国际业务稽查局。当前韩国全国国税稽查人员占国税人员总数的23%，而地方国税厅中稽查人员比例更是高达53.9%。[③]

韩国于2000年7月1日起实施《课税资料提交及管理法》，该法案规定了税务机关的信息来源可以分为被动形态的信息收集和主动形态的信息检查

---

① ［日］北野弘久著，陈刚等译：《税法学原论》（第4版），中国检察出版社2001年版，第138页。

② 李晓红、史峰：《借鉴韩国实践经验促进我国税收征管现代化》，载《税务研究》2016年第11期。

③ 黄显福：《全面建构中国特色的税务稽查纳税人权利保护制度——韩国税务稽查纳税人权利保护制度借鉴与启示》，载《税收经济研究》2016年第6期。

两种形式。① 前者包括在纳税人协助义务基础上的信息收集，以及通过其他公共机关进行信息收集；后者则主要指税务机关可以按照税收检查的程序主动收集必要的涉税信息。

为了防止检查人员滥用权力，保护纳税人的合法权益，韩国《国税基本法》对稽查程序进行了严格的规定。首先，税务稽查应控制在必要的范围内，不得以非税收目的滥用稽查程序，影响纳税人的正常经营活动，在实践中，税务稽查的数量一般控制在国税厅全体管辖数的3%左右。② 其次，在不影响稽查目的的情况下，税务机关应当至少提前10天将有关稽查的必要信息通知纳税人。稽查行为开始后，稽查人员还应综合考虑各种因素，设置最短的稽查时间，一般情况下，对征税期间年收入额或转让资产收入额不足100亿韩元的纳税人的稽查时间不应超过20天。③ 再次，稽查人员在实施稽查的过程中一般不能随意扩大已经提前通知确定的稽查范围，除非在稽查过程中发现了新的偷税漏税事实，在依法扩大范围时，应当书面通知纳税人。

由于税务机关的检查人员能够接触到大量的纳税人信息，为了保护纳税人的合法权益，韩国法律对检查人员的保密责任和义务进行了严格且明确的规定，税务机关检查人员除《国税基本法》另有规定外，不得将提交人给予的课税资料提供、泄露给他人或用于其他用途，如有违反，将予以重罚。

（九）印度

印度是一个以间接税为主的国家，目前世界上大部分国家都统一了直接税和间接税的征收管理机构，但印度仍然采用多税收征管部门的运行模式。④ 印度税收征管部门分为中央政府、邦政府和地方政府三级，中央政府和地方政府各自设置管辖中央各税和地方各税的税务机构，导致印度的税收制度整体上较为复杂，这种组织结构的复杂性也体现在税务检查制度之中。以所得税为例，印度2012年《所得税法案》（Income Tax Act 2012）规定了以下机构

---

① 《外国税收征管法律译本》组译：《外国税收征管法律译本》，中国税务出版社2012年版，第1879页。

② 黄显福：《全面建构中国特色的税务稽查纳税人权利保护制度——韩国税务稽查纳税人权利保护制度借鉴与启示》，载《税收经济研究》2016年第6期。

③ 同上。

④ See OECD (2013), Tax Administration 2013: Comparative Information on OECD and Other Advanced and Emerging Economies, OECD Publishing, p. 33.

或人员负责所得税的征收和管理：中央直接税委员会、所得税监督官、所得税副监督官、所得税附加委员会、所得税联合监督官、所得税核税官、所得税监督员、税收返还官。其中有检查权力的是所得税监督官、所得税副监督官以及所得税核税官，所得税监督官有权询问和调查隐瞒的事实、进行搜查和没收、征用账本、进行鉴定和审计；所得税副监督官有权发现和固定证据、索取资料并监督公司的注册；所得税核税官有权征用账目、检查公司的注册情况、提供审计指导。这种复杂的组织结构一方面可以加强对税收征管的控制，强化职责；但另一方面也必然会降低税收检查的灵活性，加大了检查的成本。

虽然机构设置较为繁杂，但印度在获取税收信息并进行检查等方面做出了较大努力。为了加强对涉税信息的检查，实现与纳税人经济活动密切相关的银行、保险公司、证券交易所等第三方的信息交换，印度500多所税收检查机关之间全部实施了联网互通，并且与银行、保险机构、证券交易所以及重要的消费场所达成了互通协议，在必要的情况下税收检查人员有权查阅这些机构的账簿和文件，不仅能掌握这些机构的信息，而且还可以随时了解被监控人的消费情况，有效防止偷逃税行为的发生。①

为了防止过分的检查行为扰乱纳税人的正常经营活动，印度2012年《所得税法案》第133B节第2项规定，所得税当局只能在该经营时间或者执业时间内对从事经营或者执业活动的场所实施检查。② 同时，印度税法还规定了警察机关对税务检查的协助义务，印度2012年《所得税法案》第132节第2项规定，得到授权的（检查）人员可以请求任何警察部门或者中央政府的协助，以行使所规定税务检查内容，任何警察部门或者中央政府在接到申请时都有义务履行该项请求。

二、 税务检查制度及其发展趋势的比较研究

比较各国（地区）的税务检查制度，在税务检查管理方式、检查权力、

---

① 饶慧、陈平路：《印度税制介绍》，载《涉外税务》2006年第10期。

② Income Tax Act 2012, Section 133B（2）："An income – tax authority may enter any place of business or professionreferred to in sub – section（1）only during the hours at which such place is openfor the conduct of business or profession."

第三方协力义务、纳税人权益保障以及征纳双方责任等方面呈现出较为一致的发展趋势。

（一）对税务检查实行分级或分类管理

代表性国家（地区）为了提高税务检查工作的质效，普遍采取对纳税人实行分级或分类管理的方法。如：德国按照企业规模实施不同频次的税务调查，对大型联邦企业每年实施一次税务调查，对中小企业每3年至5年抽查一次。英国根据纳税人税法遵从程度和企业规模两个标准，将纳税人分为大、中、小型三个等级，分别采取不同的检查措施。加拿大的税务审计部门对重要行业、领域、公司和个人的税收风险进行重点评估和重点监控，同时针对中小企业进行随机审计。通过对税务检查工作实行分级或分类管理，将有限的检查力量进行合理分配，最大限度地发挥税务检查工作在维护税法刚性和规范税收秩序方面的作用。

（二）在税收立法上赋予税务机关更充分的权力

目前世界许多国家（地区）在税收立法中除了明确税务机关具有的查阅账簿凭证、询问、实地检查等行政检查权外，还规定了税务机关具有刑事调查权。如：德国在《税收通则》第四章中专门用一节规范了"税务调查"制度，针对税收犯罪的调查程序进行了规定。在调查过程中，经过法院批准，检查人员可以采取搜查、监听等手段。美国国内收入局设有刑事调查部，专门实施对案件的刑事调查，《国内税收法典》规定调查人员有权传唤被调查对象，并可在调查过程中携带武器，必要时还可向法院申请搜查令和逮捕令。日本《国税犯则取缔法》规定了以调查违法案件为目的的调查权，也被称为日本的"税务警察"制度，国犯法调查权中包括拘留、逮捕等强制措施。除以上三国外，英国、法国、加拿大、澳大利亚等都在税收立法中明确了税务机关有权在法院授权下进行搜查。这些权力大大保障了税务机关有效行使检查权，更加及时、全面、有力地获取和收集案件调查需要的涉税信息和证据。

（三）在税收立法中普遍规定了第三方协助义务

随着经济社会的发展，税务机关的执法环境越来越复杂，掌握的涉税信息越来越缺乏系统性和完整性，管控难度日益增大。为了高效行使税务检查权，广泛获取更为全面、真实的信息，世界各国普遍在税收立法中明确了第三方的税收协助义务。比较常见的是将国家机器作为实现税收检查权的必要支持。如：法国《税收程序法》中规定了税务检查人员有权随时要求民事和军事机关以及治安力量配合税务机关执行公务。英国对于重大的税收欺诈案件，税务机关可以要求与警察联合行动。澳大利亚联邦税务局如果认为被检查对象身份特殊，也可请求与联邦警察局共同进行违法检查。印度税法规定了警察部门或者中央政府的协助义务。此外，多国规定了第三方提供涉税信息的义务。如：印度税务机关为了加强涉税信息的检查，实现与银行、保险公司、证券交易所以及重要消费场所等第三方的信息交换。美国《国内税收法典》赋予了检查人员传唤与被检查纳税义务相关的第三人的权力。加拿大对于被检查的不动产的所有者或管理者规定了提供帮助和回答问题的义务。国家税收利益的捍卫不仅仅是税务机关的职责，也是政府、警察、金融机构、纳税人，乃至整个社会的责任。充分发挥各方面优势，协力保障税收管理已是当今税收征管的大势所趋。

（四）在检查程序中体现对纳税人合法权益的尊重

各国税收立法在保障税务检查权力的同时，均体现了对纳税人合法权益的尊重和保护。一是在尊重纳税人知情权和陈述申辩权等权利方面：德国的税务检查人员与企业之间在检查过程中总共有两次针对调查结果交换意见的程序，即使在诉讼环节，双方仍会获得一次庭外调解的机会；法国税务检查人员与被检查企业在检查过程中需要三次会面，充分沟通检查事项、评估意见等。二是在保护纳税人正常生产生活秩序方面：英国 2008 年《财政法案》规定税务机关不得进入专门用作居住的场所开展检查工作；加拿大税务人员在没有法院授权的情况下，只能进入非居住场所开展工作；为了保护纳税人的隐私，日本《国税征收法》绝对禁止对于纳税人的住所进行检查；印度《所得税法案》规定税务机关只能在被检查对象的经营时间或执业时间对经营或执业场所实施检查。这些程序性的规定都在执法的细节处体现出对纳税人权利的保障。

（五）强化征纳双方责任

为了维护税收的公平正义，既要避免权力滥用，又要防止执法受阻，各国（地区）都对征纳双方的责任做了严格的规定。对于税务机关而言，德国税务检查人员要受到来自内部上级部门和外部审计部门对其执行公务情况的监督；美国《国内税收法典》规定对于故意泄露检查信息的检查人员处以五年以下有期徒刑或者五千美元以下的罚金；韩国《国税基本法》对税务检查的范围、程序、时限进行了严格的控制。对被检查对象而言，日本所得税法中对纳税人在税务检查中的不配合行为不但规定了处罚条款，甚至还规定了刑事制裁；美国的税务检查人员在遇到纳税人拒不配合检查时有权签发税务传票，在检查过程中刻意隐瞒或者提供虚假信息的纳税人或者有关系的第三人将会受到严惩；英国2008年《财政法案》规定对阻碍税务检查的行为处以300英镑的罚款。从各国税务检查实践中可以看出，无论是税务机关的权力，还是纳税人的权利，都应当在一定程度上受到约束和控制。

三、 代表性国家（地区）税务检查制度发展趋势对我国的借鉴分析

（一）对税务检查实行分级管理

在我国，无论是税务总局还是各省市（含以下）税务机关，无论是国税还是地税，大多设立了稽查局。根据《税收征管法》的《实施细则》，稽查局的职责为专司查处偷、逃、抗、骗等税收违法行为，但就不同级别、不同地区的稽查局如何统筹案源管理方面，尚缺乏全国性的制度设计。为了更加合理地配置检查资源，更有效率地发挥税务检查对税源管理的促进作用，我国可以借鉴国际上关于税务检查分级或分类管理的方法。即：根据纳税人的纳税规模、社会影响力、税法遵从度、行业地位等标准，将纳税人进行分类，并施以不同的税务检查措施。可以借鉴加拿大税务审计管理中的重要性原则，在全国范围内选择年度纳税规模巨大、具有较高行业地位和社会影响力的纳税人作为重点纳税人，由国家税务总局进行定期检查，检查频次可以参考德国对大型联邦企业每年检查一次的做法，保持对重点纳税人税收问题的持续关注。一方面有利于纳税人及时纠正涉税问题，避免产生更大的税收风险，保持较高程度的纳税遵从；另一方面有利于税务总局了解行业典型问题，精准适用税收政策，在全国发挥案例示范作用，规范行业税收秩序。各省市也可以遵循重要性原则，根据区域特点确定本辖区的重点纳税人作为重点管理的对象。对于数量众多的中小企业，可以在属地管理的基础上，借鉴英国和德国的做法，实行随机抽查，保证一定比例的覆盖面，以达到以点带面的效果。

（二）强化税收检查权

我国征管法赋予税务机关的检查权既包括检查纳税人账簿凭证、检查纳税人生产经营场所、询问查询纳税人存款账户等执法权，也包括冻结、查封、扣押等税收保全措施和扣款、拍卖、变卖等强制执行措施。但在税务检查实践中，特别是税务稽查案件的调查取证环节，对于纳税人、税收法律关系的其他当事人采取不理睬、不配合、不提供资料等消极手段对抗稽查执法时，税务机关常常束手无策，取证困难使案件调查陷入困境，进而造成未结案件的积压。强化税收检查权，赋予税务机关必要的执法手段，确保涉税证据的采集，是提高税务检查质效、规范税收秩序、维护税法刚性的关键。因此，应当在我国税收立法中借鉴其他国家关于税收刑事调查权的做法：如在纳税人不理睬、不配合税务检查时，可以借鉴美国的做法，通过立法赋予税务机关传唤被检查对象的权力；对于纳税人不按要求提供证据资料的，可以借鉴英国、法国、加拿大等国家的税收立法，在规定一定程序的审批后赋予税务机关搜查权。当然，随着未来我国税收检查权的不断加强和完善，也可以考虑借鉴日本的"税务警察"制度，将拘留、逮捕等强制措施应用到税收案件中，实现对国家税收强有力的保障。

（三）多维度加强税收保障

我国征管法及其实施细则明确了银行和其他金融机构、车站、码头、机场、邮政企业等配合税务检查的义务，但实践中，税务检查仍需要得到更多方面的支持。首先，应当加强对税务检查执法行为的直接保障。借鉴法国、澳大利亚的做法，在赋予税务机关请求警察执法支持的基础上，通过立法明确警察的协助义务。其次，应当广泛争取对税务检查的间接保障。税务机关全面、准确、及时地掌握涉税信息，是堵塞税收漏洞、打击税收违法行为的必要条件。在信息获取方面，可以借鉴美国、印度、加拿大等国的做法，将其他政府部门、金融证券机构、重要消费场所以及涉税当事人提供涉税信息的义务在法律中予以明确，有效解决税收检查中难以获取第三方信息的问题，打破税务机关"单打独斗"的局面，形成综合治税的长效机制。

（四）更全面地保护纳税人合法权益

对税收检查权的加强，并不等于对纳税人合法权益的忽视。相反，越是强化税收权力，就越需要在税收立法和执法程序的设计上尊重纳税人的合法权益。结合目前我国税务稽查工作已经形成的立案、实施、审理、执行四环节流程，可以考虑在实施、审理、执行环节均设立交换意见的程序，一方面能够使纳税人的知情权和陈述申辩权得到保护，增进征纳双方的理解，有利于对检查事项和政策适用形成一致认识；另一方面能够更加全面、翔实地了解和掌握涉税信息，更有利于税务机关甄别和研判案件后续调查和执行中可能面临的风险，避免执法中征纳矛盾的产生。

第六章　税收征管类案例分析

缴纳契税超过三年申请退还案

【摘要】退税制度是我国税收征管工作中一项重要制度，实际执法中，因退税产生的纳税争议日益增多。对于纳税人申请退税的情形，税务机关按照《税收征管法》规定，原则上严格把握三年内申请的规定，并未对申请退税的事实情形进行区分处理，这也是立法规定使然。然而现实中，纳税人申请退税的条件原因各不相同，特别是部分纳税人由于种种非主观过错原因造成超过三年才申请退税，此时，是否严格执行《税收征管法》第51条规定的纳税人申请退税适用三年退税期限引发了诸多争议。本案中，退税申请人刘某、沈某因双方以房抵债民事行为被法院判决无效，共同向某区地税局申请退还所缴纳的营业税、契税，区地税局认为超过三年的退税期限，未予批准。申请人认为本案情形不适用三年退税期限，由此引发了涉税争议。这些税收实践中产生的争议，折射出了退税制度在立法层面需进一步完善。

一、 基本案情

2009年3月，刘某与某房地产有限公司签订《商品房预售合同》，以1465156元购买位于北京市宣武区某房屋一套（以下简称涉案房产）。该涉案房产实质上是刘某前夫在二人结婚前以刘某名义购买，并由刘某前夫负责还贷。

2010年1月，刘某与其前夫协议离婚，并在离婚协议中约定该涉案房产归男方所有，女方协助办理过户手续。但因涉案房产为期房，房产证尚未办理，故刘某与前夫暂未到税务机关和住建委办理房屋过户手续。

刘某与范某曾于 2009 年 5 月签订借款协议，协议中约定刘某向范某借款 85 万，并于规定期限内向范某偿还，但刘某在借款到期后一直未向范某偿还，范某将刘某诉至法院。2010 年 4 月，北京市海淀区人民法院（以下简称海淀法院）做出《民事调解书》确定刘某在约定时间内偿还范某 85 万元借款，如未按期还款，刘某应将涉案房产过户给范某指定的第三人。同月，因刘某未履行调解书确定的还款义务，海淀法院做出《强制执行裁定书》，将涉案房产过户给范某指定的第三人沈某。

2011 年 9 月，刘某到北京市某区地方税务局某税务所申报该涉案房产过户给沈某产生的相关税费。税务所向刘某征收了营业税、城市维护建设税、教育费附加；向沈某征收了契税（刘某代理）。

2012 年 3 月，刘某前夫发现其关于涉案房产的权益遭到侵害，遂将刘某诉至北京市西城区人民法院（以下简称西城法院）。经审理，西城法院做出《民事判决书》，判决刘某协助其前夫办理将涉案房产所有权证登记于其前夫名下的手续。

2012 年 4 月，海淀法院按照北京市第一中级人民法院指令，对刘某、范某的以房抵债案件进行再审，海淀法院判决刘某偿还范某 85 万元，并撤销了该院曾经做出的关于刘某以房抵债的《民事调解书》。刘某、沈某的房产过户事宜因该房产权属转移的法律文书被撤销，遂失去法律依据。

2016 年 12 月，刘某、沈某向北京市某区地方税务局某税务所提出退税申请。该地税局因申请人申请退税时距结算缴纳税款之日已经超过了三年，根据《税收征管法》第 51 条规定①做出不予退税决定，向刘某、沈某分别送达了《税务事项通知书》。

2017 年 1 月，刘某、沈某分别向北京市地税局提出复议申请，要求复议机关责令被申请人退回申请人缴纳的相关税费。北京市地税局依法予以受理后，在复议办理过程中发现本案中纳税人申请退税是因以房抵债的民事调解

---

① 《税收征管法》第 51 条：纳税人超过应纳税额缴纳的税款，税务机关发现后应当立即退还；纳税人自结算缴纳税款之日起三年内发现的，可以向税务机关要求退还多缴的税款并加算银行同期存款利息，税务机关及时查实后应当立即退还；涉及从国库中退库的，依照法律、行政法规有关国库管理的规定退还。

被法院撤销，刘某、沈某围绕涉税房产的权属转移行为没有了法律依据，与纳税人多缴纳税款申请退税的一般情况有所不同。为此，北京市地税局召开了行政复议委员会会议，会上，委员意见存在较大分歧和争议：有部分委员认为以房抵债的民事调解被法院撤销，应税行为事实基础不存在，应当予以退税；有部分委员认为以超过《税收征管法》规定的三年退税期限，不应予以退税。因此，北京市地税局就该案的情况向税务总局进行了汇报，并就退税政策适用问题进行了请示，税务总局答复："请示所涉纳税人申请退税事项应当严格遵守征管法的规定，北京市地税局可依职权根据案件实际情况自行判断处理。"北京地税局最终做出了维持某区地税局不予退税的决定。

刘某、沈某对某区地税局不予退税行为和北京市地税局的复议决定不服，分别向西城区人民法院提起了行政诉讼，要求撤销复议决定，同时由该区地税局为其办理退税。目前该案正在审理中。

二、 争议焦点

本案争议的焦点问题主要有以下两个：

第一，刘某、沈某之间以房抵债的合同无效后，其依据该合同所缴纳的税款性质如何界定？

第二，对于刘某、沈某提出的退税申请，是否适用《税收征管法》第51条关于退税的规定？

三、 法理评析

（一）刘某、沈某之间以房抵债的合同无效后，其依据该合同所缴纳的税款性质如何界定？

本案中涉税交易的房屋实际为刘某的前夫在结婚前以刘某的名义购买，实际购买人为刘某前夫，且二人协议离婚时已约定该房屋为刘某前夫所有。刘某以该房屋抵债属于无权处分的行为，因所有权人不承认该处置行为，该行为无效。① 2012 年 4 月，海淀法院再审时，撤销了该院曾经做出的刘某以房抵债的民事调解书。根据《中华人民共和国合同法》（以下简称《合同法》）第 56 条②的规定，无效的合同或者被撤销的合同自始没有法律约束力。该撤销判决生效之时意味着刘某和沈某之间以房抵债的行为自始不发生效力，对于依据该无效行为而缴纳的税款如何定性，学界对此有着不同的理解，亦将对案件产生不同影响。

1. 定性为不当得利的分析

根据《中华人民共和国民法通则》（以下简称《民法通则》）第 92 条③的规定，由于刘某和沈某之间以房抵债的行为无效，税务机关对其已征收的税款不再具有合法的依据，构成不当得利，此时，根据《中华人民共和国民法总则》（以下简称《民法总则》）第 118 条规定，④ 因税务机关取得不当得利，纳税人与税务机关之间形成债权债务关系，纳税人对不当得利有返还请求权。对于纳税人的上述权利，许多国家和地区的税收法律都有明文规定⑤。虽然在我国不当得利属于私法概念，税收征管属于公法范畴，但是，为了更好地处理纷繁复杂的涉税经济事务，税务机关不应当受行政法、税法等公法局限，

---

① 无权处分，是指行为人没有处分权，却以自己的名义实施的对他人财产的法律上的处分行为。《合同法》第 51 条规定："无处分权的人处分他人财产，经权利人追认或者无处分权的人订立合同后取得处分权的，该合同有效。"

②《合同法》第 56 条规定："无效的合同或者被撤销的合同自始没有法律约束力。合同部分无效，不影响其他部分效力的，其他部分仍然有效。"

③《民法通则》第 92 条规定："没有合法根据，取得不当利益，造成他人损失的，应当将取得的不当利益返还受损失的人。"

④《中华人民共和国民法总则》第 118 条："民事主体依法享有债权。债权是因合同、侵权行为、无因管理、不当得利以及法律的其他规定，权利人请求特定义务人为或者不为一定行为的权利。"

⑤ 日本《国税通则法》规定："国税局长、税务署长以及海关关长，在有还付金及与国税有关的超纳或误纳金时，应不得迟延，给以资金还付。"日本《地方税法》也规定："地方政府的负责人，在有属地方政府内的超纳或误纳金的征收时，应不得迟延予以还付。"《德国租税通则》规定："无法律原因而缴纳或返还租税、租税退给、担保责任金额或租税附带给付时，为其计算而为给付之人，得向受领给付之人请求退还所缴纳或返还之金额。缴纳或返还之法律原因嗣后不存在者，亦同。"

而可以尝试适当援引私法理念。①

值得一提的是，根据《民法通则》第 135 条②的规定，本案申请人从 2012 年 4 月以房抵债合同被撤销到 2016 年 12 月提出退税请求，虽然已经超过了不当得利返还请求权的诉讼时效，但这也仅仅表明申请人丧失了胜诉权，申请人仍然可以向法院提起诉讼请求。税务机关作为公权力的代表，为了维护行政机关的公信力，应当据实返还。但是，由于本案中刘某明知没有房屋所有权依然将该房抵债，主观上存在恶意，因此，税务机关仅需退还已征收的税款，不包括入库税款所产生的利息。③

2. 定性为税款的分析

从行政法角度，2011 年刘某、沈某因双方发生房屋产权交易行为，按照税法规定产生了缴纳税款的义务，此时，其向税务机关缴纳的税款在属性上应认定为税款明确无误。同时，税务机关征收纳税人的税款，无论是从产生纳税义务的事实还是从法律依据上分析，都属于正常履行税款征收职责，并无不当。因此，刘某、沈某缴纳的该笔税款从缴纳之初就属于税款性质，其后不论因何种原因产生了税务机关应退还的事实，都不能对其税款的属性做出变更。基于此，纳税人能否向税务机关申请退还税款，应从税法角度进行分析。本案中，刘某、沈某的产权交易行为因被法院撤销而无效，因缴纳税款的事实基础灭失，刘某缴纳的营业税、沈某缴纳的契税由当初计算正确缴纳的税款变为了多缴纳的税款，对于多缴纳的税款，纳税人有依照税法规定

---

① 有学者认为，民法规范进入税法领域不可改变，也为立法实践所验证。民法和税法的"模糊地带"以及民法规范的"自治"与"管制"特质为民法规范进入税法提供了制度空间。出于私法自治的底线考虑，税法应重点引入民法中的授权一方当事人规范、授权特定第三人规范和半强制规范，同时，吸纳任意性规范和强制性规范蕴含的立法思想和"管制"资源。从当前的税收立法看，民法规范进入税法领域更适合采取设定技术，但从公法与私法"接轨"的角度审视，导引技术无疑占优，可以将其作为一种远景技术。不管何种立法技术，通过"民法规范进入税法领域"实现公法与私法的"接轨"，直接考量立法者的立法技术和立法道德。参见叶金育、熊伟：《民法规范进入税法的立法路径——公法与私法"接轨"的规范配置技术》，载《江西财经大学学报》2013 年第 4 期。

②《民法通则》第 135 条规定："向人民法院请求保护民事权利的诉讼时效期间为二年，法律另有规定的除外。"《民法总则》将该期限改为三年。

③《最高人民法院关于贯彻执行〈中华人民共和国民法通则〉若干问题的意见（试行）》第 131 条规定："返还的不当利益，应当包括原物和原物所生的孳息。利用不当得利所取得的其他利益扣除劳务管理费用后，应当予以收缴。"

取得退还税款的权利。对此，有权机关考量了具体情形，在《税收征管法》第51条规定框架下，对房屋产权交易环节契税的退税做出了规定。比如，《国家税务总局关于无效产权转移征收契税的批复》（国税函〔2008〕438号）规定，[1] 对经法院判决的无效产权转移行为不征收契税，对法院判决撤销房屋所有权证后，已纳契税款应予退还。再比如，《财政部 国家税务总局关于购房人办理退房有关契税问题的通知》（财税〔2011〕32号）规定，对已缴纳契税的购房单位和个人，在未办理房屋权属变更登记前退房的，退还已纳契税；在办理房屋权属变更登记后退房的，不予退还已纳契税。以上两项规定均是对契税退税做出的专项规定，主要是考虑到契税特点，契税虽然属于行为税，但其纳税义务的产生条件，不仅与交易双方签订契约的行为有关，还与物权转移结果密切相关。因此，如房屋交易双方的交易行为被法院判决无效、撤销，尽管契税应税行为已经发生，但因物权的无效转移而使得对该行为征收契税失去依据，故规定予以退税；如交易双方在房屋产权发生变更前解除合同，因物权并未转移，也使征收契税失去依据，应当退税，但在物权转移后解除合同的，相当于双方签订重新转移物权的新契约，不能退税。但纳税人依上述规定申请退税，仍然都需要遵守《税收征管法》中的三年退税期限规定。

（二）对于刘某、沈某缴纳的税款，是否适用《税收征管法》第51条关于退税的规定[2]？

《税收征管法》第51条的规定实际上针对退税设定了两个制度，一是纳税人申请退税制度，另一个是税务机关主动退税制度。纳税人申请退税制度要求在三年之内发现，税务机关主动退税制度则不受时间限制。

根据立法的本意，上述两个退税制度是相辅相成的关系。在税务机关严格依法征税和充分保护纳税人权利的前提下，税务机关会依法核查纳税人是

---

[1]《国家税务总局关于无效产权转移征收契税的批复》（国税函〔2008〕438号）批复内容：按照现行契税政策规定，对经法院判决的无效产权转移行为不征收契税。法院判决撤销房屋所有权证后，已纳契税款应予退还。

[2] 此焦点问题的前提是将刘某、沈某以房抵债合同无效后，其依据该合同所缴纳的税款性质不变，仍为税款。若依前文分析，将此种情形下缴纳税款定性为不当得利，则无须适用《税收征管法》第51条。

否存在多缴税款的情况。一旦发现多征税款，则会立即予以主动退还。在这种情形下，实际上并不需要再设计纳税人申请退税的制度。那么，为什么《税收征管法》还同时设置了纳税人申请退税的制度呢？原因在于现实工作中确实存在税务机关难于主动发现纳税人多纳税款的实际情况。如果税务机关没有主动发现，纳税人可以通过申请启动退税程序，督促税务机关依法征税、依法退税。

1. 对纳税人自行申请退税的分析

本案中，刘某和沈某提出的退税申请是否可以适用纳税人申请退税制度呢？前述已经分析过，按照执法机关的观点，不论二人缴纳的税款是基于何种事实产生应予退还的原因，其税款的属性始终不能改变，因此税务机关和纳税人皆应按照税法有关退税的规定办理退税。我国税法中对于退税的规定，除上述提及的房屋交易环节契税退税规定外，主要依据就是《税收征管法》第51条，因该条款属于法律规定，其在效力上当然高于其他税收规范性文件，因此我国的退税制度文件依据总体上应理解为：税收规章、规范性文件中有专门退税规定的依该规定，没有专门退税规定的依《税收征管法》第51条规定，当专门规定对退税中的某些事项未明确时，则这些事项应遵循《税收征管法》的相关规定。综上所述，本案中刘某、沈某申请税务机关退税，在营业税退税上应依照《税收征管法》退税规定，在契税退税上应将契税退税有关规定和《税收征管法》退税规定二者相结合办理。

对于本案情况，无论是从契税退税相关规定考虑，还是从《税收征管法》的退税规定考虑，刘某、沈某实际上构成了多缴纳营业税、契税的事实，属于税务机关退税的范围。但是，本案是由纳税人申请退税，而《税收征管法》第51条对纳税人申请退税制度设定了时间限制，即纳税人自结算缴纳税款之日起三年内发现的，可以向税务机关要求退还多缴的税款。可见，立法者在退税基本规定中设定了三年的退税时限，不论纳税人申请退税的原因如何，也不论其他规范性文件对退税有何规定，纳税人申请退税均应以该法律规定中的时限为准。故本案申请退税的焦点问题在于纳税人是否超过了三年的申请期限，进而需要进一步探讨该三年期限的规定应如何理解，而不同的理解又会对纳税人申请退税产生何种影响。

（1）关于对三年退税期限性质分析

　　三年退税期限的规定属于税收法律中规范纳税人权利的一种期限规定，但对该期限的性质，立法机关并未明确说明。对于该期限的性质一般有两种理解，一种理解是该期限属于除斥期间。① 另一种理解是该期限属于时效期间。②

　　①关于对除斥期间的理解。除斥期间主要应用于民法规则当中，一般用于规范民事主体请求司法机关撤销一定行为的实体权利期限。除斥期间的主要特点在于：一是除斥期间届满使权利人的实体权利灭失；二是除斥期间从权利成立时起算，期间不变，不能适用中止、③ 中断④的规定。因此，当权利主体超过该期间行使权力的，其实体权利灭失。比如，《民法总则》中规定了对于权利人因重大误解、受到欺诈手段、胁迫手段等原因实施的民事法律行为，权利人有权请求人民法院或者仲裁机构予以撤销。⑤ 最高人民法院《关于贯彻执行〈中华人民共和国民法通则〉若干问题的意见（试行）》第73条第2款规定，可撤销的民事行为，自行为成立时起超过一年当事人才请求撤销的，人民法院不予保护。本案中，如将申请退税的三年期限理解为除斥期间，则该三年退税期限在适用上应遵循以下原则：一是纳税人申请的期限是从多缴纳税款的事实发生之日起计算，并不考虑纳税人实际是否知情等其他因素；二是纳税人超过该期限申请退税的，则其获得退税的实体权利灭失，即无论基于何种原因，只要超过三年，就不予退税。

　　②关于对时效期间的理解。时效期间是指民事诉讼时效期间，《民法总

---

　　① 除斥期间是指法律规定的某种权利存在的预定期间。除斥期间届满，实体权利即消灭。

　　② 时效期间是指由民法规定的，适用于民事法律关系的诉讼时效期间。

　　③ 时效中止，即诉讼时效中止，是指在诉讼时效进行期间，因发生法定事由阻碍权利人行使请求权，诉讼依法暂时停止进行，并在法定事由消失之日起继续进行的情况，又称为时效的暂停。

　　④ 时效中断，即诉讼时效中断，是指在诉讼时效期间进行中，因发生一定的法定事由，致使已经经过的时效期间统归无效，待时效中断的事由消除后，诉讼时效期间重新计算。

　　⑤《中华人民共和国民法总则》第147条：基于重大误解实施的民事法律行为，行为人有权请求人民法院或者仲裁机构予以撤销。第148条：一方以欺诈手段，使对方在违背真实意思的情况下实施的民事法律行为，受欺诈方有权请求人民法院或者仲裁机构予以撤销。第149条：第三人实施欺诈行为，使一方在违背真实意思的情况下实施的民事法律行为，对方知道或者应当知道该欺诈行为的，受欺诈方有权请求人民法院或者仲裁机构予以撤销。第150条：一方或者第三人以胁迫手段，使对方在违背真实意思的情况下实施的民事法律行为，受胁迫方有权请求人民法院或者仲裁机构予以撤销。

则》第 188 条规定，① 向人民法院请求保护民事权利的诉讼时效期间为三年，这里规定的三年就是法律规定的诉讼时效期间。诉讼时效期间主要有以下特点：一是时效期间届满后权利人的实体权利并不消灭，债务人自愿履行的也受法律保护；二是时效期间的起算以权利人知道或者应当知道权利被侵害时计算，而且其可以适用中止、中断的规定。本案中，如将三年退税期限理解为时效期间，则该三年退税期限在适用上应遵循以下原则：一是当三年退税期限届满后，纳税人仅丧失申请退税的权利，但不丧失获取退税的权利，税务机关如果主动退税，纳税人取得退税的行为有效；二是该三年期限应当从纳税人知道自己多缴纳税款之日起算，而不是从结算缴纳税款之日起算，同时，纳税人的每一次退税申请都适用时效中止、中断的规定。

综上所述，从实践中看，税务机关在办理纳税人申请退税事项时，对三年退税期限一般是比照除斥期间的特点来进行理解和把握的，对于纳税人自结算缴纳税款之日起，超过三年申请退税的，不论申请人是何时发现多缴税款的事实，均不予退税。但是，这里又存在一个问题，即纳税人超过三年未向税务机关申请退税，在纳税人丧失申请退税的权利后，当税务机关主动发现纳税人多缴纳税款的事实是否能够主动退税呢？按照《税收征管法》规定显然是可以的，在此种情况下纳税人并未丧失获取税务机关主动退税的权利，单从这一点看三年退税期限又符合时效期间的特点。这不得不说是立法中的缺陷，使税务机关处理退税事项在执行口径的理解上比较模糊，并不能令申请人完全信服。

（2）关于对"三年内发现"的理解

目前，一些纳税人、部分法院对《税收征管法》第 51 条的规定还有一些不同理解。认为"纳税人自结算缴纳税款之日起三年内发现"可以申请退税，这里仅仅提到了"发现"多交税款的时间是"三年"，对于提出申请的期限则没有明确限制。因此，有观点认为对于刘某、沈某的退税申请可以有条件地适用该制度。如果纳税人能够证明从税款结缴之日起三年内确实已经发现多缴税款，但是由于客观条件限制无法提出申请的，可以适用本条款。针对本案，如果刘某、沈某能够提供证据证明他们自 2011 年 9 月到税务所缴纳税

---

① 《中华人民共和国民法总则》第 188 条第 1 款：向人民法院请求保护民事权利的诉讼时效期间为三年。法律另有规定的，依照其规定。

款之日起三年内已经发现多缴税款，但是由于客观原因无法行使权利，税务机关可以予以退税。但我们认为此种理解并非立法者原意，从规范权利人权利时效的角度看，不论是除斥期间还是时效期间，在立法上都明确规定了期间的范围，并且对该期间的起始条件均做出明确的法律规定，对于因特殊事项的阻却也规定了权利行使的最长期限。① 如果纳税人三年内发现后可在任何时间内提出退税申请，则纳税人申请退税的期限实际上被无限延长了，使税务机关的退税事项处于长期不确定状态，在税法没有对此明确解释的情况下，如此理解退税时限未免太过偏颇，不利于税收征管。

2. 对税务机关主动退税的分析

税务机关主动退税制度实际上是实质课税原则的具体运用。在无法律明确规定的情况下，课税的前提应该以实际情况为准，尤其应当根据其经济目的和经济生活的实质进行合理征税。本案中随着申请人之间以房抵债行为被撤销，税务机关课税的基础已经丧失，应当退还已征收的税款。

从立法原意出发，税务机关主动退税应当是税务机关在履行职责过程中，对于发现的纳税人多缴纳税款情况予以退还。关于是否可以将税务机关发现多征税款的方式理解为既可以通过自查主动发现，也可以经由纳税人提醒后核查被动发现的问题，税法实务界和理论界还存在争议。持否定态度的还占有相当比例，其主要原因在于，上述扩大解释会导致对纳税人申请退税时间限制的规定变成一纸空文，有违立法原意，税务机关将始终处于被动地位，税款也难以稳定。但在税法设计的退税制度存在缺陷的情形下，上述扩大解释的确可以解决一些实际问题。

当然，扩大解释也并非没有任何理论依据。《税收征管法》第51条规定："纳税人超过应纳税额缴纳的税款，税务机关发现后应当立即退还……"这一条既是对纳税人退税权的规定，也是规范税务机关征管工作的规定。也就是说，对于税务机关在征管工作中发现纳税人多纳税款的情形，应当及时为纳税人办理退税。《税收征管法》第13条规定："任何单位和个人都有权检举违反税收法律、行政法规的行为。"也就是说，任何单位和个人均可以就某纳税

---

① 《中华人民共和国民法总则》第188条第2款：诉讼时效期间自权利人知道或者应当知道权利受到损害以及义务人之日起计算。法律另有规定的，依照其规定。但是自权利受到损害之日起超过二十年的，人民法院不予保护；有特殊情况的，人民法院可以根据权利人的申请决定延长。

人少纳税款的情形向税务机关举报，税务机关接到举报后应当依法查处。同样，任何单位和个人也可以就某纳税人多纳税款的情形向税务机关举报（或报告），税务机关接到举报（或报告）后也应当依法查处。当然，由于纳税人是最能够及时发现自己是否多纳税款的利益主体，因此，该项举报完全可以由纳税人本人来完成。纳税人向税务机关申请退税，完全可以视为纳税人向税务机关举报（或报告）存在纳税人多纳税款的情形。如从此层面理解，即使纳税人的退税申请期限已经届满，税务机关仍可以就该纳税人是否多纳税款进行核查，一旦发现纳税人多纳税款，仍可依据《税收征管法》第51条的规定无期限限制地将多纳税款退还给纳税人。

当然，对这种观点，反对者提出的最有力的质疑就是如果这样来解释法条，《税收征管法》第51条规定的纳税人申请退税的三年期限就毫无意义，而立法者是不可能规定毫无意义的制度的。

实际上，我们应当看到《税收征管法》第51条设计的制度本身就是双重保险制度，即为了确保纳税人实现退税权而设计了两个制度。两个制度中，只要有一个制度能够合理运作，都足以确保纳税人退税权的实现。例如，如果税务机关能够及时主动去发现，就不需要纳税人申请退税的制度，而如果纳税人能够在三年内及时申请退税，同样也不需要再设计税务机关主动发现的制度。① 正因为《税收征管法》第51条为确保纳税人的退税权设计了双重保险制度，才会导致上述分析中的各种质疑。当然，《税收征管法》第51条设计的两个退税制度并非完全一致，二者也有重要差异。税务机关主动退税不需要退还利息，但没有期限限制；纳税人申请退税有期限限制，但可以要求退还利息。《税收征管法》第51条设计的指导思想应当是实事求是，既要保障纳税人的合法权益，也要保证国家税收工作的良好运转，法条内容既要意思明确，又要体现公平合理，这样才能在退税工作中有效平衡征纳双方利益。

---

① 《中华人民共和国税收征收管理法修订草案（征求意见稿）》第85条规定："纳税人超过应纳税额缴纳的税款，自结算缴纳税款之日起五年内可以向税务机关要求退还多缴的税款并加算银行同期存款利息，税务机关及时查实后应当立即退还。"这一修改一方面解决了现行《税收征管法》第51条设计双重制度的问题，另一方面将纳税人申请退税的时间延长为5年，以此来解决现实生活中的大量超期申请退税的问题。但这种修改方案将税务机关直接退税制度删除一方面不利于税务机关树立全面依法征税（不少征也不多征）的理念，另一方面也无法解决纳税人超过5年无法获得退税的问题。

四、 处理结果

刘某、沈某对某区地税局不予退税行为和北京市地税局的复议决定不服，分别向西城区人民法院提起了行政诉讼，要求撤销复议决定，同时由该区地税局为其办理退税。法院已立案受理，该诉讼案件正在审理中。

五、 案件点评

实践中，因房产交易产生的涉税争议呈现多样化、复杂化的趋势，与之相对应，我国退税制度规定较为笼统，缺乏可操作性与灵活性，正是法律滞后于现实的实际情况，造成了税收执法的困扰。为了构建良好的税收秩序，更好地保护纳税人的权利，我们认为应当对现有的制度进一步完善。

一是针对纳税人申请退税制度，可以借鉴民法中诉讼时效①、除斥期间的相关规定，纳税人退税期限的起算点也应当从纳税人可以申请退税之日起算，而不能简单以纳税人的税款缴纳入库之日开始计算。将《税收征管法》第51条中"纳税人自结算缴纳税款之日起三年内发现的"修改为"纳税人自知道或者应当知道其缴纳的税款超过应纳税额之日起三年内"。

二是针对税务机关主动退税制度，在严格依法征税的前提下，为了维护良好的征税秩序，保证税款的稳定状态，对"税务机关发现"多征税款的方式进行限制性解释，进一步明确限定为税务机关主动发现的情形。

三是为了更好地处理税收争议，可以借鉴已有的立法实践——如借鉴私法债权保障制度而引入的税收代位权制度、税收撤销权制度、税收优先权制度以及纳税担保制度等，在《税收征管法》中援引"不当得利"这一私法概念，使其具有一定的公法属性，这将不仅是对退税制度建构的重大突破，而且还是保障国家税款和保护纳税人合法权益的重要举措。

---

①《民法通则》第137条规定："诉讼时效期间从知道或者应当知道权利被侵害时起计算。"

等待税收优惠期间缓缴税款形成的滞纳金减免案

【摘要】 税收滞纳金是税务机关向滞纳税款的纳税人处以增加的金钱给付义务。如果纳税人并非出于主观过错，而是基于对行政机关税收优惠批示的合理信赖，出现迟延纳税情况，相关滞纳金能否豁免，法律中并未予以规定。但从提高政府公信力、保护纳税人权利角度，纳税人的信赖利益应当受到保护。本案中，北京某股份有限公司为改善首都环境、启动搬迁调整工作后，在等待有关部门批复、享受"即征即返"① 政策期间（2004 年至 2006 年），未按规定申报缴纳企业所得税。北京市地方税务局经研究认为，该股份公司在优惠政策制定前不能享受税收优惠，所形成的欠税应当予以追缴，但从税收滞纳金性质及信赖利益保护方面看，该公司符合滞纳金免于追缴的条件。经北京市政府批示同意后，北京市地方税务局向该公司发函，告知其免于追缴滞纳金的意见，同时通知该企业主管税务机关办理后续税款入库手续。北京市地方税务局对高额滞纳金的免于追缴是对滞纳金管理的一种创新尝试。同时本案高额滞纳金的形成也暴露出了我国滞纳金制度存在的问题：一是税收滞纳金征收比率较高；二是我国税法中滞纳金减免情形过窄；三是税收滞纳金缺乏上限规定。通过修订《税收征管法》可探索建立更加完善的税收滞纳金制度。

一、 基本案情

北京某股份有限公司（以下简称某股份公司）为改善首都环境，与其总公司所属北京地区其他 17 户企业，于 2003 年启动搬迁调整工作，同时该公司总公司向北京市政府提出申请，请求批准集团相关企业自 2004 年至 2010 年新厂建设期间享受税收返还等优惠政策。北京市政府 2004 年即以文件同意该集团相关企业在新厂建设期间就特定业务收入上缴的所得税"即征即返"并上报某部委。某部委以文件批复北京市政府，关于某集团相关企业搬迁的

---

① 即征即返是由税务机关先足额征收税款，再将已征的全部或部分税款退还给纳税人。

税收政策支持请北京市按程序报有关部门，其将会同有关部门提出意见和具体实施方案报国务院审批。2007 年，财政部、国家税务总局下发通知，明确对某股份公司总公司所属北京地区 18 户企业 2006 年至 2009 年应缴纳并实际入库的增值税和企业所得税税款全部返还给该总公司，专项用于解决该总公司因项目投资以及企业搬迁带来的安置职工、支付离退休人员费用等政策性资金缺口。该总公司控股的某股份公司在等待有关部门批复、享受"即征即返"政策期间（2004 年至 2006 年），形成企业所得税欠税 1 089 557 534.54 元。

经税务机关催缴，某股份公司通过各种渠道积极筹措资金，于 2008 年 12 月 29 日将欠缴的企业所得税税款 1 089 557 534.54 元缴纳入库，但未缴纳该笔欠税相应的滞纳金 686 372 923.58 元。

二、 争议焦点

本案争议的焦点问题有以下两个：

第一，造成某股份公司欠缴税款的滞纳金畸高的责任主体是谁？

第二，相应的滞纳金能否减免？

三、 法理评析

（一）造成某股份公司欠缴税款的滞纳金畸高的责任主体

本案中，某股份公司欠缴税款的滞纳金从 2004 年起的每年企业所得税缴纳期限届满次日（每年 6 月 1 日）起至实际缴纳企业所得税之日（2008 年 12 月 29 日）止，共计 686 372 923.58 元。对于本案中滞纳金金额畸高的责任主体有两种观点：

第一种观点认为某股份公司为责任主体。《中华人民共和国税收征收管理法》（以下简称《税收征管法》）规定，纳税人未按照规定期限缴纳税款的，税务机关从滞纳税款之日起，按日加收滞纳税款万分之五的滞纳金。本案中，某股份公司自 2004 年企业所得税纳税期限届满起至 2008 年企业所得税入库之日，未按照规定期限缴纳税款，且纳税人于 2004 年向税务机关申请的"即征即返"系需经税务机关同意后方可享受的特定减免优惠，而本案中税务机关在 2007 年之前未审批同意该股份公司的税收优惠申请，因此该纳税人在

2004 年至 2008 年期间为企业所得税纳税人，具有企业所得税纳税义务，滞纳税款造成的高额滞纳金系纳税人缺乏依法纳税意识，税法遵从度较低造成的，因此造成滞纳金畸高的责任主体系该股份公司。

第二种观点认为相关行政主体是责任主体。本案中，某股份公司所属集团为改善首都环境，依照行政命令，启动搬迁改造工作，此搬迁改造行为的本质是政策性搬迁，在税法实体上已具备享受税收优惠政策的要件，且北京市政府于 2004 年即以文件同意新厂建设期间特定业务上缴的所得税享受"即征即返"的税收优惠政策，即行政主体已原则审批同意企业可以享受税收优惠政策，且已以文件形式使行政相对人某股份公司知悉该审批结果，因此在 2004 至 2007 年期间纳税人未缴税款的原因是为等待行政主体做出税收优惠政策批复，在此期间形成的滞纳金是由于行政主体多层级跨部门内部审批的时限过长造成的，因此滞纳金畸高的责任主体应为行政主体。

（二）纳税人是承担税法责任的第一主体

根据《税收征管法》第 4 条的规定，① 纳税人是承担税法责任的第一主体，必须根据税收法律、行政法规的规定承担相应的纳税义务以及相应的法律责任。因此，无论其他主体是否对其欠缴税款负有责任，作为税务机关都应先追究纳税人的责任。②

税收优惠是为了配合国家在一定时期的政治、经济和社会发展总目标，政府利用税收制度，按预定目的，在税收方面相应采取的激励和照顾措施，以减轻某些纳税人应履行的纳税义务来补贴纳税人的某些活动或相应的纳税人。③ 税收优惠是国家干预经济的重要手段之一。纳税人享受税收优惠应当具

---

① 《税收征管法》第 4 条规定："法律、行政法规规定负有纳税义务的单位和个人为纳税人。法律、行政法规规定负有代扣代缴、代收代缴税款义务的单位和个人为扣缴义务人。纳税人、扣缴义务人必须依照法律、行政法规的规定缴纳税款、代扣代缴、代收代缴税款。"

② 如果将税收视为纳税人与国家之间的债权债务关系，则可以参考私法之债中有关因第三人的责任导致债务人违约的相关制度。《合同法》第 121 条规定："当事人一方因第三人的原因造成违约的，应当向对方承担违约责任。当事人一方和第三人之间的纠纷，依照法律规定或者按照约定解决。"由此可见，即使因第三人的原因导致纳税人欠缴税款，也应当由纳税人承担欠缴税款的法律责任，纳税人承担责任后可以再向第三人追偿或者要求第三人补偿。

③ 《税收减免管理办法》第 2 条规定："本办法所称的减免税是指国家对特定纳税人或征税对象，给予减轻或者免除税收负担的一种税收优惠措施，包括税基式减免、税率式减免和税额式减免三类。不包括出口退税和财政部门办理的减免税。"

备实体条件和程序条件。如果纳税人认为自己可以依法享受税收优惠，可以根据税收法律、行政法规的规定依法申请减免税，但无权自行决定减免税。①

根据《税收减免管理办法》（国家税务总局公告 2015 年第 43 号）的规定，减免税分为核准类减免税和备案类减免税。核准类减免税是指法律、法规规定应由税务机关核准的减免税项目；备案类减免税是指不需要税务机关核准的减免税项目。纳税人享受核准类减免税，应当提交核准材料，提出申请，经依法具有批准权限的税务机关按规定核准确认后执行。未按规定申请或虽申请但未经有批准权限的税务机关核准确认的，纳税人不得享受减免税。纳税人享受备案类减免税，应当具备相应的减免税资质，并履行规定的备案手续。纳税人依法可以享受减免税待遇，但是未享受而多缴税款的，纳税人可以在《税收征管法》规定的期限内申请减免税，要求退还多缴的税款。纳税人实际经营情况不符合减免税规定条件的或者采用欺骗手段获取减免税的、享受减免税条件发生变化未及时向税务机关报告的，以及未按照规定履行相关程序自行减免税的，税务机关依照《税收征管法》有关规定予以处理。②

由此可见，在纳税人未按照规定履行相关手续之前，纳税人尚不具备享

---

① 《税收征管法》第 33 条规定："税人可以依照法律、行政法规的规定书面申请减税、免税。减税、免税的申请须经法律、行政法规规定的减税、免税审查批准机关审批。地方各级人民政府、各级人民政府主管部门、单位和个人违反法律、行政法规规定，擅自做出的减税、免税决定无效，税务机关不得执行，并向上级税务机关报告。"

② 《税收减免管理办法（试行）》（国税发〔2005〕129 号）第 4 条规定："减免税分为报批类减免税和备案类减免税。报批类减免税是指应由税务机关审批的减免税项目；备案类减免税是指取消审批手续的减免税项目和不需税务机关审批的减免税项目。"第 5 条规定："纳税人享受报批类减免税，应提交相应资料，提出申请，经按本办法规定具有审批权限的税务机关（以下简称有权税务机关）审批确认后执行。未按规定申请或虽申请但未经有权税务机关审批确认的，纳税人不得享受减免税。纳税人享受备案类减免税，应提请备案，经税务机关登记备案后，自登记备案之日起执行。纳税人未按规定备案的，一律不得减免税。"第 7 条规定："纳税人依法可以享受减免税待遇，但未享受而多缴税款的，凡属于无明确规定需经税务机关审批或没有规定申请期限的，纳税人可以在税收征管法第五十一条规定的期限内申请减免税，要求退还多缴的税款，但不加算银行同期存款利息。"第 8 条规定："减免税审批机关由税收法律、法规、规章设定。凡规定应由国家税务总局审批的，经由各省、自治区、直辖市和计划单列市税务机关上报国家税务总局；凡规定应由省级税务机关及省级以下税务机关审批的，由各省级税务机关审批或确定审批权限，原则上由纳税人所在地的县（区）税务机关审批；对减免税金额较大或减免税条件复杂的项目，各省、自治区、直辖市和计划单列市税务机关可根据效能与便民、监督与责任的原则适当划分审批权限。各级税务机关应按照规定的权限和程序进行减免税审批，禁止越权和违规审批减免税。"

受税收优惠的全部条件，尚不能享受相关税收优惠。本案中，某股份公司在相关政府部门审批税收优惠政策期间尚不能享受相关税收优惠，应当依法履行纳税义务。纳税人未依法履行相关纳税义务，应当承担欠缴税款所带来的法律后果。

除此以外，如果某股份公司依法纳税有困难，还可以依法申请延期缴纳税款。《税收征管法》第31条规定："纳税人、扣缴义务人按照法律、行政法规规定或者税务机关依照法律、行政法规的规定确定的期限，缴纳或者解缴税款。纳税人因有特殊困难，不能按期缴纳税款的，经省、自治区、直辖市国家税务局、地方税务局批准，可以延期缴纳税款，但是最长不得超过三个月。"① 本案中的某股份公司并不存在纳税困难的情形，不符合申请延期缴纳税款的条件。

（三）相关滞纳金是否可以减免

对于某股份公司欠缴的 686 372 923.58 元滞纳金是否可以减免有以下两种观点：

第一种观点是该股份公司不满足《税收征管法》中规定的滞纳金减免情形，因此不得减免滞纳金。《税收征管法》第52条规定：因税务机关责任，致使纳税人未缴或者少缴税款的，税务机关在3年内要求纳税人补缴税款，但是不得加收滞纳金。《中华人民共和国税收征收管理法实施细则》第42条明确了不加收滞纳金的原则：经省级税务机关批准延期纳税的，在批准的期限内不加收滞纳金。而本案中该股份公司未按法定期限缴纳税款的情形不符合《税收征管法》及其实施细则规定的不予加收滞纳金的法定情形，因此该股份公司应足额缴纳滞纳金，不得减免。

---

① 《中华人民共和国税收征收管理法实施细则》第41条规定："纳税人有下列情形之一的，属于税收征管法第三十一条所称特殊困难：（一）因不可抗力，导致纳税人发生较大损失，正常生产经营活动受到较大影响的；（二）当期货币资金在扣除应付职工工资、社会保险费后，不足以缴纳税款的。计划单列市国家税务局、地方税务局可以参照税收征管法第三十一条第二款的批准权限，审批纳税人延期缴纳税款。"第42条规定："纳税人需要延期缴纳税款的，应当在缴纳税款期限届满前提出申请，并报送下列材料：申请延期缴纳税款报告，当期货币资金余额情况及所有银行存款账户的对账单，资产负债表，应付职工工资和社会保险费等税务机关要求提供的支出预算。税务机关应当自收到申请延期缴纳税款报告之日起20日内做出批准或者不予批准的决定；不予批准的，从缴纳税款期限届满之日起加收滞纳金。"

第二种观点从税收滞纳金的法律性质剖析，认为该股份公司欠缴的滞纳金不符合设定税收滞纳金的立法意图，因此应予以免除或免于追缴。税收滞纳金的法律性质同时具有经济补偿和行政强制执行中的执行罚性质。从经济补偿性质分析，本案中该股份公司欠缴税款的原因是行政主体未及时审批通过纳税人应当享有的税收优惠政策，因此其未在规定期限内缴纳税款在主观方面不存在不积极主动履行法定纳税义务、拖欠税款的过错，在客观方面未损害国家利益，因此纳税人不应当承担经济补偿的法律责任，其欠缴的滞纳金应当予以免除。从执行罚性质分析。本案中，北京市政府 2004 年即以文件同意该集团相关企业在新厂建设期间就特定业务收入上缴的所得税"即征即返"并上报某部委。后经相关部门审批，直至 2007 年，财政部、国家税务总局下发通知，明确对某股份公司总公司所属北京地区 18 户企业 2006 年至 2009 年应缴纳并实际入库的增值税和企业所得税税款全部返还给该总公司，专项用于解决该总公司因项目投资以及企业搬迁带来的安置职工、支付离退休人员费用等政策性资金缺口。换言之，当北京市政府 2004 年即以文件同意该集团相关企业在新厂建设期间就特定业务收入上缴的所得税"即征即返"时，基于信赖利益保护的原则，该企业可以预期其 2004 年至 2009 年税款应享受即征即返政策。虽然后期部委批文未准许该期间的减免，但亦非该企业主观过错造成补缴税款，对该企业即不存在执行罚的事实基础，则设立以增加新的金钱给付义务督促纳税人履行原金钱给付义务的具有执行罚性质的滞纳金亦不成立。

综上，本案中形成的滞纳金不符合经济补偿与执行罚的法律性质，应当予以免除或免于追缴。

（四）能否适用相关法律中的减免制度

《税收征管法》第 52 条第 1 款规定："因税务机关的责任，致使纳税人、扣缴义务人未缴或者少缴税款的，税务机关在三年内可以要求纳税人、扣缴义务人补缴税款，但是不得加收滞纳金。"这是《税收征管法》中涉及纳税人欠缴税款免收滞纳金的规定。本案中，税务机关对纳税人欠缴税款本身并无责任，因此，不能直接适用该条规定。但相关政府机关具有一定的责任，是否可以参照适用该条规定呢？从法律解释的角度来看，很难将这里的"税务机关"解释为"政府机关"，因此，也不能参照适用该条规定。

还有一个值得讨论的问题是，虽然税务机关对纳税人欠缴税款没有责任，但对纳税人长期欠缴税款是否承担责任？因为在发现纳税人欠缴税款之后，税务机关有义务根据《税收征管法》的相关规定责令纳税人限期缴纳税款，如果纳税人逾期仍未缴纳税款则应进一步采取税收强制执行等措施。① 如果税务机关能够及时采取税收强制执行措施，本案纳税人也不会长期欠缴税款，也就不会产生高额滞纳金了。对此，应当看到本案的特殊情况。本案纳税人主观上并没有不缴纳税款的故意，而且也不存在纳税人逃避缴纳税款的情形，国家的税收利益并未受到威胁。仅仅是因为相关政府部门正在办理减免税的审批手续，一旦审批手续下达，纳税人即可结清相关欠税。在纳税人没有逃税的主观故意且客观上国家税收利益尚未受到威胁的情形下，税务机关暂时不采取责令限期缴纳以及强制执行等措施，也是维持和谐税收征纳关系、避免不必要的退税手续以及提高征管效率的合理处理方式，不宜因此认定税务机关怠于履行职责，更不宜将产生高额滞纳金的责任归于税务机关。②

《中华人民共和国行政强制法》（以下简称《行政强制法》）第 45 条规定："行政机关依法做出金钱给付义务的行政决定，当事人逾期不履行的，行政机关可以依法加处罚款或者滞纳金。加处罚款或者滞纳金的标准应当告知当事人。加处罚款或者滞纳金的数额不得超出金钱给付义务的数额。"本案中的滞纳金数额尚未超过税款，但已经接近，如果已经超过税款，是否可以适用《行政强制法》第 45 条的规定？根据上述规定，其适用前提条件是"行政机关依法做出金钱给付义务的行政决定，当事人逾期不履行"，而税收滞纳金是《税收征管法》直接规定的，并非税务机关做出决定，纳税人逾期不履行后加收的。因此，即使本案滞纳金已经超过税款，也不能适用《行政强制法》

---

① 《税收征管法》第 40 条规定："从事生产、经营的纳税人、扣缴义务人未按照规定的期限缴纳或者解缴税款，纳税担保人未按照规定的期限缴纳所担保的税款，由税务机关责令限期缴纳，逾期仍未缴纳的，经县以上税务局（分局）局长批准，税务机关可以采取下列强制执行措施：（一）书面通知其开户银行或者其他金融机构从其存款中扣缴税款；（二）扣押、查封、依法拍卖或者变卖其价值相当于应纳税款的商品、货物或者其他财产，以拍卖或者变卖所得抵缴税款。税务机关采取强制执行措施时，对前款所列纳税人、扣缴义务人、纳税担保人未缴纳的滞纳金同时强制执行。个人及其所扶养家属维持生活必需的住房和用品，不在强制执行措施的范围之内。"

② 但在类似情形下，税务机关似乎也有必要提高税收征管与纳税服务的责任意识，及时督促纳税人缴纳税款或者建议纳税人先缴纳税款，未来再退税，以免产生高额滞纳金。实践中，部分税务机关长期不对欠税纳税人采取税收强制执行措施存在较大执法风险，已经有检察机关针对税务人员提起公诉，应引起税务机关的高度重视。

第 45 条的规定。

《中华人民共和国行政处罚法》（以下简称《行政处罚法》）第 27 条规定："当事人有下列情形之一的，应当依法从轻或者减轻行政处罚：（一）主动消除或者减轻违法行为危害后果的；（二）受他人胁迫有违法行为的；（三）配合行政机关查处违法行为有立功表现的；（四）其他依法从轻或者减轻行政处罚的。违法行为轻微并及时纠正，没有造成危害后果的，不予行政处罚。"本案是否可以按照上述有关"主动消除或者减轻违法行为危害后果"的规定从轻或者减轻处罚？是否可以依照上述有关"违法行为轻微并及时纠正，没有造成危害后果"的规定，不予行政处罚？

根据《行政处罚法》的立法目的与适用范围，所有行政处罚都适用该法。① 税收滞纳金是指针对不按纳税期限缴纳税款，按滞纳天数加收滞纳款项一定比例的金额，它是税务机关对逾期当事人给予经济制裁的一种措施。税收滞纳金具有双重属性，一是对滞纳税款利息损失的补偿，二是对纳税人违法欠缴税款的处罚。② 如果其中带有行政处罚的色彩，就可以参照适用《行政处罚法》第 27 条的规定，由于本案中的纳税人主观上并没有欠缴税款的故意，仅仅是在等待政府相关审批结果，在政府审批结果确定以后，也及时补缴了相应税款，客观上没有造成危害后果，税收滞纳金中相当于行政处罚的部分可以免于征收，但涉及税款利息的部分仍不能根据《行政处罚法》第 27 条的规定予以免收。

---

① 《行政处罚法》第 1 条规定："为了规范行政处罚的设定和实施，保障和监督行政机关有效实施行政管理，维护公共利益和社会秩序，保护公民、法人或者其他组织的合法权益，根据宪法，制定本法。"第 2 条规定："行政处罚的设定和实施，适用本法。"

② 目前学界对税收滞纳金是否具有行政处罚的色彩还存在争议，特别是 2001 年修正的《税收征管法》将税收滞纳金的加收比例从"千分之二"降低为"万分之五"以后，其行政处罚的色彩进一步降低。但不管怎样，将日万分之五（相当于年息 18.25%）仅仅解释为税收利息，还不足以服人。国际上有不少国家不规定滞纳金制度，而是规定"罚息""罚税"制度，其行政处罚的色彩就非常浓了。如《新加坡货物与劳务税法》第 62 条第 1 款规定："任何主体，如果通过下列方式故意逃税或者协助任何其他人逃税……应当被认为构成了违法行为并且应当……处以第 48 条核定的罚税，罚税的数额等于该违法行为导致或者如果没有发现该违法行为本来会导致少缴税款数额的 3 倍……"《法国税收程序法》第 L247 条规定："应纳税义务人的申请，税务机关可以给予下列优惠：（a）当纳税义务人由于经济拮据或者贫困而无法缴纳税款时，合法确定的直接税可以全部或者部分予以减免；（b）当罚税和（在必要时）加征税款不是终局裁定时，罚税或者加征的税款可以全部或者部分予以减免；（c）当罚税和（在必要时）加征税款不是终局裁定时，可以通过罚款了结，以减轻罚税或者加征的税款。"

（五）纳税人的信赖利益是否应予保护

信赖利益一词源于大陆法的损害赔偿制度和英美法上的违约救济制度。行政法中的信赖利益保护原则是指当行政相对人对行政主体所做出的授益性行政行为形成值得保护的信赖时，行政主体不得随意变更、撤销或废止该行为，否则必须对行政相对人基于对该行为有效存续的信赖而获得的合法利益予以合理补偿。信赖利益保护既是提高政府公信力的要求，也是保护公民与企业合法权益的保护，同时对提高行政效率也具有不可忽视的作用。

本案中的纳税人正是出于对政府的信赖才导致了欠缴税款的事实，从纳税人信赖利益保护原则出发，[①] 要求纳税人补缴税款是合理的，但要求纳税人承担具有浓厚行政处罚色彩的高额滞纳金就是不合理的。

因此，从纳税人信赖利益保护的原则出发，对本案所涉高额滞纳金应当予以减收或者免收。

四、 案件处理

北京市地方税务局经研究认为某股份公司符合相关制度中滞纳金减免条件的规定，经专题会议通过，于 2014 年 7 月 4 日向北京市政府报送了关于某股份公司滞纳金免予追缴的请示。北京市政府批示同意后，北京市地方税务局向某股份公司发函，告知其免予追缴滞纳金的意见，同时通知该企业主管税务机关办理后续税款入库手续。

五、 案件点评

此案中北京市地方税务局对某股份公司高额滞纳金的免于追缴是对滞纳

---

① 纳税人信赖利益保护是近些年来学界比较关注的问题。如有学者认为，近年来，我国在纳税人信赖利益保护上取得了一定成绩，但由于我国税收法治理念缺失、立法不完善、执法不规范以及征纳双方权利义务不对等等诸多因素的存在，纳税人信赖利益保护问题依然存在一些障碍。参见赵惠敏、陈楠、孙静：《对纳税人信赖利益保护问题的分析》，载《国际税收》2015 年第 11 期。还有学者认为，在我国，税收宏观调控因经济发展需要而被频繁使用。无论经由税制变革还是征管调整的实施路径，其对纳税人信赖利益之损害都并不鲜见。这使税务当局和纳税人难以形成真正的良性互动，也引发了法治缺位与调控低效的"双重困境"。当务之急，应以税法上的利益均衡理念为指导，综合运用"存续保护""损失补偿"和"过渡措施"等实体制度，同时合理设置规范税收立法、约束行政裁量及落实损失补偿的保障程序，以为各类税收宏观调控构建有针对性的纳税人信赖利益保护机制。参见张富强、许健聪：《税收宏观调控中纳税人信赖利益之保护》，载《法学杂志》2016 年第 9 期。

金管理的一种创新尝试。从国际上不同国家和地区滞纳金征收比率情况看，西方国家总体征收比率维持在12%左右，亚洲国家高于西方国家、一般维持在15%。例如，日本滞纳税的征收标准为每年14.6%，对逾期两个月之内缴纳的税款，减半征收，即按年7.3%利率征收滞纳税。韩国对纳税期满后应缴未缴税款按月加收3%的附加税，在此基础上，还可以按月额外再加收12‰的附加税，但必须以60个月为限。我国台湾地区规定每逾2日按滞纳税款加征1%滞纳金，逾期2日以上4日以内的，征2%滞纳金，以此类推，以15%为上限。但超过1个月仍未缴纳则不再适用，而是移交法院强制执行。借鉴国际上代表性国家滞纳金设置，可从以下几个方面完善我国滞纳金制度。

一是优化滞纳金设置模式。可以将税收滞纳金设置为税收利息和滞纳金两部分内容。此处所讲的税收利息是指在允许税款缴纳义务延期履行的情况下，具有该允许期间内约定利息性质的金钱给付义务。例如，对与税务机关达成一定约定，意图给予实际处于困境中的纳税人缓冲机会；而如果对缓缴期间的纳税人不附以任何经济负担，则可能对国家税收利益造成损失。而国外税法中，关于税收利息的规定相对较成熟。德国设置了税收利息制度，对未按期缴纳税款或者逃税的纳税人加收具有补偿性质的利息。日本税法附带税制度中，规定了利息税、加算税等其他附带税，其中利息税是指在允许纳税人暂缓缴纳以及允许延长纳税申报书中提出的期限情况下，需要加收的附带税，即虽然超过了法定纳税期限，但由于存在暂缓缴纳或与曾提出延长申报期限情形，故对此类纳税人不课征滞纳税，而代之以利息税，作为对国家税收利益的经济补偿。建议我国借鉴国外税法相关规定，建立税收利息制度，主要目的并不在于惩罚纳税义务人，而是实现经济补偿目的。利息加计的利率建议设定为基本与银行利率持平，而非其他带有惩罚性质的利率，以便区分滞纳金和利息税适用的不同情况而分别加以加收①。税收利息的设计，可以平衡经济补偿与执行罚两方面的矛盾，即在达成约定的一般缓缴期间内，无需滞纳金规则的适用，仅按照银行同期贷款利率征收税收利息。这样设置，既考量到了纳税人的实际困难，实现合理征税，也可以避免纳税人恶意利用缓缴制度占用国家税款，弥补国家税收利益损失。

---

① ［日］金子宏著，刘多田等译：《日本税法原理》，中国财政经济出版社1989年版，第280页。

二是考虑适当降低税收滞纳金征收比率。我国现行税收滞纳金每日按欠缴税额的 0.05% 收取，相当于年加收率为 18.25%，要远高于我国银行同期贷款利率，约为银行同期贷款利率（不超过 5%）的 3 倍，更是高于德国 12%、美国 11.88% 等其他国家的征收率。税收滞纳金的加收应在保障国家税收利益的前提下，符合比例原则，力求对纳税人所造成危害的结果最小。从公平合理原则考量，我国现行税收滞纳金的征收比率可适当降低，在增加税收利息设置的基础上，对滞纳金比率以现行的 18.25% 减去税收利息（税收利息与银行同期贷款利率持平，不超过 5%），按 12% 左右进行设定。

三是尝试探索建立滞纳金减免规则。我国现行滞纳金免责情形过窄，《行政处罚法》和《行政强制法》有对当事人主动消除或减轻违法行为危害时减轻处罚、减免滞纳金的相关规定，但就税收滞纳金而言，《税收征管法》及其实施细则只规定因税务机关责任不缴或少缴税款及经批准的延期缴纳税款期间两种滞纳金免责情形，尚不能涵盖税法实践中其他因税务机关等行政主体责任造成税款滞纳而形成滞纳金应予免责的情形，造成了我国滞纳金管理的弹性很低，不能通过区分纳税人主观恶性分别加收滞纳金的手段来体现税法的指引和教育作用。对此，《税收征管法》（征求意见稿）做出了有益尝试①，对降低税务机关执法风险、维护纳税人权益具有重要意义。

四是考虑增加税收滞纳金征收上限。国外一些国家对税收滞纳金征收上限有明确的规定，如德国《税收通则》规定滞纳金最高不得超过所欠税款数额的 30%；美国最高不超过所欠税款数额的 25%。我国的《行政强制法》也强调了滞纳金的数额不得超出行政给付数额。因此，建议完善《税收征管法》及其实施细则和其他涉及税收滞纳金的相关规定，将税收滞纳金的加收总额

---

① 对此，《中华人民共和国税收征收管理法修订草案（征求意见稿）》一方面将滞纳金制度改为加收利息制度，另一方面则明确规定了减收、免收利息的情形。该草案第 59 条规定："纳税人未按照规定期限缴纳税款的，扣缴义务人未按照规定期限解缴税款的，按日加计税收利息。税收利息的利率由国务院结合人民币贷款基准利率和市场借贷利率的合理水平综合确定。纳税人补缴税款时，应当连同税收利息一并缴纳。"第 60 条规定："下列期间，税收利息中止计算：（一）纳税人、扣缴义务人的财产、银行账户被税务机关实施保全措施或者强制执行措施，导致纳税人、扣缴义务人确实难以按照规定期限缴纳或者解缴税款的，从措施实施之日起至措施解除之日止；（二）因不可抗力，致使纳税人、扣缴义务人未按照规定期限缴纳或者解缴税款的，从不可抗力发生之日起至不可抗力情形消除之日止；（三）国务院税务主管部门确定的其他情形。非纳税人、扣缴义务人的过错，致使纳税人不能及时足额申报缴纳税款的，不加收税收利息。"

控制在一定范围之内，避免"天价滞纳金"现象的继续发生，回归税收滞纳金的立法本意，发挥税收滞纳金的职能作用。

限售股转让预扣个人所得税逾期申请退税案

【摘要】 近年来，股权转让逐渐成为企业资本、产权流动重组、资源优化配置的重要方式，其中转让限售股是股权转让中的特殊形式。税务机关为强化限售股转让环节个人所得税征收，一般采取证券机构预扣预缴税款后纳税人主动申请清算的形式，证券机构在预扣预缴税款后由纳税人在规定期限内申报并清算，税务机关根据清算情况办理退（补）税手续。《税收征管法》第51条①也对退税的适用情形、启动方式进行了明确规定。但在实际执法中，纳税人因未按期申请限售股转让清算、清算期后要求退税问题产生了一定争议。本案中，纳税人苗某2011年转让某公司限售股，证券机构代其预扣预缴了个人所得税，但因苗某未取得完税凭证、未在规定期限内向税务机关申报清算，清算期过后苗某发现其多缴税款，于2016年以对限售股转让征税行为合法性不服为由提起行政复议，并以税务机关在复议过程中已主动发现其多缴税款为由要求为其办理退税。通过对本案分析可以看出，税务机关应对复议案件涉及的各项事实问题进行全面调查，同时，积极推动立法层面给予退税政策更加合理的规定，加大税收法律规范宣传力度，营造良好的税收法治环境。

一、 基本案情

（一）某证券公司代纳税人苗某预扣预缴转让限售股个人所得税

2011年5月至7月之间，纳税人苗某分三次转让某股份有限公司限售股共计990000股，计税成交金额合计115335000元，其交易所在的某股份有限公司北京复兴门外大街证券营业部（以下简称"某营业部"），按照《财政部

---

①《中华人民共和国税收征收管理法》第五十一条：纳税人超过应纳税额缴纳的税款，税务机关发现后应当立即退还；纳税人自结算缴纳税款之日起三年内发现的，可以向税务机关要求退还多缴的税款并加算银行同期存款利息，税务机关及时查实后应当立即退还；涉及从国库中退库的，依照法律、行政法规有关国库管理的规定退还。

国家税务总局证监会关于个人转让上市公司限售股所得征收个人所得税有关问题的通知》（财税〔2009〕167号，以下简称财税〔2009〕167号文件）等相关规定，代纳税人苗某预扣预缴三笔个人所得税共计19606949.93元，某营业部主管税务机关北京市某区地方税务局某税务所（以下简称"税务所"）为其开具了三张《税收转账专用完税凭证》，由该营业部代纳税人苗某领取。根据财税〔2009〕167号文件规定，纳税人应在预扣预缴税款的次月1日起3个月内，按照实际转让收入及实际成本计算出的应纳税额，到主管税务机关进行清算申报，办理退（补）税手续，但至2016年11月22日前，苗某未到税务所办理清算事项。据苗某本人反映，安信证券在预扣预缴完成后，直到2016年11月22日才将三张完税凭证交予其本人，并告知其多缴纳税款的实际情况，在此期间无人告知其预扣预缴情况。安信证券出具证明确认于2016年11月22日将三张完税凭证交予苗某。

（二）苗某向税务所提出退税申请

2016年11月22日，苗某到税务所口头申请按照其实际转让限售股收入减去按照实际转让收入的15%核定的限售股原值及合理税费计算出的应纳税额进行清算①并要求退税。据苗某反映，某营业部在预扣预缴完成后，直到2016年11月22日才将三张完税凭证交予其本人，营业部出具证明确认于2016年11月22日将三张完税凭证交予苗某。

苗某表示，某营业部为其预扣预缴所依据的转让价格是股票转让当天的收盘价，计算出转让收入为11533.5万元，而这些股票的实际转让收入是7869万元，按照实际转让收入的15%核定限售股原值及合理税费后，苗某认

---

① 《财政部国家税务总局证监会关于个人转让上市公司限售股所得征收个人所得税有关问题的通知》（财税〔2009〕167号）第三条：个人转让限售股，以每次限售股转让收入，减除股票原值和合理税费后的余额，为应纳税所得额。即：

应纳税所得额＝限售股转让收入－（限售股原值＋合理税费）

应纳税额　＝　应纳税所得额×20%

本通知所称的限售股转让收入，是指转让限售股股票实际取得的收入。限售股原值，是指限售股买入时的买入价及按照规定缴纳的有关费用。合理税费，是指转让限售股过程中发生的印花税、佣金、过户费等与交易相关的税费。

如果纳税人未能提供完整、真实的限售股原值凭证的，不能准确计算限售股原值的，主管税务机关一律按限售股转让收入的15%核定限售股原值及合理税费。

为其共多缴纳税款 6229483.42 元，税务机关应当为其办理退税。税务所口头告知苗某已超过相关业务受理时限，未予以办理，未向苗某收取相关资料。

（三）苗某向北京市地税局及某区地税局申请行政复议

2017 年 1 月 20 日，苗某就税务所对其转让限售股征收个人所得税一事，向该税务所所属某区地税局（以下简称"区地税局"）提起了行政复议，请求依法确认税务所征收其限售股转让个人所得税行政行为违法并撤销该行政行为。

2017 年 2 月 10 日，苗某又向北京市地税局提起行政复议，请求复议机关审查区地税局未按照《中华人民共和国税收征收管理法》（以下简称《税收征管法》）第 51 条中"纳税人超过应纳税额缴纳的税款，税务机关发现后应当立即退还"的规定进行履责的行政不作为行为，确认其违法，并请求复议机关决定区地税局向苗某履行法定职责，退还苗某被多征的税款 6229483.42 元及利息。

2017 年 3 月 20 日，市局召开行政复议委员会对该案进行研究，会上，对税务机关是否主动发现多缴税款问题存在较大争议。会后，按照要求再次征求行政复议委员会各常任委员、专家委员意见，同时，也将该案件相关问题征询法院方面司法观点。2017 年 5 月 10 日，苗某主动撤回行政复议申请。考虑到苗某确实存在多缴税款的事实，区地税局将苗某多缴纳的税款予以退还。

二、 争议焦点

本案争议的焦点问题主要有以下三个：

第一，苗某实际是否多缴纳了税款？

第二，财税〔2009〕167 号文件中的规定是否与《税收征管法》中的退税期限有所冲突？

第三，如何理解与适用《税收征管法》第 51 条中关于"税务机关发现"的规定？

三、 法理评析

（一）苗某实际是否多缴纳了税款

苗某提起行政复议申请后，区地税局从某营业部取得了苗某 2011 年《限售股所得税明细查询单》。经核实，苗某在 2011 年 5 月至 7 月之间，卖出限售股 990000 股；计税成交金额合计 115335000 元，预扣税款 19606949.93 元。同时，其实际成交金额合计为 78690979.5 元。由于苗某未能提供完整、真实的限售股原值凭证，按照《国家税务总局关于做好限售股转让所得个人所得税征收管理工作的通知》（国税发〔2010〕8 号）中"如果纳税人未能提供完整、真实的限售股原值凭证，不能正确计算限售股原值的，主管税务机关一律按限售股实际转让收入的 15% 核定限售股原值及合理税费"的规定，本案中，如按照限售股实际转让收入的 15% 核定限售股原值及合理税费，预估苗某多缴税款 6229483.41 元。

此外，北京市地税局在复议过程中通过与限售股所属某股份有限公司沟通，了解到苗某取得限售股的原值为 528000 元。同时区地税局通过向某营业部核实，取得了苗某转让限售股的手续费及印花税费，共计 310053.09 元。上述为目前税务机关了解到的苗某转让限售股的部分实际成本。

面对以上两种情况，应当以何种方式确定纳税人的成本呢？我们认为，按照《中华人民共和国个人所得税法》（以下简称《个人所得税法》）中遵循实际的立法精神，应当首先考虑以实际收入和实际成本计算税款，[①] 如能通过其他途径取得准确的实际成本，即便不是纳税人提供，税务机关也应当秉承实事求是的原则，按照实际成本计算限售股原值及合理税费，计算出准确税

[①]《个人所得税法》第 6 条规定："应纳税所得额的计算：一、工资、薪金所得，以每月收入额减除费用三千五百元后的余额，为应纳税所得额。二、个体工商户的生产、经营所得，以每一纳税年度的收入总额减除成本、费用以及损失后的余额，为应纳税所得额。三、对企事业单位的承包经营、承租经营所得，以每一纳税年度的收入总额，减除必要费用后的余额，为应纳税所得额。四、劳务报酬所得、稿酬所得、特许权使用费所得、财产租赁所得，每次收入不超过四千元的，减除费用八百元；四千元以上的，减除百分之二十的费用，其余额为应纳税所得额。五、财产转让所得，以转让财产的收入额减除财产原值和合理费用后的余额，为应纳税所得额。六、利息、股息、红利所得，偶然所得和其他所得，以每次收入额为应纳税所得额。个人将其所得对教育事业和其他公益事业捐赠的部分，按照国务院有关规定从应纳税所得中扣除。对在中国境内无住所而在中国境内取得工资、薪金所得的纳税义务人和在中国境内有住所而在中国境外取得工资、薪金所得的纳税义务人，可以根据其平均收入水平、生活水平以及汇率变化情况确定附加减除费用，附加减除费用适用的范围和标准由国务院规定。"《个人所得税法实施条例》第 10 条规定："个人所得的形式，包括现金、实物、有价证券和其他形式的经济利益。所得为实物的，应当按照取得的凭证上所注明的价格计算应纳税所得额；无凭证的实物或者凭证上所注明的价格明显偏低的，参照市场价格核定应纳税所得额。所得为有价证券的，根据票面价格和市场价格核定应纳税所得额。所得为其他形式的经济利益的，参照市场价格核定应纳税所得额。"

款，再与预扣预缴数额相比较，确认是否多缴。

经区地税局核实确认，苗某确实存在多缴税款情形。在苗某多缴税款数额的问题上，为保证尽可能最大程度地尊重实际情况，符合《个人所得税法》按照实际征收的立法精神，本文倾向于先取得苗某转让限售股的实际成本，并按照匹配原则，以实际收入及实际成本计算准确的应纳税额，与预扣预缴税款相比后，计算其是否多缴税款。若税务机关确实无法获取实际成本，则按限售股实际转让收入的15%核定限售股原值及合理税费，计算多缴税款。

（二）财税〔2009〕167号文件中的规定是否与《税收征管法》中退税规定相冲突

根据财税〔2009〕167号文件的规定，① 采用预缴方式征收限售股转让个人所得税的，纳税人可自证券公司代扣并解缴税款的次月1日起三个月内，到税务机关办理清算事宜。根据上述规定可知，纳税人的清算申报，实质上是退还多预扣预缴的税款、补缴少预扣预缴税款的途径。在清算环节完成后，预缴税款性质发生变化，变为税款性质。同时，财税〔2009〕167号文件还规定，"纳税人在规定期限内未到主管税务机关办理清算事宜的，税务机关不再办理清算事宜"，这意味着，如果纳税人未在规定期限（证券公司代扣并解缴税款的次月1日起三个月内）办理清算事宜，预缴税款的性质也变为税款性质。即如果纳税人没有在规定期限内办理清算，过了清算期限之后发现实际多缴税款，按照财税〔2009〕167号文件的规定与执行口径，也是不能办理的，这意味着如果纳税人不在规定期限内进行清算，即使存在多预扣预缴的实际情况，可以申请退税的期限也只为3个月，与《税收征管法》第51条规定的退税期限（3年）不符，存在一定不合理之处。

财税〔2009〕167号文件第5条第1款规定："限售股转让所得个人所得税，采取证券机构预扣预缴、纳税人自行申报清算和证券机构直接扣缴相结

---

① 167号文件第5条规定："纳税人按照实际转让收入与实际成本计算出的应纳税额，与证券机构预扣预缴税额有差异的，纳税人应自证券机构代扣并解缴税款的次月1日起3个月内，持加盖证券机构印章的交易记录和相关完整、真实凭证，向主管税务机关提出清算申报并办理清算事宜。主管税务机关审核确认后，按照重新计算的应纳税额，办理退（补）税手续。纳税人在规定期限内未到主管税务机关办理清算事宜的，税务机关不再办理清算事宜，已预扣预缴的税款从纳税保证金账户全额缴入国库。"

合的方式征收。证券机构预扣预缴的税款，于次月 7 日内以纳税保证金形式向主管税务机关缴纳。主管税务机关在收取纳税保证金时，应向证券机构开具《中华人民共和国纳税保证金收据》，并纳入专户存储。"由此可见，限售股个人所得税的征管与其他项目个人所得税的征管方式有所不同，其包括两种方式，其中一种方式即"证券机构直接扣缴"，与其他项目个人所得税的征管方式是相同的，但由于限售股个人所得税是 2009 年新出台的政策，证券机构技术和制度准备尚不完善，导致无法准确代扣代缴个人所得税，因此，采取了一种新的征管方式，即"证券机构预扣预缴、纳税人自行申报清算"。这种方式主要是为了解决证券机构无法准确扣缴税款的情形，类似企业所得税中的预缴税款制度，① 也类似增值税、营业税、消费税中的预缴税款制度。②

按照财税〔2009〕167 号文件③规定，证券机构技术和制度准备完成前形成的限售股，证券机构按照股改限售股股改复牌日收盘价，或新股限售股上市首日收盘价计算转让收入，按照计算出的转让收入的 15% 确定限售股原值和合理税费，以转让收入减去原值和合理税费后的余额，适用 20% 税率，计算预扣预缴个人所得税额。此时，证券机构扣缴款项的性质为"预扣预缴个人所得税额"，即尚不属于个人所得税税款。证券机构将该笔预扣款项交给税务机关时的形式为"纳税保证金"，税务机关将其"纳入专户存储"，此时尚未进入国库中的税款账户，尚未成为国家的税收收入。

按照财税〔2009〕167 号文件规定，纳税人应自证券机构代扣并解缴税

①《企业所得税法》第 54 条规定："企业所得税分月或者分季预缴。企业应当自月份或者季度终了之日起十五日内，向税务机关报送预缴企业所得税纳税申报表，预缴税款。企业应当自年度终了之日起五个月内，向税务机关报送年度企业所得税纳税申报表，并汇算清缴，结清应缴应退税款。企业在报送企业所得税纳税申报表时，应当按照规定附送财务会计报告和其他有关资料。"

②《增值税暂行条例》第 23 条第 2 款规定："纳税人以 1 个月或者 1 个季度为 1 个纳税期的，自期满之日起 15 日内申报纳税；以 1 日、3 日、5 日、10 日或者 15 日为 1 个纳税期的，自期满之日起 5 日内预缴税款，于次月 1 日起 15 日内申报纳税并结清上月应纳税款。"《营业税暂行条例》第 15 条第 2 款规定："纳税人以 1 个月或者 1 个季度为一个纳税期的，自期满之日起 15 日内申报纳税；以 5 日、10 日或者 15 日为一个纳税期的，自期满之日起 5 日内预缴税款，于次月 1 日起 15 日内申报纳税并结清上月应纳税款。"《消费税暂行条例》第 14 条第 2 款规定："纳税人以 1 个月或者 1 个季度为 1 个纳税期的，自期满之日起 15 日内申报纳税；以 1 日、3 日、5 日、10 日或者 15 日为 1 个纳税期的，自期满之日起 5 日内预缴税款，于次月 1 日起 15 日内申报纳税并结清上月应纳税款。"

③ 财税〔2009〕167 号文件第 5 条第 2 款规定："根据证券机构技术和制度准备完成情况，对不同阶段形成的限售股，采取不同的征收管理办法。"

款的次月 1 日起 3 个月内，持加盖证券机构印章的交易记录和相关完整、真实凭证，向主管税务机关提出清算申报并办理清算事宜。主管税务机关审核确认后，按照重新计算的应纳税额，办理退（补）税手续。"这里所谓的"退（补）税"与《税收征管法》第 51 条规定的退税制度并不相同。这里的"退（补）税"准确来讲是退（补）"预扣税款"，而《税收征管法》第 51 条规定的退税是退还"确定税款"。财税〔2009〕167 号文件第 5 条所规定的"纳税人在规定期限内未到主管税务机关办理清算事宜的，税务机关不再办理清算事宜，已预扣预缴的税款从纳税保证金账户全额缴入国库"，强调的是不再办理预扣税款的清算事宜，并非在纳税人发现多纳税款之后，不再办理退税。正如纳税人应当在年度终了之日起五个月内办理企业所得税汇算清缴一样，过期，税务机关将不再办理企业所得税的汇算清缴，但如果纳税人发现多缴税款，仍然可以依据《税收征管法》第 51 条的规定申请退税。就限售股个人所得税的征管而言，其"结算缴纳税款之日"就是"证券机构代扣并解缴税款的次月 1 日起 3 个月"的期间届满之日，因为只有在该日才正式确定纳税人的纳税义务，才"结算缴纳税款"，相关税款的性质才能从"预缴税款"以及"纳税保证金"转化为"税款"，才能从"专户"正式进入税款账户。

综上我们认为，苗某因受到客观因素的阻碍，即一直未能取得完税凭证，其实际上一直未进入清算环节，根据《税收征管法》第 51 条的规定，纳税人应当自结算缴纳税款之日起三年内向税务机关提出退税申请，而本案中苗某事实上一直没有完成结算缴纳税款，其三年的退税期限并未开始计算。2016 年 11 月 22 日，在阻碍因素消失后，苗某取得完税凭证并得知多缴税款，立即向税务机关申请办理清算及退税事宜，根据《税收征管法》规定，其相应的退税申请没有超过三年时效期限，应当予以退税。然而，上述分析是建立在对财税〔2009〕167 号文件有关规定扩大解释的基础上的，是否成立有相当争议。

（三）关于《税收征管法》第 51 条中"税务机关发现"的适用问题

苗某在复议申请中主张区地税局应当按照《税收征管法》第 51 条中"纳税人超过应纳税额缴纳的税款，税务机关发现后应当立即退还"的规定，退还其被多征的税款及利息。

关于"税务机关发现"的方式,《税收征管法》中没有明确适用情形,也没有明确发现是否包括主动发现和被动发现。从税收立法原意角度分析,税务机关"发现"应具有"首次发现、第一次发现"的含义,即税务机关通过某种途径,在工作中自行发现纳税人多缴税款的事实,是主动发现而非通过他人告知,才能够构成"税务机关发现"情形;从有利于行政相对人解释原则的角度分析,只要税务机关了解到多缴税款的事实,即为"发现",不需区分"主动发现"或"被动发现",即无论税务机关通过何种途径,包括纳税人告知、通过复议案件调查了解等,只要税务机关已经了解多缴税款的事实,即构成"税务机关发现",应当退税。此种观点,为司法机关所普遍认同和采用,体现出司法机关在行政案件中倾向于对行政相对人保护的态度。本案中,苗某针对征税行为合法性提起行政复议时,税务机关需要在复议审理中对苗某转让限售股缴纳个人所得税进行全面审查,具有发现其多缴税款的情形。

我们认为,实践中应采信何种观点,应就具体案件情况,综合考虑相关因素加以判断。本案中,需考虑的因素有以下四点:第一,经过估算,苗某确实存在多缴税款的情况,且数额较大;第二,相关税款为证券机构代扣代缴,苗某于扣缴税款五年后才取得完税凭证,且苗某表示,其在取得完税凭证前不知多缴税款;第三,财税〔2009〕167 号文件中关于清算期限的规定与《税收征管法》中关于退税期限的规定有所抵触,存在一定不合理之处;第四,苗某向区地税局提起行政复议,要求审查 2011 年征税行为的合法性,区地税局通过调查已经掌握了苗某多缴纳税款的事实。《中华人民共和国行政复议法》第 3 条规定,① 行政复议机关具体办理行政复议事项,有"向有关

---

① 《行政复议法》第 3 条规定:"依照本法履行行政复议职责的行政机关是行政复议机关。行政复议机关负责法制工作的机构具体办理行政复议事项,履行下列职责:(一)受理行政复议申请;(二)向有关组织和人员调查取证,查阅文件和资料;(三)审查申请行政复议的具体行政行为是否合法与适当,拟订行政复议决定;(四)处理或者转送对本法第七条所列有关规定的审查申请;(五)对行政机关违反本法规定的行为依照规定的权限和程序提出处理建议;(六)办理因不服行政复议决定提起行政诉讼的应诉事项;(七)法律、法规规定的其他职责。"

组织和人员调查取证，查阅文件和资料"的职责，① 区地税局在对税务所征收苗某限售股转让个人所得税的法律依据、过程以及某营业部故意隐瞒不告知苗某多征收税款的行为进行调查的过程中，已发现苗某多缴税款的事实。

四、 案件处理

综合考虑上述情况，结合法律规定、客观事实、社会效果等因素，从维护纳税人权益的角度出发，本案中可采取税务机关发现说，即税务机关通过复议案件了解到纳税人超过应纳税额缴纳税款，将多缴税款予以退还。最终，区地税局将苗某多缴纳的税款予以退还，苗某撤回了复议申请。

五、 案件点评

（一） 对复议案件涉及的各项事实问题进行全面调查是行政复议机关做出复议决定的基础

为尊重实际情况，维护纳税人的合法权益，基于复议案件办理"一案一议"原则，行政复议机关应以判明事实为前提，以客观合法为原则，依据具体情况开展对复议案件涉及的各项法律问题的全面调查取证。同时，应综合考虑案件的具体情形，对涉及纳税人切身利益的情况，在不违背法律规定、尊重客观实际的前提下，从维护社会评价效果考虑，以事实为依据做出行政复议决定。在复议全面调查审理的基础上，税务机关在办理复议案件的过程中发现纳税人存在多缴税款的情形，也属于税务机关主动发现，应将多缴税款予以退还。

（二） 多途径加大税收法律规范宣传力度，营造良好的税收法治环境

---

① 《税务行政复议规则》第 11 条规定："各级行政复议机关负责法制工作的机构（以下简称行政复议机构）依法办理行政复议事项，履行下列职责：（一）受理行政复议申请。（二）向有关组织和人员调查取证，查阅文件和资料。（三）审查申请行政复议的具体行政行为是否合法和适当，起草行政复议决定。（四）处理或者转送对本规则第十五条所列有关规定的审查申请。（五）对被申请人违反行政复议法及其实施条例和本规则规定的行为，依照规定的权限和程序向相关部门提出处理建议。（六）研究行政复议工作中发现的问题，及时向有关机关或者部门提出改进建议，重大问题及时向行政复议机关报告。（七）指导和监督下级税务机关的行政复议工作。（八）办理或者组织办理行政诉讼案件应诉事项。（九）办理行政复议案件的赔偿事项。（十）办理行政复议、诉讼、赔偿等案件的统计、报告、归档工作和重大行政复议决定备案事项。（十一）其他与行政复议工作有关的事项。"

财税〔2009〕167 号文件中关于清算期限的规定只有 3 个月，且相关征税行为为证券机构代扣代缴，如果代扣代缴机构未能及时将相关资料转交纳税人，或纳税人对相关税收法律规范了解不足，就很容易产生本案中的情况。此外，《税收征管法》第 51 条规定"纳税人自结算缴纳税款之日起三年内发现的，可以向税务机关要求退还多缴的税款并加算银行同期存款利息，税务机关及时查实后应当立即退还"。而实际工作中，纳税人，尤其是自然人纳税人，因不了解该规定甚至不知道退税政策，超过退税期限后才向税务机关申请退税的情况也屡见不鲜。这些都说明当前税收宣传工作现状仍与纳税人实际期望之间存在较大距离。

税收宣传不仅是提高税法遵从度，加大政策执行力的重要环节，也是增强纳税人权利意识，提高纳税人满意度，营造良好的税收法治环境的有效途径。税收宣传要贴近纳税人的需求，多途径加大宣传力度，改变重宣传纳税人义务、轻纳税人权益，重政策宣传、轻程序宣传的传统宣传方式，增强税法宣传的多样性和实效性，切实做好这一税收征管工作的基础环节。

（三）在立法层面给予退税政策更加合理的规定

本案中的核心争议问题就是退税政策的适用问题，因立法技术的缺陷，导致税务机关和纳税人对《税收征管法》中的退税政策，从维护国家税收权益和维护纳税人经济权益的不同角度产生了不同的理解，影响了税务机关处理复杂退税问题的效率，也降低了纳税人的满意度。因此，建议从立法角度对退税政策进行合理的设定，做出既符合税收实际工作要求又易于为纳税人接受的规定，使税收政策更加公平合理。

高新技术企业资格复审告知程序案

【摘要】为促进科技发展，鼓励、引导企业加强科研开发与技术成果转化，我国在税收领域给予了高新技术企业一定的税收优惠政策。各省均成立有高新认定机构，负责高新技术企业认定相关工作。企业需按照法定程序提出申请、提交认定材料，由其所在地高新技术企业认定机构依法予以认定后，方可申请享受税收优惠。本案中，北京某科技有限公司提出高新技术企业资格申请（复审）后，负责北京市行政区域内的高新技术企业认定、复审及复核工作的认定机构（即北京市高新技术企业认定小组①）未认定其为高新技术企业，且未进行明确告知，而是按照工作流程对通过认定的企业名单予以公示，该科技公司在高新资格认证网站上的申请状态一直显示"处理中待确认"。该科技公司于2017年向北京市某区人民法院起诉，请求北京市高新技术企业认定小组四家成员单位共同履行认定其为高新技术企业的法定职责。一审法院经审理，认定该诉讼已超过诉讼时效，驳回了该科技公司的诉讼请求，但本案中税务机关是否已依法履行法定职责，对影响行政相对人权利义务的事项是否应明确告知等焦点问题，仍有必要予以分析讨论，从而为今后的工作提供指导。

一、 基本案情

高新技术企业是指在《国家重点支持的高新技术领域》内，持续进行研究开发与技术成果转化，形成企业核心自主知识产权，并以此为基础开展经营活动，在中国境内（不包括港、澳、台地区）注册一年以上的居民企业。经依法认定的高新技术企业，可申请享受税收优惠政策。

高新技术企业资格的初次取得需经法定认定程序。② 具体而言，企业首先应提出认定申请，高新技术企业认定机构收到申请材料后，组织专家对企业情况进行审查，在收到专家评审意见的基础上，认定机构将对企业进行认定，经认定的高新技术企业在"高新技术企业认定管理工作网"上公示15个工作日，没有异议的，认定机构报送全国高新技术企业认定管理工作领导小组办公室（由科技部、财政部、国家税务总局组成）备案，在"高新技术企业认

---

① 根据《北京市高新技术企业认定管理工作实施方案》（京科高发〔2008〕434号）第一条的规定：市科委、市财政局、市国税局、市地税局组成北京市高新技术企业认定小组；北京市高新技术企业认定小组下设高新技术企业认定小组办公室（以下简称"认定办公室"），认定办公室设在市科委，由市科委、市财政局、市国税局、市地税局相关人员组成。

② 科技部、财政部、国家税务总局于2016年1月29日修订印发了《高新技术企业认定管理办法》（国科发火〔2016〕32号），于2016年6月22日修订印发了《高新技术企业认定管理工作指引》（国科发火〔2016〕195号），对高新技术企业认定工作相关内容做出了修改。由于本案中认定过程发生在2015年，故本文中介绍的认定程序等内容依据的是当时有效的《高新技术企业认定管理办法》（国科发火〔2008〕172号）和《高新技术企业认定管理工作指引》（国科发火〔2008〕362号）。

定管理工作网"上公告认定结果，并向企业颁发统一印制的"高新技术企业证书"。

高新技术企业资格自颁发证书之日起有效期为三年，企业应在期满前三个月内提出复审申请，并提交复审相关材料，由认定机构对企业是否满足高新技术企业条件①进行审查，对符合条件的企业进行公示与备案，并重新颁发"高新技术企业证书"。通过复审的高新技术企业资格有效期为三年。期满后，企业再次提出认定申请的，按初次认定程序办理。

本案中，北京某科技有限公司（以下简称"某科技公司"）于 2009 年 9 月 4 日首次取得高新技术企业证书，有效期三年；2012 年 7 月通过复审后，2012 年 7 月 9 日第二次取得高新技术企业证书，有效期仍为三年；到期前，该科技公司再次提出复审申请，并于 2015 年 6 月 3 日通过"高新技术企业认定管理工作网"提出将其认定为高新技术企业的申请，至今在网上状态一直显示"处理中待确认"。据此，某科技公司认为，北京市高新技术企业认定小组（以下简称"认定小组"）对其认定申请始终没有给予回复，既不拒绝，也不认定，导致其无法享受国家规定的税收优惠，遂于 2017 年 5 月 26 日向北京市某区人民法院起诉，请求包括北京市地方税务局在内的四家认定小组成员单位共同履行认定其为高新技术企业的法定职责。

北京市地方税务局（以下简称"北京市地税局"）作为认定小组成员单位之一，收到应诉通知后，对该企业申请情况进行了调查核实。经核实，2015 年 5 月 29 日，该科技公司被北京市国税部门认定在 2011 年存在偷税行为，按规定应取消其高新资格。因此，认定小组在 2015 年认定工作会议上，因其存在偷税行为，经国税部门提请取消高新技术资格，未通过该企业的高新技术企业资格申请，对其高新企业资格未予认定。2015 年 11 月 25 日，高新技术企业认定管理工作网公示《北京市 2015 年度第二批拟认定高新技术企业名单》，该名单中没有该科技公司，且未对该公司不予认定结果另行告知。已知，2016 年国税部门撤销了对该科技公司的偷税定性和处罚。

---

① 《高新技术企业认定管理办法》（国科发火〔2008〕172 号）第十条规定了高新技术企业必须同时满足的六项条件。

二、 争议焦点

本案所涉及的争议焦点主要有以下两个：

第一，北京市地税局是否存在未依法履行职责的行为？

第二，对影响行政相对人权利义务的事项是否应明确告知？

三、 法理评析

虽然一审法院认定该诉讼已超过诉讼时效，驳回了该科技公司的诉讼请求，但对于本案中所反映的高新技术企业认定工作中存在的若干问题，仍有必要予以分析讨论。

（一）北京市地税局是否存在未依法履行职责的行为

对北京市地税局是否依法履行职责问题的讨论，应从其法定职责范围、履行职责程序、履行职责结果等方面展开：

1. 北京市地税局在高新技术企业认定中的法定职责

高新技术企业认定直接决定企业能否享受税收优惠，与企业切身利益息息相关，体现国家税收对经济的引导与促进，因此认定工作必须由法定主体在法定的范围内依法定程序进行。北京市地税局作为认定小组成员单位之一，其认定职责必须依法履行。

针对某科技公司 2015 年提出的认定申请，北京市地税局应当按照当时有效的《高新技术企业认定管理办法》（国科发火〔2008〕172 号，以下简称国科发火〔2008〕172 号文件）和《高新技术企业认定管理工作指引》（国科发火〔2008〕362 号，以下简称国科发火〔2008〕362 号文件）的规定参与认定工作。

国科发火〔2008〕172 号文件第十三条第三款规定："通过复审的高新技术企业资格有效期为三年。期满后，企业再次提出认定申请的，按本办法第十一条（初次申请程序）的规定办理。"国科发火〔2008〕362 号文件第二条第二款规定："通过复审的高新技术企业资格自颁发'高新技术企业证书'之日起有效期为三年。有效期满后，企业再次提出认定申请的，按初次申请办理。"根据上述文件规定，对某科技公司提出的认定申请，应当按照初次申请的认定程序办理。

　　根据国科发火〔2008〕362 号文件第二条对高新技术企业认定与申请享受税收政策的有关程序的明确规定，认定小组收到企业申请材料后，需组织专家评审，并在收到专家的评价意见和中介机构的专项审计报告后，对申请企业提出认定意见，确定高新技术企业认定名单，并予以公示。北京市地税局作为认定小组成员，其法定职责系在组织认定环节参加认定会，参与初步确定高新技术企业认定名单。

　　本案中，北京市地税局于 2015 年 10 月 12 日参加了北京市认定小组办公室组织召开的认定会，审议包括某科技公司在内的 2015 年度第二批高新技术企业认定事宜，因该科技公司存在偷税行为，经国税部门提请取消高新技术资格，故未通过该企业的高新技术企业资格申请，对其高新企业资格未予认定；此后，北京市地税局通过签署会签文件，对认定会议结果予以确认。据此，北京市地税局作为认定小组成员单位，履行了参加认定会议、参与初步确定高新技术企业认定名单的法定职责。

　　2. 北京市地税局履行职责程序是否合法

　　程序合法是检验行政行为是否合法的重要标尺之一，规范和制约行政权力合法行使是依法行政原则的内在要求。就高新技术企业认定工作而言，程序合法的主要内容包括法律所规定的每一认定环节工作均在法定时限内完成。国科发火〔2008〕362 号文件第二条对认定工作的流程和时限进行了规定，明确了组织审查与认定工作应在收到企业申请材料后 60 个工作日内完成。北京市认定小组办公室于 2015 年 8 月 13 日收到某科技公司的书面申请材料，北京市地税局于 2015 年 10 月 12 日参加认定会议、审议认定事宜，符合规定时限要求。

　　3. 北京市地税局履行职责结果是否合法适当

　　行政机关实施行政管理，应当依照法律的规定进行，遵循公平、公正的原则，对涉及行政相对人权利、义务事项的处理，应当符合法律、法规的规定和社会公共利益。本案中，北京市地税局作为认定小组成员之一，按照法定程序行使了法定认定职责，未将某科技公司认定为高新技术企业。我们认为，未将该公司认定为高新技术企业的结果对企业的纳税情况无疑会产生重大影响，应当对企业申请材料、申请资质审慎核查，确保行政结果合法合理。

　　国科发火〔2008〕172 号文件第十五条规定："已认定的高新技术企业有

下述情况之一的，应取消其资格：（一）在申请认定过程中提供虚假信息的；（二）有偷、骗税等行为的；（三）发生重大安全、质量事故的；（四）有环境等违法、违规行为，受到有关部门处罚的。被取消高新技术企业资格的企业，认定机构在 5 年内不再受理该企业的认定申请。"按照上述规定，对于取得高新技术资格的企业，认定小组如果发现存在上述应取消资格的情况，应当按照规定对其高新技术企业资格予以取消，企业同时停止享受税收优惠政策。被取消资格的高新技术企业，自取消之日起 5 年内再次提起高新技术企业认定申请的，认定小组将不再受理。

如果企业在享受高新技术企业资格期内，出现了偷、骗税等行为，但认定小组尚未取消其资格，在此期间，企业在资格证有效期届满前提起复审申请的，应当如何处理，上述文件并未予以规定。本案中某科技公司正是此种情况。该科技公司被国税部门认定存在偷税行为后，在提请取消其高新技术企业资格证前，再次提出了资格复审申请。认定小组办公室受理了该科技公司的申请，并完成了专家评审工作，但在最后的认定会上因其存在偷税行为对其高新资格未予认定。根据上述文件，应是在企业的高新资格被取消后才能不受理认定申请或不予认定，而该科技公司在 2015 年提交资格复审期间，其高新技术企业资格未被取消，故认定小组对其高新资格未予认定的依据不足。北京市地税局作为认定小组成员之一，未对该科技公司高新技术企业资格予以认定的做法，合法性上有所欠缺。

但从文件规定的精神上看，认定小组在当时情况下做出的不予认定处理也有其合理性。国家虽然鼓励企业从事科学技术研发与科技成果转化，并为该类企业提供诸如税收优惠等政策支持，但是企业享受税收优惠的前提在于其自身生产经营活动必须合法合规，对存在违法行为的企业，法律一般情况下会限期（或者永远）禁止其享受优惠政策，作为对违法行为的惩罚，体现法律的公平合理。企业申请高新技术企业资格认定的目的在于享受国家赋予的如税收优惠等各类优惠政策，如果在高新技术企业资格证有效期内出现文件所规定的偷税行为，但不影响其继续拥有高新技术企业资格、享受高新技术企业优惠政策，显然不符合法理，对其他纳税人也不公平，有违国家优惠政策制定的初衷。

根据《税收征收管理法》第五条的规定，税务部门是法定的税收征收管理部门，各有关部门和单位应当支持、协助税务机关依法执行职务。税务机关做出的税务处理决定，如果当事人未提起行政复议或者行政诉讼，一般应被推定为合法；即使当事人提起行政复议或者行政诉讼，复议或诉讼期间该税务行政行为也应推定合法，由税务机关证明其行政行为的合法性。① 本案中，北京市国税部门对某科技公司做出的偷税认定，属于国科发火〔2008〕172号文件所规定的取消资格情形之一，认定小组中其他成员单位对该偷税认定一般不会持有异议，而会认可国税部门做出的行政决定，并按照程序对企业已取得的高新技术企业资格予以取消。虽然某科技公司在资格取消前提起复审申请，但基于国税部门对其偷税事实的认定，其资格被取消的结果已无可避免，认定仅仅需要按照法定程序对该情况予以处理，而不会对其偷税定性存有疑问。

结合事实情况，在认定小组知晓该科技公司存在偷税行为的情况下，再对其高新技术企业复审申请认定通过，明显不符合法律的精神。即使将其认定为高新技术企业，但在将来对前次高新技术资格予以取消后，需再次启动资格撤销程序，造成行政资源的浪费。所以北京市地税局作为认定小组成员单位，基于该公司存在偷税行为的事实，未对该科技公司高新技术企业资格予以认定的做法，有一定的合理性。但是在法律并未允许认定小组在企业高新资格取消前提前不予认定的情况下，认定小组不对其高新技术企业资格予以认定，其合法性多少会受到质疑。如果认定工作结束后，认定小组按照规定取消了该科技公司的高新技术企业资格，在程序上虽然存在不妥，但是结论本身不会受到影响；但本案情况特殊，国税部门在2016年撤销了对该公司的偷税定性，认定小组对该公司高新技术企业资格不予认定的事实基础已经不存在，该结论的合法性是值得商榷的。

（二）对影响行政相对人权利义务的事项是否应明确告知

随着构建法治政府、服务型政府理念的不断深入贯彻，我国越来越强调

---

① 这是行政行为公定力的表现，虽然学界多数学者支持，但也有人对行政行为的公定力提出了质疑。如有学者认为，行政行为公定力与现代行政法理念相悖，对我国无效行政为防卫权制度的设立构成了障碍，影响了法治状态下权利与权力新型关系的构建。具体表现在：行政行为公定力缺乏实定法支持，有悖于公平正义理念，其理论依据缺乏合理性，其理论构建缺乏逻辑上的周延性。因此，行政行为公定力应退出行政行为效力领域，并确立以权利直接制约权力的独立价值取向。参见柳砚涛：《行政行为公定力质疑》，载《山东大学学报（哲学社会科学版）》2003年第5期，第151页。

对政府权力的限制和对公民权利的保障。知情权是公民权利的重要部分，对公民知情权的保护，有利于加强公民与政府之间的信任与合作，提升行政管理的效果，推进法治政府和法治国家建设。[①] 在现有行政框架下，行政相对人了解行政程序、参与行政活动的需求越来越明显，尤其对其自身权利义务影响较大的事项，行政相对人的知情权，也是行使其他救济性权利的基础。

高新技术企业认定工作涉及范围广，认定结果对企业权利义务影响较大，企业在知晓认定结果的前提下，方能够进行后续税收优惠备案等工作。国科发火〔2008〕172 号文件第十一条第四款规定："认定机构对企业进行认定。经认定的高新技术企业在'高新技术企业认定管理工作网'上公示 15 个工作日，没有异议的，报送领导小组办公室备案，在'高新技术企业认定管理工作网'上公告认定结果，并向企业颁发统一印制的'高新技术企业证书'。"国科发火〔2008〕362 号文件第二条第一款第五项规定："经认定的高新技术企业，在'高新技术企业认定管理工作网'上公示 15 个工作日。公示有异议的，由认定机构对有关问题进行查实处理，属实的应取消高新技术企业资格；公示无异议的，填写高新技术企业认定机构审批备案汇总表，报领导小组办公室备案后，在'高新技术企业认定管理工作网'上公告认定结果，并由认定机构颁发'高新技术企业证书'（加盖科技、财政、税务部门公章）。"上述文件均规定须对认定的高新技术企业进行公示，但未规定对不予认定的企业是否须履行额外告知义务。

虽然上述文件并未明确规定认定工作结束后，对不予认定企业名单是否需要公示或者通过其他途径明确告知，但一方面，既然公示是法定程序，当"高新技术企业认定管理工作网"公示认定通过企业名单之后，申请高新技术资格的企业首先会查看相关公示通知，并确定其是否在认定通过公示名单之内，从而能够知晓认定结果；另一方面，文件中也强调，对公示有异议的，由认定机构对有关问题进行查实处理，该规定从侧面也说明企业可以通过对认定名单的公示得知自己是否被认定为高新企业，并可以就认定结果提出异

[①] 如有学者认为知情权作为公民权利的重要组成部分已经受到政府及社会各界的关注，但是在宪法中仍然没有被明确认定为一项基本权利。知情权在现实生活中被践踏或被忽视的事件屡见不鲜。知情权的缺失已经成为阻碍我国政治文明进步的一个绊脚石。应加强从法律角度研究知情权制度的意义及其构建的法律途径。参见周斌：《知情权探析》，载《平原大学学报》2005 年第 2 期，第 58 页。

议，认定机构收到异议后再予处理，相当于在一次认定周期中给予企业二次审查机会。因此，虽然法律并未规定认定机构对高新技术企业资格不予认定的结果，有明确告知申请企业的义务，但对企业知晓认定结果、提出异议的权利并不构成实质性影响。

但从行政法的一般原则上看，行政机关对行政相对人作出的影响其权利义务的具体行政行为，仍应当予以明确告知。例如，《行政处罚法》第三十一条规定："行政机关在做出行政处罚决定之前，应当告知当事人做出行政处罚决定的事实、理由及依据，并告知当事人依法享有的权利。"《行政许可法》第三十八条第二款规定："行政机关依法做出不予行政许可的书面决定的，应当说明理由，并告知申请人享有依法申请行政复议或者提起行政诉讼的权利。"类似的规定还有很多，由此可见，行政法上一般均规定了行政机关对影响具体行政相对人权利和义务的事项进行明确告知的义务。在一个具体的行政关系中，行政机关必须告知行政相对人行政行为结果，行政行为才可能生效；行政相对人只有获知行政机关的行政行为结果，才能履行相关义务，或者行使其他救济性权利。

另外，随着电子政务工作的推进，信息技术逐渐渗透到行政程序中，在便利行政相对人、提高行政效率方面起到重大作用。高新技术企业认定管理工作网是企业线上提交认定申请资料的平台，认定机构也会在该网站上对认定通过的高新技术企业名单予以公示，公布高新技术企业相关法律法规、政策文件，给行政关系双方提供了极大便利。但是从本案情况来看，在实际认定工作中，高新技术企业认定管理工作网并没有对申请认定的每一企业单独起到信息告知的作用，企业在通过网站进行注册、提交认定申请后，并不能通过个人账号查询到申请结果，所以本案某科技公司虽然被认定机构不予认定为高新技术企业，但其在网站上状态一直显示为"处理中待确认"，直接导致企业认为认定机构未履行法定职责。

针对本案情况，虽然从上文可知，某科技公司通过网站公示名单信息能够得知其未被认定为高新技术企业的结果，但是网站查询结果与最终公示名单并不一致，且认定小组未对不予认定结果和理由予以明确告知，企业认为认定小组未依法履行职责也是可以理解的。就认定工作而言，认定小组长期以来的工作实践一直是仅对认定通过名单予以公示，而并不对认定不通过名单进行公示，既保证对企业权利的明确告知，也是对企业隐私的合理保护；但是如果能对企业单独明确告知不予认定结果和不予认定理由，对企业而言可能更为公平合理。同时本案也提示行政机关应当合理运用信息化带来的便利，确保各方面信息的一致性。

四、 案件处理

某科技公司提起行政诉讼后，法院在审理中请原告明确诉讼请求，该科技公司法庭上明示其诉求为请求认定机构履行认定职责，法院认定该诉讼已超过诉讼时效，并驳回其起诉。该科技公司不服一审判决，现已提起上诉，该案正在审理中。

五、 案件点评

虽然该案件目前正在上诉审理当中，但其中反映出来的问题，也为税务机关今后工作带来一定警示意义。

一是税务机关作为行政机关，在行使税收行政管理职责的过程中，应严格依法履行职责，遵循法无授权不可为的原则。在法律规定的框架内，谨慎行使权力，对于法律规定不清晰不确定的部分，应及时与上级部门沟通，理顺工作职责与流程，做到程序合法，确保行政行为合法合理。

二是重视对纳税人权益的保护，尤其不能忽视对纳税人知情权的保护。纳税人要遵从税法，首先需要全面知晓其权利义务。税务机关应当通过法定方式，确保对纳税人权利义务有影响的事项，无论该影响是普遍性的还是个别性的，都能明确告知纳税人，保证行政行为在行政复议、行政诉讼程序中能够经得起考验。

三是合理运用信息化手段，让信息化成为税务工作的助力。税务机关一方面应将税收工作与现代信息技术手段相结合，不断满足纳税人对便捷纳税程序的需求；另一方面应确保各信息系统的一致性，通过各种渠道发布的对纳税人权利义务产生实际影响的税收文件、处理决定等应保持一致，体现行政行为的权威性。

第七章　税务稽查类案例分析

稽查局行使税收代位权追缴税款案

【摘要】 我国《税收征管法》在 2001 年修订时，首次设立了税收代位权制度，这是民法领域代位权制度在税法领域的应用，为税务机关通过民事途径保护税收债权提供法律支持，对防止纳税人欠税、逃税行为，保障税款及时足额入库具有重要的现实意义。但从当前实际执法层面来看，该制度的实施不甚理想。本案中，北京市地方税务局某稽查局通过提起税收代位权诉讼，得到法院方面支持，成功追缴企业欠税，维护了国家税收利益，具有重要的法律实践意义。税务机关应积极作为，勇于担当，充分运用法律赋予的权力来加强税收征收管理、保障国家税收收入。

一、　基本案情

北京市地方税务局某稽查局对北京某国际建筑设计有限公司（以下简称某建筑公司）纳税情况进行了检查。经检查，发现该公司开具的 43 张发票"记账联"金额及账簿记载金额小于实际收到款项及"付款方收执联"金额，隐瞒营业税应税收入 54712656 元，少缴营业税 2735632.80 元。稽查局做出税务处理决定、处罚决定，对该公司少列收入、少缴营业税的行为定性为偷税行为，该企业应补缴营业税 2735632.80 元，加收营业税滞纳金 3546 699.75 元，对其偷税行为处以罚款 1367816.4 元，对其未按规定开具发票的行为处以罚款 10000 元。综上，某建筑公司欠缴营业税 273.56 万元，滞纳金 354.67 万元，罚款 137.78 万元，共计 766.01 万元，稽查局决定将该案件移送公安机关。

稽查局多次查询企业银行账户存款信息、资产情况，发现该企业确无财产。后稽查局发现，2004 年至 2008 年期间，某建筑公司在和北京某置业股份有限公司（以下简称某置业公司）合作期间，某置业公司欠其合同款 504.8 万元，且债权已经到期。2016 年 10 月 19 日，稽查局到某置业公司进行调查，了解某建筑公司债权情况。经核实，某置业公司应付给某建筑公司尾款 5048800 元。某置业公司确认此合同款并出具了未支付的情况说明。2016 年 10 月，稽查局将上述案件情况上报市局，市局相关处室进行了研究，指导、推进案件开展，通过依法行使税收代位权，成功追缴企业所欠税款。

二、 争议焦点

本案争议焦点主要有两个：第一，税务机关是否需要在穷尽其他税收征收手段之后才能行使税收代位权；第二，税务机关行使税收代位权需要具备哪些基本要件。

三、 法理评析

（一）税收代位权的含义与起源

税收代位权，是指欠缴税款的纳税人怠于行使其到期债权而对国家税收即税收债权造成损害时，由税务机关以自己的名义代替纳税人行使其债权的权力。

税收代位权制度源于民法的代位权制度，而其之所以可以借鉴民法债权保障制度又源于 1919 年《德国租税通则》将税收法律关系视为公法上的债权债务关系，该理论认为，国家与纳税人之间是一种债权债务关系，国家请求纳税人依法缴纳税款是依法行使税收债权的行为。税收债权作为公法之债，虽然与私法之债存在诸多差异，但仍具有债权债务关系的基本属性，在税法无特别规定时，原则上可以借鉴私法之债的相关制度，这其中就包括债权的保障制度。自 1919 年的《德国租税通则》开始，很多国家的税法中也明确规定了税收代位权制度。如《日本地方税法》第 20 条第 7 项规定："民法有关债权者的代位与诈害行为取消权的规定，地方团体征收金的征收准用。"

民法上，关于代位权制度的设立源于《法国民法典》，该法第 1166 条规定："债权人得行使其债务人的一切权利和诉权，唯权利和诉权专属于债务人个人者，不在此限。"随后，《西班牙民法典》《意大利民法典》《日本民法典》都仿照《法国民法典》规定了代位权制度。1999 年 3 月 15 日第九届全国人民代表大会第二次会议通过的《中华人民共和国合同法》（以下简称《合同法》）第一次在中国大陆引进了代位权制度。

1992 年 9 月 4 日第七届全国人民代表大会常务委员会第二十七次会议通过的《中华人民共和国税收征收管理法》（以下简称《税收征管法》）并未规定税收代位权制度，2001 年 4 月 28 日第九届全国人民代表大会常务委员会第二十一次会议修订《税收征管法》时第一次在税法中引进了税收代位权制度。

（二）税收代位权行使的穷尽原则

《税收征管法》在第三章"税款征收"中的第 50 条规定了税收代位权和税收撤销权制度。在此之前，《税收征管法》已经规定了纳税担保、税收保全、税收强制执行以及税收优先权等一系列保障税款征收的制度，税收代位权和税收撤销权是最后一项保障税款征收的制度。

从税收代位权的起源可以看出，税收代位权是公法之债对私法之债的借鉴，同时，由于税收代位权直接涉及纳税人以外的第三人，即直接影响税收法律关系之外的第三人的权益，因此，对该种权力的行使应当受到行政执法必要性的约束。在不影响第三人利益即可保障国家税收利益之时，尽量不去影响第三人的利益。[①]

另外，税收代位权只能通过诉讼程序进行，也就是说，通过税收代位权来保障国家的税收利益需要税务机关和司法机关共同完成，由于国家的司法资源也是有限的，在税务机关运用自身权力和手段即可完成税收征管任务的情形下，没有必要再去借用司法资源来完成税收征管任务。

因此，原则上，税务机关应当在穷尽其他税款征收手段和措施之后再行

[①] 这是行政法上必要性原则的体现，有学者认为，必要性原则包含了宪政层面的必要性和行政法层面的必要性双重内涵。它是指立法机关或行政机关在能够相同有效地实现目标的诸多手段中，应该选择对个人权利最小侵害的措施。故对必要性精神的把握，就转化为对"相同有效""个人权利"和"最小侵害"等相关概念的正确理解。参见郑春燕：《必要性原则内涵之重构》，载《政法论坛》2004年第 6 期。

使税收代位权和税收撤销权。①

需要注意的是，税收代位权行使的穷尽原则仅仅是合理性原则，而非合法性原则，即税务机关在没有穷尽其他手段和措施的情形下行使税收代位权并不违法，仅仅是存在合理性瑕疵。税务机关在行使税收代位权时是否已经遵循了穷尽原则属于税务机关自由裁量权的范畴，即使在行政诉讼中，原则上，法院也不对此进行审查。

在本案中，稽查局多次查询某建筑公司银行账户存款信息、资产情况，经查询发现该企业确无财产。这就是遵守税收代位权行使的穷尽原则的体现。

在纳税人无财产可供执行的情形下，税收保全、税收强制执行以及税收优先权等一系列保障税款征收的制度都无法发挥作用。一般而言，在纳税人无财产可供执行的情形下，也不会有人愿意为纳税人提供担保，因此，纳税担保的手段也无法发挥作用。正是在这种情形下，稽查局想到了法律所赋予的税收代位权，这就是非常值得肯定的执法态度。

（三）税收代位权行使的基本要件

根据《税收征管法》第50条的规定，欠缴税款的纳税人因怠于行使到期债权，对国家税收造成损害的，税务机关可以依照《中华人民共和国合同法》（以下简称《合同法》）第73条②规定行使代位权。根据《最高人民法院关于适用〈中华人民共和国合同法〉若干问题的解释（一）》（以下简称《合同法司法解释（一）》）第十一条的规定："债权人依照合同法第七十三条的规定提起代位权诉讼，应当符合下列条件：（一）债权人对债务人的债权合法；（二）债务人怠于行使其到期债权；（三）债务人的债权已经到期；（四）债务人的债权不是专属于债务人自身的债权。"根据以上规定，税务机关在行使税收代位权时，应当满足以下四个条件。

1. 税务机关对纳税人的税收债权合法

---

① 目前，学界尚未有学者就税务机关行使职权的穷尽原则进行研究，但在宪法学界，学者普遍认为，在进行宪法审查时，应遵循"权利救济程序穷尽"原则。参见韩大元：《简论"权利救济程序穷尽"的功能与界限》，载《南阳师范学院学报》2007年第5期。

②《中华人民共和国合同法》第七十三条规定：债务人怠于行使其到期债权，对债权人造成损害的，债权人可以向人民法院请求以自己的名义代位行使债务人的债权，但该债权专属于债务人自身的除外。代位权的行使范围以债权人的债权为限。债权人行使代位权的必要费用，由债务人负担。

首先需要强调的是，这里所谓的税务机关对纳税人的税收债权合法，准确来讲，应当是税务机关代表国家对纳税人的税收债权合法。国家是税收债权的实质债权人，税务机关仅仅是形式债权人，代表国家行使税收债权。由于国家是一个抽象的主体，这里为表述便利，将税务机关视为税收债权人。

根据行政行为的确定性原则，税务机关的征税行为一旦做出即被推定为合法，具有法律效力。在人民法院未判决该征税行为违法、未撤销该征税行为或者在其他有关机关未撤销该征税行为之前，税务机关征税行为所产生的税收债权属于合法债权。

需要讨论的有两种情形：一是对于明显违法征税行为所产生的税收债权是否可以被推定为合法债权；二是在税收行政复议和税收行政诉讼过程中，税收债权是否可以被推定为合法债权。

根据行政行为合法性原则，一个合法的行政行为必须在主体、内容和程序等方面均符合法律的规定。由于我国尚未制定统一的行政法典，尚无法律明确规定明显违法的行政行为本身即无效，但学界和其他国家的法律对此均持肯定态度。例如，德国《联邦行政程序法》第44条第1款就规定："行政处分有特别重大之瑕疵，并依一切可供斟酌之情形加以合理判断，其瑕疵足可认为公然者，无效。"因此，税务机关做出的征税行为如果存在明显违法的情形，任何主体均可以将由此产生的税收债权视为不合法债权。

在主体方面，我国相关法律法规均明确规定了各类征税行为的执法主体。如关税由海关征收和管理，个人所得税由地方税务机关征收和管理，增值税由国家税务机关征收和管理等。如某地税局向纳税人做出了补缴增值税及其滞纳金的决定，就可以认为是明显违法的征税行为。

在程序方面，我国相关法律法规规定一些重要征税行为的法定程序，如税务机关做出的补税决定应当送达纳税人，在未送达纳税人之前，该税收债权不能被视为合法债权。

在内容方面，我国相关法律法规的规定较多，如《税收征管法》第3条第2款规定："任何机关、单位和个人不得违反法律、行政法规的规定，擅自做出税收开征、停征以及减税、免税、退税、补税和其他同税收法律、行政法规相抵触的决定。"第83条规定："违反法律、行政法规的规定提前征收、延缓征收或者摊派税款的，由其上级机关或者行政监察机关责令改正，对直接负责的主管人员和其他直接责任人员依法给予行政处分。"如某税务机关做出的要求纳税人提前缴纳第二年税款的决定就是明显违反的,其产生的税收债权也不能被视为合法债权。

关于处于税收行政复议和税收行政诉讼过程中的税收债权是否可以被推定为合法债权的问题,学界观点和相关法律的规定是明确的,即税收行政复议和税收行政诉讼不影响税收债权的合法性推定。如《中华人民共和国行政复议法》(以下简称《行政复议法》)第21条规定:"行政复议期间具体行政行为不停止执行;但是,有下列情形之一的,可以停止执行:(一)被申请人认为需要停止执行的;(二)行政复议机关认为需要停止执行的;(三)申请人申请停止执行,行政复议机关认为其要求合理,决定停止执行的;(四)法律规定停止执行的。"《中华人民共和国行政诉讼法》(以下简称《行政诉讼法》)第56条规定:"诉讼期间,不停止行政行为的执行。但有下列情形之一的,裁定停止执行:(一)被告认为需要停止执行的;(二)原告或者利害关系人申请停止执行,人民法院认为该行政行为的执行会造成难以弥补的损失,并且停止执行不损害国家利益、社会公共利益的;(三)人民法院认为该行政行为的执行会给国家利益、社会公共利益造成重大损害的;(四)法律、法规规定停止执行的。"因此,处于行政复议和行政诉讼中的税收债权,只要未依法停止执行,就可以被推定为合法债权,就可以依法行使税收代位权。

在税收代位权诉讼中,关于税收债权的合法性,还有两个问题值得探讨:一是在纳税人未对税收债权的合法性提出质疑的情形下,次债务人是否可以对税收债权的合法性提出质疑;二是在纳税人和次债务人均未对税收债权的合法性提出质疑时,法院是否需要主动审查税收债权的合法性。

根据现行法律制度,纳税人或者其他主体如果要对税收债权的合法性提出质疑,只能通过税务行政复议和税务行政诉讼的形式,而在税务机关提起的税收代位权诉讼中,其适用的是《合同法》规范,适用的诉讼法是《中华人民共和国民事诉讼法》,负责审理的法庭也是民事庭,此时就出现了上述两个问题。

《行政复议法》第2条规定:"公民、法人或者其他组织认为具体行政行为侵犯其合法权益,向行政机关提出行政复议申请,行政机关受理行政复议申请、做出行政复议决定,适用本法。"《税务行政复议规则》第2条规定:

"公民、法人和其他组织（以下简称申请人）认为税务机关的具体行政行为侵犯其合法权益，向税务行政复议机关申请行政复议，税务行政复议机关办理行政复议事项，适用本规则。"《行政诉讼法》第2条第1款规定："公民、法人或者其他组织认为行政机关和行政机关工作人员的行政行为侵犯其合法权益，有权依照本法向人民法院提起诉讼。"由于税收代位权的行使影响了次债务人的合法权益，因此，次债务人可以根据《行政复议法》和《税务行政复议规则》提起税务行政复议，也可以提起税务行政诉讼。但在税收代位权诉讼中，受诉法院并非依据《行政诉讼法》进行行政诉讼，而是民事诉讼。因此，不能允许次债务人在税收代位权诉讼中对税收债权的合法性提出质疑。如次债务人对税收债权的合法性有怀疑，可以依法申请税务行政复议和提起税务行政诉讼。

以上分析并不代表法院在税收代位权诉讼中不需要对税收债权的合法性进行审查。因为税收债权的合法性是税务机关行使税收代位权的首要条件。但这种审查仅限于形式审查，即税收债权是否存在明显违法的情形，是否有法院的判决否定该税收债权的合法性，如果这些情形均没有，则法院应当认定税收债权具有合法性。即使纳税人和次债务人已经申请了税务行政复议或者税务行政诉讼，税收代位权诉讼中的法院也不能因此直接否定税收债权的合法性，但可以暂时中止税收代位权诉讼？等待相关税务行政复议或者税务行政诉讼决定生效之后再开展税收代位权诉讼。

综上所述，对税收债权的合法性进行全面审查并非税收代位权诉讼中的适当程序，其仅能对税收债权进行形式合法性审查，而不能进行实质合法性审查。

2. 纳税人怠于行使其到期债权

这一要件包括三个方面的含义：第一，纳税人对次债务人享有合法债权；第二，纳税人对次债务人享有的合法债权已经到期；第三，纳税人怠于行使其对次债务人享有的到期合法债权。这里重点分析第一、三两个含义，第二个含义实际上就是第三个要件。

关于纳税人对次债务人享有的合法债权，其判断原则与税务机关对纳税人税收债权合法性的判断原则基本一致，即如果次债务人和纳税人对该债权的合法性并未提出质疑，原则上，法院不再审查该债权的合法性。当然，由于债权是否合法还应考虑国家利益以及社会公共利益，因此，法院还应对纳税人与次债务人之间的债权是否损害了国家利益或者社会公共利益进行审查，法院的这种审查仍然是以明显违法为标准，因为税收代位权诉讼并非纳税人与次债务人之间的债权诉讼，在无利害关系人提起诉讼的情形下，根据"不告不理"的司法被动原则，法院不宜全面审查纳税人与次债务人之间债权的合法性。

关于纳税人怠于行使其对次债务人享有的到期合法债权，《合同法司法解释（一）》对此有明确规定①，即债权人"不以诉讼方式或者仲裁方式向其债务人主张其享有的具有金钱给付内容的到期债权"，因此，如果纳税人已经对次债务人提起了诉讼或者已经申请了仲裁，税务机关就不能再对次债务人提起税收代位权之诉。②

这里需要探讨的是，如果纳税人提起诉讼以后又撤诉，或者申请仲裁以后又撤回申请，税务机关是否可以提起税收代位权之诉。纳税人撤诉或者撤回仲裁申请在法律上相当于纳税人并未通过诉讼或者仲裁方式向次债务人主张权利，而且其实际效果与纳税人未起诉、未申请仲裁的效果是相同的，因此，在这种情形下，税务机关有权依法对次债务人提起税收代位权之诉。

3. 纳税人的债权已经到期

关于债权是否已经到期应当根据债权的具体情形来判断。一般而言，对于规定了具体履行期限的债权而言，相关期限的到来就视为债权已经到期，如合同规定，次债务人于 5 月 10 日之前付款，则该项债权于 5 月 10 日视为到期。对于规定了具体条件的债权而言，具体条件的成就视为债权已经到期，如合同规定，次债务人在取得高新技术企业证书之日应付纳税人代理费，则该项债权于次债务人取得高新技术企业证书之日到期。对于履行期限不明确

---

①《合同法司法解释（一）》第 13 条规定：《合同法》第 73 条规定的"债务人怠于行使其到期债权，对债权人造成损害的"，是指债务人不履行其对债权人的到期债务，又不以诉讼方式或者仲裁方式向其债务人主张其享有的具有金钱给付内容的到期债权，致使债权人的到期债权未能实现。次债务人（即债务人的债务人）不认为债务人有怠于行使其到期债权情况的，应当承担举证责任。

② 学界也有学者认为，怠于行使债权的判断不能仅局限于诉讼和仲裁，其他方式行使债权也不应视为怠于行使债权，如有学者认为，债权人代位权的成立所需要的债务人怠于行使权利这一要件，其表现形式应为根本不主张权利或迟延行使权利。参见崔建远：《债权人代位权的新解说》，载《法学》2011 年第 7 期。

的债权，根据《合同法》第 62 条第 1 款第 4 项的规定，① 直接视为到期债权，但应当给次债务人必要的履行准备时间。

这里需要探讨的一个问题是，如果纳税人对次债务人的债权已经过了诉讼时效，该项债权是否还可以由税务机关行使代位权？

诉讼时效是指民事权利受到侵害的权利人在法定的时效期间内不行使该权利，当时效期间届满时，债务人获得诉讼时效抗辩权。在法律规定的诉讼时效期间，权利人提出请求的，人民法院可以强制义务人履行所承担的义务。而在法定的诉讼时效期间届满之后，权利人行使请求权的，人民法院就不再予以保护。值得注意的是，诉讼时效届满后，义务人虽可拒绝履行其义务，权利人请求权的行使仅发生障碍，权利本身及请求权并不消灭。当事人超过诉讼时效后起诉的，人民法院应当受理。受理后，如另一方当事人提出诉讼时效抗辩且查明无中止、中断、延长事由的，判决驳回其诉讼请求。如果另一方当事人未提出诉讼时效抗辩，则视为其自动放弃该权利，法院不得依照职权主动适用诉讼时效，应当受理支持其诉讼请求。

因此，对于已经过了诉讼时效的债权，税务机关依然可以行使代位权，同样，次债务人在诉讼中既可以提出诉讼时效抗辩，也可以放弃该项权利。

4. 纳税人的债权不是专属于债务人自身的债权

根据《合同法司法解释（一）》的规定，② 所谓专属于债务人自身的债权是指"基于扶养关系、抚养关系、赡养关系、继承关系产生的给付请求权和劳动报酬、退休金、养老金、抚恤金、安置金、人寿保险、人身伤害赔偿请求权等权利"，上述权利均是针对自然人而言的，对于非自然人的纳税人而言，实际上并不存在专属于其自身的债权。因此，原则上，对于非自然人纳税人所享有的一切金钱支付债权，税务机关均可以行使税收代位权。

通过本案稽查局提供的资料来看，涉案企业发生了稽查局认定的纳税义务，且已形成欠税；该涉案企业拥有的债权已到期；按照《合同法司法解释

---

① 《合同法》第 62 条第 1 款第 4 项规定："履行期限不明确的，债务人可以随时履行，债权人也可以随时要求履行，但应当给对方必要的准备时间。"

② 《合同法司法解释（一）》第十二条规定："专属于债务人本身的权利，例如基于扶养关系、抚养关系、赡养关系、继承关系产生的给付请求权和劳动报酬、退休金、养老金、抚恤金、安置金、人寿保险、人身伤害赔偿请求权等权利，均不得由债权人代位行使。"

（一）》的规定，涉案企业拥有的债权不是"专属于债务人本身的权利"；即该案件行使税收代位权要件中，上述（1）、（2）、（4）项均已满足。关于（2）中"怠于行使"的认定，根据《合同法司法解释（一）》第十三条的规定，如债权人没有通过诉讼方式或者仲裁方式主张债权，属于怠于行使。本案中，某建筑公司的法定代表人表示其一直与某置业公司协调还款事宜，但尚未采取诉讼手段，即该案件已符合依法行使税收代位权的基本要件。

四、 案件处理

某建筑公司得知稽查局核实其相关债权情况、拟依法行使税收代位权后，受到很大震动，主动表示愿意积极筹措资金缴纳欠税。2016 年 11 月 9 日，该公司法定代表人在稽查局的协调下，缴纳了营业税 735632.80 元，营业税滞纳金 976184.72 元。该公司剩余欠缴营业税滞纳金 2570 515.04 元、罚款 1077816.4 元，合计 3 648 331.44 元，并表示愿意配合税务机关通过行使税收代位权的方式补缴欠税。

稽查局与市局相关处室共同协作，将行使税收代位权案件情况反复确认，确保事实清楚、证据充分。在此基础上，稽查局于 2017 年 1 月向北京市某区人民法院提起对某置业公司税收代位权诉讼。该诉讼是北京地税系统首次运用税收代位权诉讼追缴欠税。经过法院庭下调解，某置业公司表示将在 3 月 28 日前将所欠某建筑公司 364.83 万元尾款支付给稽查局，且某建筑公司、某置业公司一致同意将其用于缴纳滞纳金和罚款。随后，稽查局积极协调主管税务机关，于 2017 年 3 月 24 日，协助两家公司将欠税缴入国库。至此，北京地税通过行使税收代位权成功追缴欠税。

五、 案件点评

（一）按照法律要件行使税收代位权

代位权是民法中的概念，税收代位权是《税收征管法》赋予税务机关的法定权利，属于公私法合流的典型，是行政法对民法途径的借用。税务机关在行使税收代位权的过程中必须遵循法定要素，即纳税人享有的债权合法、纳税人怠于行使其到期债权且该债权已经到期、该债权不是专属于纳税人自身的债权。只有在法定原则下行使税收代位权，才能保障权力的规范运行。

（二）依法担当、积极作为是税务机关的工作方向

我国 2001 年修订通过的《税收征管法》首次设立了税收代位权制度，对防止纳税人欠税、逃税，保证税款及时、足额入库，具有重要的现实意义。但从当前实际执行层面来看，该制度的实施不甚理想。稽查局提起的税收代位权之诉，是北京市地方税务局系统得到法院支持、通过税收代位权实现税收债权追偿的唯一案件。税务部门作为为国聚财的执法机关，在推进依法行政、严格税收执法、促进纳税遵从和构建税收共治方面，肩负着重要的职责和使命。税收代位权是法律赋予税务机关的权力。税务机关在复杂疑难案件面前，通过依法行使税收代位权维护国家税收债权，是在依法行政过程中敢于作为、勇于担当的体现。

（三）精准把握、准备充分是依法行政的方法论

在行使税收代位权的过程中，不但要勇于尝试去做，更要善于把事情做好。北京地税系统这次行使税收代位权取得成功，得益于对行使税收代位权工作把握精准到位，各方面准备工作充分、有效。北京地税系统坚持民事诉讼是税收代位权行使的唯一方式，按照法律规定的基本要件开展工作，在做到依法行政的同时防止侵犯次债务人的合法权益。税务机关充分调查纳税人财产情况，同时，对纳税人享有到期民事债权、怠于行使到期债权等情形进行充分取证。诉讼过程中，税务机关作为税收债权的主体，充分准备、积极应诉，主要负责人高度关注税收代位权诉讼案件处理，向法院争取司法支持。

（四）强化沟通、促进纳税遵从是开展税收工作的保障

本案中，税务机关注重强化对纳税人、税收次债务人的政策辅导工作，促进纳税遵从，使得纳税人主观方面愿意履行纳税义务，次债务人也能主动协作，共同配合税务机关行使税收代位权。税务机关在税收工作中，要注重与纳税人的互动，只有得到纳税人的支持、提高纳税遵从度，才能确保税收工作顺利开展。

采取阻止出境与纳税担保措施追缴税款案

【摘要】《税收征管法》赋予了税务机关较为充分的税收执法权力，为税务机关追缴税款提供刚性保障。阻止欠税人出境、要求欠税人提供纳税担保等属于税务机关的法定权力。阻止欠税人出境属于行政强制措施的一种，税务机关对欠税人实施阻止出境，充分体现了税法的庄严，展现了税收执法的威慑力。纳税担保是防止税收流失的有效途径，也是保障国家税收利益实现的重要手段。依法运用税收法定职权，打好"组合拳"，是做好税收工作的基础。本案中，某区地税局稽查局在发现企业欠缴税款且拒不执行的情形下，及时对法定代表人采取阻止出境措施，促使企业对全部欠税及滞纳金提供担保，确保了国家税款不流失，保障了国家税收债权的实现。同时本案也启发我们，阻止出境、纳税担保的顺利实施，需要税务机关与有关部门密切合作，发挥税收共治的积极作用。

一、 基本案情

北京市地方税务局某区地税局稽查局（以下简称稽查局）在对某公司开展专项检查过程中，发现企业存在以地抵债转让土地使用权未缴纳营业税等相关税费问题。2015年5月，稽查局做出补缴税款1.34亿元、滞纳金6 741万元的处理决定，并将《税务处理决定书》送达纳税人。该企业未按照税务机关的规定缴纳相应的税款及滞纳金。随后，税务机关对企业财务负责人进行约谈，送达《追缴欠缴税款事项告知书》及《催告书》。同时将此案件转为稽查欠税管理。在多次催缴无果的情况下，税务机关查封其全部11个银行账号。

因企业实际控制人、法定代表人长期滞留国外，催缴工作陷于被动，效果不理想。2016年下半年，稽查人员走访企业时了解到其法定代表人短暂回国，果断采取了阻止法定代表人出境的强制措施，向纳税人送达《阻止出境决定书》，同时函请公安机关办理边控手续，阻止其法定代表人出境。

该企业迫于压力，于2017年1月向稽查局提交《提供纳税担保申请书》，承诺用其部分房产作为稽查欠税纳税抵押担保。经调查发现，该企业还存在征管欠税及滞纳金 6 300 万元。出于尽量减少提供抵押房产的考虑，该企业提出将稽查欠税和征管欠税分别处理，意图仅对稽查欠税提供抵押担保后迅速离境。税务机关第一时间告知其《税收征收管理法》有关未结清全部欠税及滞纳金或者未提供足额担保，税务机关可以通知出境管理机关阻止其法定代表人出境的相关规定，打消企业的侥幸心理，促使企业及时提供了纳税担保。2017 年 2 月，双方向不动产登记中心提交房产抵押担保资料。2017 年 3 月，税务机关与国土部门密切配合，成功办理了对该企业全部欠税及滞纳金 2.9 亿元的纳税抵押担保手续，共抵押房产 74 间，合计 7 803 平方米，保障了国家税收利益的实现。

二、 案件焦点

本案焦点主要包括以下两个：

第一，税务机关是否有权对欠税纳税人采取阻止出境措施？法律依据是什么？该措施的性质是什么？

第二，税务机关对欠税纳税人采取阻止出境措施的要件有哪些？在实施中有哪些注意事项？

三、 法理评析

（一）税务机关对欠税纳税人采取阻止出境措施的法律依据

阻止欠税人出境具有明确的法律依据。根据《税收征收管理法》第四十四条规定："欠缴税款的纳税人或者他的法定代表人需要出境的，应当在出境前向税务机关结清应纳税款、滞纳金或者提供担保。未结清税款、滞纳金，又不提供担保的，税务机关可以通知出境管理机关阻止其出境。"根据《税收征收管理法实施细则》第七十四条规定："欠缴税款的纳税人或者其法定代表人在出境前未按照规定结清应纳税款、滞纳金或者提供纳税担保的，税务机关可以通知出入境管理机关阻止其出境。阻止出境的具体办法，由国家税务总局会同公安部制定。"而《阻止欠税人出境实施办法》（国税发〔1996〕215 号）、《国家税务总局关于认真贯彻执行阻止欠税人出境实施办法的通知》（国税发〔1996〕216 号）两个文件规定了如何具体实施阻止出境。

本案中，该企业未按照税务机关的规定结清应纳税款及滞纳金，又未提供纳税担保，且企业欠税金额在 20 万以上，故稽查局对其法定代表人采取阻止出境措施于法有据。

（二）税务机关对欠税纳税人采取阻止出境措施的法律性质

关于阻止出境措施的法律性质，主要有两种观点：一种观点认为是行政处罚，一种观点认为是行政强制措施。

行政处罚是指行政机关或其他行政主体依法定职权和程序对违反法律、法规尚未构成犯罪的相对人给予行政制裁的具体行政行为。《行政处罚法》第八条规定："行政处罚的种类：（一）警告；（二）罚款；（三）没收违法所得、没收非法财物；（四）责令停产停业；（五）暂扣或者吊销许可证、暂扣或者吊销执照；（六）行政拘留；（七）法律、行政法规规定的其他行政处罚。"由此可见，阻止欠税并非《行政处罚法》明确规定的行政处罚的种类。如果将其视为"法律、行政法规规定的其他行政处罚"也比较勉强。因为《税收征收管理法》将阻止出境列入了第三章"税款征收"之中，而并未将其列入第五章"法律责任"之中，可见，作为阻止出境制度依据的《税收征收管理法》也并未将其视为行政处罚。另外，从行政处罚的特征上来看，行政处罚是对行政违法主体做出的最终处理决定，而阻止出境并非最终处理决定，而是中间阶段的处理决定。综上所述，将阻止出境视为行政处罚的法律依据和理论依据均不足。

根据《行政强制法》第二条的规定，行政强制，包括行政强制措施和行政强制执行。行政强制措施，是指行政机关在行政管理过程中，为制止违法行为、防止证据损毁、避免危害发生、控制危险扩大等情形，依法对公民的人身自由实施暂时性限制，或者对公民、法人或者其他组织的财物实施暂时性控制的行为。行政强制执行，是指行政机关或者行政机关申请人民法院，对不履行行政决定的公民、法人或者其他组织，依法强制履行义务的行为。阻止出境是税务机关在税务管理过程中，为防止国家税款的流失、督促纳税人及时履行纳税义务，依法对纳税人或其法定代表人的部分人身自由（即出境的自由）实施暂时性限制的行为，因此，阻止出境完全符合行政强制措施的定义，属于行政强制的一种。

《行政强制法》第九条规定："行政强制措施的种类：（一）限制公民人

身自由；（二）查封场所、设施或者财物；（三）扣押财物；（四）冻结存款、汇款；（五）其他行政强制措施。"虽然这里也并未明确规定阻止出境，但一方面，阻止出境作为一种具体的限制人身自由的措施，可以归入《行政强制法》第九条第一款第一项规定的"限制公民人身自由"之中，另一方面也可以视为第五项规定的"其他行政强制措施"。在《税收征收管理法》中，阻止出境是与扣押财物、冻结存款相并列的保障税款征收的措施，而扣押财物、冻结存款是《行政强制法》第九条明确规定的行政强制措施，因此，可以认为，在《税收征收管理法》看来，阻止出境也是行政强制措施。综上所述，将阻止出境定性为行政强制措施既有法律依据，也有理论依据。

（三）税务机关对欠税纳税人采取阻止出境措施的要件

根据《税收征收管理法》第四十四条的规定，税务机关对欠税纳税人采取阻止出境措施似乎只需要满足两个要件：第一，纳税人未结清税款、滞纳金；第二，纳税人不提供担保。但行政机关采取行政措施还应遵守行政行为的一般性原则，如比例原则等。[①]

比例原则是许多国家行政法上一项重要的基本原则。[②] 学界通说认为，比例原则包含适当性原则、必要性原则和狭义比例原则三个子原则。行政法中比例原则是指行政权力的行使除了有法律依据这一前提外，行政主体还必须选择对人民侵害最小的方式进行。比例原则对我国行政法治建设具有很强的

[①] 有学者认为，在一定条件下阻止欠缴税款又未提供相应担保的纳税人出境，是《税收征管法》中确立的一项保障税款征收的措施，但对阻止出境构成要件的规定较为模糊，免责条件显得过于苛刻，行政裁量的标准也完全缺位，对纳税人权利可能造成不必要的损害。因此，除了考虑国家税收利益之外，有必要从纳税人的权利的角度，重新审视阻止出境措施，从实体要件和程序要件两个方面对其加以规范。参见王华：《对阻止欠税人出境的重新审视——从纳税人权利角度出发》，载《太原理工大学学报（社会科学版）》2009 年第 4 期。

[②] 有学者认为，我国行政法学先后引进了英国的合理原则和德国的比例原则作为制约行政裁量权的基本原则，但如何协调两者之间的适用关系，却始终未予讨论。长期采用合理原则的英国，在涉及人权的案件中，已引入比例原则作为司法审查的依据，成此消彼长之势。其根源在于，合理原则立基于禁止越权原则，以确保行政行为的合法性为宗旨，不能完全胜任人权保障的时代使命；而比例原则则在确保行政行为合法性的基础上，进一步把人权保障作为其主要目的，对人权的保护更为有力。从当下我国人民法院所担负的基本权利保障任务和采行的积极主动司法政策来看，统一采用比例原则为评价基准更符合我国法治建设和人权保障的需要。参见杨登峰：《从合理原则走向统一的比例原则》，载《中国法学》2016 年第 6 期。

借鉴意义。比例原则并非仅仅是学理上的原则，也是具有明确法律依据的原则。《行政强制法》第十六条第二款规定："违法行为情节显著轻微或者没有明显社会危害的，可以不采取行政强制措施。"由此可见，比例原则并非行政机关在实施行政强制过程中可以参考的法理原则，而是必须遵守的法律原则。

就阻止出境而言，如果纳税人欠税数额较小且有大量财产可供扣押或者冻结，允许纳税人出境不会对国家税款的保障带来危害，此时就不宜对纳税人采取阻止出境措施。如果采取其他对纳税人影响更小的措施更能够确保国家税款的及时入库，如扣押财产、冻结存款等，此时也可不选择采取阻止出境措施。

（四）税务机关对欠税纳税人采取阻止出境措施的程序与注意事项

根据《阻止欠税人出境实施办法》（国税发〔1996〕215号）的规定，经税务机关调查核实，欠税人未按规定结清应纳税款又未提供纳税担保且准备出境的，税务机关可依法向欠税人申明不准出境。对已取得出境证件执意出境的，税务机关可按规定的程序函请公安机关办理边控手续，阻止其出境。欠税人为自然人的，阻止出境的对象为当事人本人。欠税人为法人的，阻止出境对象为其法定代表人。欠税人为其他经济组织的，阻止出境对象为其负责人。上述法定代表人或负责人变更时，以变更后的法定代表人或负责人为阻止出境对象；法定代表人不在中国境内的，以其在华的主要负责人为阻止出境对象。

阻止欠税人出境由县级以上（含县级下同）税务机关申请，报省、自治区、直辖市税务机关审核批准，由审批机关填写《边控对象通知书》，函请同级公安厅、局办理边控手续。已移送法院审理的欠税人由法院依照法律规定处理。

各省、自治区、直辖市公安厅、局接到税务机关《边控对象通知书》后，应立即通知本省、自治区、直辖市有关边防口岸，依法阻止有关人员出境；欠税人跨省、自治区、直辖市出境的，由本省、自治区、直辖市公安厅、局通知有关省、自治区、直辖市公安厅、局实施边控。有关边防检查站在接到边控通知后应依法阻止欠税人出境。必要时，边防检查站可以依法扣留或者收缴欠缴税款的中国大陆居民的出境证件。在对欠税人进行控制期间，税务机关应采取措施，尽快使欠税人完税。边防检查站阻止欠税人出境的期限一般为一个月。对控制期限逾期的，边防检查站可自动撤控。需要延长控制期限的，税务机关按照规定办理续控手续。

被阻止出境的欠税人有下列情形之一者，有关省、自治区、直辖市税务机关应立即依照布控程序通知同级公安厅、局撤控：已结清阻止出境时欠缴的全部税款（包括滞纳金和罚款，下同）；已向税务机关提供相当全部欠缴税款的担保；欠税企业已依法宣告破产，并依《企业破产法》程序清偿终结者。

除《阻止欠税人出境实施办法》的相关规定，《行政强制法》的相关规定，税务机关也应遵守。从阻止出境实施主体来说，根据《行政强制法》第十七条的规定，行政强制措施由法律、法规规定的行政机关在法定职权范围内实施。行政强制措施权不得委托。依据《行政处罚法》的规定行使相对集中行政处罚权的行政机关，可以实施法律、法规规定的与行政处罚权有关的行政强制措施。行政强制措施应当由行政机关具备资格的行政执法人员实施，其他人员不得实施。

从阻止出境程序来说，根据《行政强制法》第十八条的规定，行政机关实施行政强制措施应当遵守下列规定：实施前须向行政机关负责人报告并经批准；由两名以上行政执法人员实施；出示执法身份证件；通知当事人到场；当场告知当事人采取行政强制措施的理由、依据以及当事人依法享有的权利、救济途径；听取当事人的陈述和申辩；制作现场笔录；现场笔录由当事人和行政执法人员签名或者盖章，当事人拒绝的，在笔录中予以注明；当事人不到场的，邀请见证人到场，由见证人和行政执法人员在现场笔录上签名或者盖章。根据《行政强制法》第二十条的规定，依照法律规定实施限制公民人身自由的行政强制措施，除应当履行规定的程序外，还应当遵守下列规定：当场告知或者实施行政强制措施后立即通知当事人家属实施行政强制措施的行政机关、地点和期限；在紧急情况下当场实施行政强制措施的，在返回行政机关后，立即向行政机关负责人报告并补办批准手续。实施限制人身自由的行政强制措施不得超过法定期限。实施行政强制措施的目的已经达到或者条件已经消失，应当立即解除。

四、案件处理

在欠税企业及时提供优质房产进行纳税担保后，税务机关按照规定第一时间制作《解除税收保全措施决定书》、《解除冻结存款通知书》，当日解除该企业11个有效的银行账户冻结措施。同时，制作《解除阻止出境决定书》解除对其法定代表人的阻止出境。组织出境措施的实施，提升了税务机关威慑力，有效地防止了国家税款的流失。

五、 案件点评

阻止出境举措对欠税人出境亮红灯，起到了巨大的震慑作用。欠缴税款的纳税人在离开国境前，必须向税务机关缴清所欠税款、滞纳金，或者提供纳税担保，否则税务机关可以通知边防或者海关阻止其出境。本案中，税务机关对欠税企业实施阻止出境，充分体现了税法的庄严，体现了税收作为国家主权的神圣性。纳税人在离境前结清税款或提供相应纳税担保，不仅是应该的，而且也是必须的。

纳税担保是防止税收流失的有效途径。《纳税担保试行办法》（国家税务总局令第11号）第三条第一款第四项规定纳税人有下列情况之一的，适用纳税担保："欠缴税款、滞纳金的纳税人或者其法定代表人需要出境的。"第二十三条规定："纳税人在规定的期限内未缴清税款、滞纳金的，税务机关应当依法拍卖、变卖抵押物，变价抵缴税款、滞纳金。"本案中，欠税企业为了解除对其法定代表人的阻止出境，向稽查局提出用其部分房产对全部欠税及滞纳金提供纳税担保。稽查局抓住其法定代表人急于出境的心理，层层施压迫使企业及时拿出足够的优质房产，对全部欠税及滞纳金提供担保，确保了国家税款不流失，保障了国家税收债权的实现。

阻止出境的顺利实施需要与有关部门密切合作。在实际操作中，离境清税涉及许多具体环节、程序和手续等，税务机关必须加强与边防、海关、国税等部门联系配合，才能准确、及时运用这一手段，保证国家税收利益不损害。本案中，稽查局通过跟踪调查，发现欠税企业的法定代表人入境后，及时填制"阻止出境布控通知书"等有关文书，在市局的指导下通知出入境管理机关，按照规定的程序实施阻止出境措施，并通过与国税局共享欠税信息，避免纳税人以国税欠税企业进行信用担保。

房地产开发完工产品未依法预缴税款案

【摘要】市场经济的不断发展深入，促进了商品房交易的蓬勃发展，房地产开发行业企业所得税问题逐渐成为税收征管工作的重点。房地产开发企业预售未完工开发产品与实际销售已完工开发产品，在企业所得税的计算方式上有所不同，使得部分企业倾向于按有利于自己的方式结算计税成本，从而达到少缴企业所得税的目的。本案中，税务机关稽查发现，某房地产开发有限公司有竣工备案项目，但未按照规定及时将其确认为已完工开发产品，以致在销售时未及时确认销售收入、结转计税成本、计算实际毛利额，未按规定缴纳企业所得税。税务机关经核实，最终确认企业开发产品已完工，故要求企业按照已完工开发产品实际销售收入应纳企业所得税额与按预计毛利率计算的企业所得税额之间的差额，补缴企业所得税。该房地产公司对涉税违法事实无异议，并及时补缴了企业所得税、滞纳金。该案件的查处，提示税务机关应对该类情况予以足够重视，加强对房地产开发公司企业所得税的征收与管理。

一、 基本案情

北京市地方税务局某稽查局（以下简称"稽查局"）于 2015 年对某房地产开发有限公司（以下简称"某房地产公司"）2012 年至 2013 年的纳税情况进行了专项检查。经检查，该公司"自然城"项目部分商品房在 2011 年 1 月、6 月、7 月和 2013 年 10 月已陆续向北京市住建委办理竣工备案，但在检查期间企业未将已办理竣工备案的住宅项目确认为"已完工产品"。该企业在 2012 和 2013 年度，其开发产品销售存在两种情况，一种情况是对预售未完工开发产品部分，按照未完工产品销售预计毛利额①的规定计算预缴企业所得税，在办理竣工备案后未按规定对企业所得税进行调整；另一种情况是对销售已办理竣工备案的完工产品部分，未按照毛利额②规定预缴企业所得税，仍按照未完工产品规定预缴企业所得税。同时，该企业在对以上年度企业所得税汇算清缴时依然未对已开发完工产品进行确认，使企业在进行企业所得税税收科目调整后在以上年度形成"亏损"。对此，稽查局依法对检查期间内该企业的企业所得税进行了重新核算：

一是确定检查期间企业开发产品的总成本。该企业在计算企业所得税时，将成本对象分为八个，包括"北区普通住宅""北区两限房""北区商业用房""北区公共配套""南区普通住宅（已完工）""南区普通住宅（未完工）""南区别墅""南区公共配套"，其中"北区公共配套"和"南区公共配套"为过渡性成本对象。③ 稽查局对该企业截至 2013 年 12 月 31 日八个成本对象的总成本予以确认。

二是按照检查期间截止时点进行计算与分摊后，分别确定六个成本对象的成本金额。

三是根据测绘公司出具的《房屋面积测算技术报告书》中列出的六个成本对象的建筑物实测建筑面积，计算出已完工成本对象的单位成本。④

四是确认该企业 2012 年、2013 年销售开发产品应缴纳的企业所得税。首先，确认 2012 年、2013 年该企业销售已完工开发产品取得的销售收入；其次，按照六个成本对象已实现的销售面积和已知的单位成本金额，分别计算得出 2012 年、2013 年该企业销售已完工开发产品的计税成本；再次，根据销售收入和计税成本，计算出调整后的企业所得税应纳税所得额；最后，按照 2012 年、2013 年调整后的企业所得税应纳税所得额，计算出两个年度该企业

---

① 预计毛利额是指房地产企业销售未完工开发产品取得的销售收入乘以预计计税毛利率计算出的金额。

② 毛利额是指房地产企业某一项完工产品竣工清算时，实际销售收入减去计税成本的金额。

③ "北区公共配套"和"南区公共配套"相关成本费用已分摊。

④ 单位成本＝各自的成本÷各自的实测建筑面积。

分别应缴纳的企业所得税税额。

经检查，该企业 2012 年度应缴纳企业所得税 1 187.83 万元，2013 年度应缴纳企业所得税 3 856.31 万元。2012 年度、2013 年度共计应补缴企业所得税税款 5 044.14 万元。

企业对该检查结论存在异议，对检查期间成本列支截止时点与稽查局有不同意见。该企业认为，截至稽查局向企业送达《检查通知书》时，按照会计科目记录被检查项目在检查期间预计发生的成本已经实际发生，应当按照稽查局开展检查时以上项目实际发生的成本，在计算应纳税所得额时进行扣除，稽查局按照检查期间截止时点实际发生的成本进行计算缺乏合理性。

二、 争议焦点

本案争议焦点问题主要有以下两个：

第一，房地产企业销售开发的房地产时，所开发产品已确认完工的情况是否对企业所得税征收产生影响？

第二，在税务检查中对房地产企业销售产品应缴纳企业所得税应纳税所得额进行核定时，企业开发产品成本列支截止时间应如何确认？

三、 法理评析

（一）房地产开发企业销售的产品是否完工对企业所得税征收方式的影响

本案中，某房地产公司在检查期间之前和检查期间，已经对部分开发产品向住建委进行了竣工备案，在对产品的销售过程中包含了两种情况：一种是对未完工的产品进行了预售，一种是对已完工产品进行销售。两种情况下企业所得税的征收规定有所区别。目前，税务机关在对房地产企业销售开发产品的企业所得税征收管理工作中，主要依据《国家税务总局关于房地产开发业务征收企业所得税问题的通知》（国税发〔2006〕31 号，以下简称国税发〔2006〕31 号文件）和《国家税务总局关于印发〈房地产开发经营业务企业所得税处理办法〉的通知》（国税发〔2009〕31 号，以下简称国税发

〔2009〕31 号文件）等相关规定。根据国税发〔2006〕31 号文件规定，① 房地产开发企业开发住宅等产品，如在产品未完工前已开始进行预售的，其预售收入应当按照计算当期预计毛利额的特殊规定，在扣除相关的期间费用、营业税金及附加后，再计入当期应纳税所得额预缴企业所得税，待开发产品竣工结算计税成本②后根据实际情况进行纳税调整。对于直接销售已完工产品

---

① 国税发〔2006〕31 号文件第 1 条"关于未完工开发产品的税务处理问题"规定："开发企业开发、建造的住宅、商业用房以及其他建筑物、附着物、配套设施等开发产品，在其未完工前采取预售方式销售的，其预售收入先按预计计税毛利率分季（或月）计算出当期毛利额，扣除相关的期间费用、营业税金及附加后再计入当期应纳税所得额，待开发产品结算计税成本后再行调整。（一）经济适用房项目必须符合建设部、国家发展改革委员会、国土资源部、中国人民银行《关于印发〈经济适用房管理办法〉的通知》（建住房〔2004〕77 号）等有关法规的规定，其预售收入的计税毛利率不得低于 3%。开发企业对经济适用房项目的预售收入进行初始纳税申报时，必须附送有关部门的批准文件以及其他相关证明材料。凡不符合规定或未附送有关部门的批准文件以及其他相关证明材料的，一律按销售非经济适用房的规定计算缴纳企业所得税。（二）非经济适用房开发项目预计计税毛利率按以下规定确定：1. 开发项目位于省、自治区、直辖市和计划单列市人民政府所在地城市城区和郊区的，不得低于 20%。2. 开发项目位于市及地级市城区及郊区的，不得低于 15%。3. 开发项目位于其他地区的，不得低于 10%。"

② 国税发〔2009〕31 号文件第 25 条规定："计税成本是指企业在开发、建造开发产品（包括固定资产，下同）过程中所发生的按照税收规定进行核算与计量的应归入某一成本对象的各项费用。"第 27 条规定："开发产品计税成本支出的内容如下：（一）土地征用费及拆迁补偿费。指为取得土地开发使用权（或开发权）而发生的各项费用，主要包括土地买价或出让金、大市政配套费、契税、耕地占用税、土地使用费、土地闲置费、土地变更用途和超面积补交的地价及相关税费、拆迁补偿支出、安置及动迁支出、回迁房建造支出、农作物补偿费、危房补偿费等。（二）前期工程费。指项目开发前期发生的水文地质勘察、测绘、规划、设计、可行性研究、筹建、场地通平等前期费用。（三）建筑安装工程费。指开发项目开发过程中发生的各项建筑安装费用。主要包括开发项目建筑工程费和开发项目安装工程费等。（四）基础设施建设费。指开发项目在开发过程中所发生的各项基础设施支出，主要包括开发项目内道路、供水、供电、供气、排污、排洪、通讯、照明等社区管网工程费和环境卫生、园林绿化等园林环境工程费。（五）公共配套设施费：指开发项目内发生的、独立的、非营利性的，且产权属于全体业主的，或无偿赠与地方政府、政府公用事业单位的公共配套设施支出。（六）开发间接费。指企业为直接组织和管理开发项目所发生的，且不能将其归属于特定成本对象的成本费用性支出。主要包括管理人员工资、职工福利费、折旧费、修理费、办公费、水电费、劳动保护费、工程管理费、周转房摊销以及项目营销设施建造费等。"

的，应按照毛利额据实预缴企业所得税。①

本案中，某房地产公司对于部分未完工产品的销售行为，应按照预计毛利额确定应纳税所得额的特殊规定进行预缴。根据国税发〔2009〕31 号文件第 8 条的规定②以及《北京市国家税务局北京市地方税务局转发国家税务总局关于印发房地产开发经营业务企业所得税处理办法的通知的通知》（京国税发〔2009〕92 号，以下简称京国税发〔2009〕92 号文件）第 1 条的规定，③ 北京市对房地产开发企业销售未完工开发产品的计税毛利率规定为 15%。某房地产公司在检查期间的各预缴期内，据此计税毛利率和当期销售收入计算得出的毛利额，在扣除当期期间费用、营业税金及附加后，得出的当期应纳税所得额均为 0，故该公司对相关产品完工前的销售收入实际应预缴企业所得税税款数为 0。但是，稽查局在调查中已经查明，该公司部分预售项目在 2013 年 10 月已在北京市住建委办理了竣工备案，符合国税发〔2009〕31 号文件第

---

① 国税发〔2006〕31 号文件第 2 条"关于完工开发产品的税务处理问题"规定："……（二）开发产品完工后，开发企业应根据收入的性质和销售方式，按照收入确认的原则，合理地将预售收入确认为实际销售收入，同时按规定结转其对应的计税成本，计算出该项开发产品实际销售收入的毛利额。该项开发产品实际销售收入毛利额与其预售收入毛利额之间的差额，计入完工年度的应纳税所得额。凡已完工开发产品在完工年度未按规定结算计税成本，或未对其实际销售收入毛利额和预售收入毛利额之间的差额进行纳税调整的，主管税务机关有权确定或核定其计税成本，据此进行纳税调整，并按《中华人民共和国税收征收管理法》的有关规定对其进行处理。（三）开发产品完工后，开发企业应于年度纳税申报前将其完工情况报告主管税务机关。在年度纳税申报时，开发企业须出具有关机构对该项开发产品实际销售收入毛利额与预售收入毛利额之间差异调整情况的税务鉴定报告以及税务机关需要的其他相关资料。上述差异调整情况鉴定报告的基本内容包括：开发项目的地理位置及概况、占地面积、开发用途、初始开发时间、完工时间、可售面积及已售面积、预售收入及其毛利额、实际销售收入及其毛利额、开发成本及其实际销售成本等。"

② 国税发〔2009〕31 号文件第 8 条规定："企业销售未完工开发产品的计税毛利率由各省、自治区、直辖市国家税务局、地方税务局按下列规定进行确定：（一）开发项目位于省、自治区、直辖市和计划单列市人民政府所在地城市城区和郊区的，不得低于 15%。（二）开发项目位于市及地级市城区及郊区的，不得低于 10%。（三）开发项目位于其他地区的，不得低于 5%。（四）属于经济适用房、限价房和危改房的，不得低于 3%。"

③ 京国税发〔2009〕92 号文件第 1 条规定："关于销售未完工开发产品适用计税毛利率问题：（一）自 2008 年 1 月 1 日起，我市房地产开发企业销售未完工开发产品取得的收入计算缴纳企业所得税时，经济适用房、限价房和危改房项目的计税毛利率按 3% 确定。（二）自 2009 年 1 月 1 日（税款所属期）起，我市房地产开发企业销售未完工开发产品取得的收入计算缴纳企业所得税时，除经济适用房、限价房和危改房项目以外的其他开发项目的计税毛利率按 15% 确定，2008 年度仍按 20% 确定。"

3条对已完工产品的界定条件,① 故该公司应按照销售已完工产品规定对预缴的税款进行调整。根据国税发〔2009〕31号文件第9条的规定,② 该房地产公司对已完工产品应及时结算其计税成本并计算此前销售收入的毛利额,并在汇算清缴时进行调整。该公司在未按规定履行纳税义务的情况下,由稽查局对其应缴纳税款进行核定是符合税法规定的。③ 同时,该公司对部分产品于

---

① 国税发〔2009〕31号文件第3条规定:"企业房地产开发经营业务包括土地的开发、建造、销售住宅、商业用房以及其他建筑物、附着物、配套设施等开发产品。除土地开发之外,其他开发产品符合下列条件之一的,视为已经完工:(一)开发产品竣工证明材料已报房地产管理部门备案。(二)开发产品已开始投入使用。(三)开发产品已取得了初始产权证明。"国税发〔2006〕31号文件第2条对完工条件的规定为:"符合下列条件之一的,应视为开发产品已经完工:1. 竣工证明已报房地产管理部门备案的开发产品(成本对象);2. 已开始投入使用的开发产品(成本对象);3. 已取得了初始产权证明的开发产品(成本对象)。"两份文件规定的完工条件基本一致。

② 国税发〔2009〕31号文件第9条规定:"企业销售未完工开发产品取得的收入,应先按预计计税毛利率分季(或月)计算出预计毛利额,计入当期应纳税所得额。开发产品完工后,企业应及时结算其计税成本并计算此前销售收入的实际毛利额,同时将其实际毛利额与其对应的预计毛利额之间的差额,计入当年度企业本项目与其他项目合并计算的应纳税所得额。在年度纳税申报时,企业须出具对该项开发产品实际毛利额与预计毛利额之间差异调整情况的报告以及税务机关需要的其他相关资料。"

③《税收征管法》第35条规定:"纳税人有下列情形之一的,税务机关有权核定其应纳税额:(一)依照法律、行政法规的规定可以不设置账簿的;(二)依照法律、行政法规的规定应当设置账簿但未设置的;(三)擅自销毁账簿或者拒不提供纳税资料的;(四)虽设置账簿,但账目混乱或者成本资料、收入凭证、费用凭证残缺不全,难以查账的;(五)发生纳税义务,未按照规定的期限办理纳税申报,经税务机关责令限期申报,逾期仍不申报的;(六)纳税人申报的计税依据明显偏低,又无正当理由的。税务机关核定应纳税额的具体程序和方法由国务院税务主管部门规定。"国税发〔2006〕31号文件第9条"关于征收管理问题"规定:"(一)开发企业在年度申报纳税时,应对涉及报税务机关审批或备案的税前扣除项目逐笔逐项进行核实。凡未按规定报批或备案以及手续、资料不全的,要及时补办有关手续、资料,否则,不得在税前扣除。(二)开发企业出现下列情形之一的,税务机关可对其以往应缴的企业所得税按核定征收方式进行征收、管理并逐步规范,同时按《中华人民共和国税收征收管理法》等税收法律、法规的规定进行处理,但不得事先规定开发企业的所得税按核定征收方式进行征收、管理。1. 依照法律、行政法规的规定可以不设账簿的;2. 依照法律、行政法规的规定应当设置但未设置账簿的;3. 擅自销毁账簿的或者拒不提供纳税资料的;4. 虽设置账簿,但账目混乱或成本资料、收入凭证、费用凭证残缺不齐,难以查账的;5. 发生纳税义务,未按照规定的期限办理纳税申报,经税务机关责令限期申报,逾期仍不申报的;6. 纳税人申报的计税依据明显偏低,又无正当理由的。"国税发〔2009〕31号文件第4条规定:"企业出现《中华人民共和国税收征收管理法》第三十五条规定的情形,税务机关可对其以往应缴的企业所得税按核定征收方式进行征收管理,并逐步规范,同时按《中华人民共和国税收征收管理法》等税收法律、行政法规的规定进行处理,但不得事先确定企业的所得税按核定征收方式进行征收、管理。"

2011 年 1 月、6 月、7 月进行了竣工备案，在检查期间内对该部分已完工产品的销售行为，应按照规定以实际销售毛利额情况预缴企业所得税，但该公司依然按照销售未完工产品的规定进行预缴，亦应当由稽查局进行核定调整。

综上，在房地产开发企业销售开发产品过程中，其所售产品是否处于完工的状态，涉及企业所得税缴纳方式的确定。本案中，当某房地产公司以销售未完工产品的规定缴纳企业所得税时，其实际"应"缴纳税款为 0，但是按照销售已完工产品规定缴纳企业所得税时，其汇算清缴确定的税额为 5 044.14 万元，两种计算方法的结果差异巨大。房地产开发项目收益高，同时也伴有资金投入大、回笼慢、成本高、周期长等特点，因预售环节收益和成本的不确定性，不能准确计算出企业当期房地产销售应预缴的企业所得税，为了保障国家税收利益，房地产开发项目的企业所得税征收管理政策应不同于一般的企业所得税政策。为此，国家税务总局规定，对房地产开发企业销售普通未完工产品，按预计毛利率确定预计毛利额预缴企业所得税税款，有效保障了国家税收利益。但是，也应当看到部分企业对企业开发产品竣工的理解、对确认收入的理解与税务机关的规定不同，不少企业在企业所得税纳税义务发生标准上，不以税法规定为准，往往以会计科目上开发产品项目全部销售完毕、所有成本费用全部列支为标准，主观上延迟缴纳税款。特别是在房地产开发过热地区，因土地、拆迁等前期成本费用高等因素，加之这些地区规定的预计毛利率标准一般均低于企业实际的利润率，不少企业在对未完工产品进行预售环节不产生应纳税所得额，但在产品竣工后按照实际毛利率计算则会产生较大应纳税所得额，部分企业在企业所得税处理上如不以税法对产品竣工规定为准，一般会产生较大经济利益，应引起税务机关的关注。

（二）核定房地产开发企业开发产品计税成本列支终止时间的确认

国税发〔2009〕31 号文件第 35 条规定了计税成本的核算终止日，[①] 但对该条规定中的终止日，是指汇算清缴年度（完工年度）的某一时点还是可以延伸至年度终了之后至汇算清缴日前的某一时点，在实践中企业对此存在着

---

① 国税发〔2009〕31 号文件第 35 条规定："开发产品完工以后，企业可在完工年度企业所得税汇算清缴前选择确定计税成本核算的终止日，不得滞后。凡已完工开发产品在完工年度未按规定结算计税成本，主管税务机关有权确定或核定其计税成本，据此进行纳税调整，并按《中华人民共和国税收征收管理法》的有关规定对其进行处理。"

不同的理解和处理方法。

第一种理解和处理方法：根据《中华人民共和国企业所得税法》（以下简称《企业所得税法》）"企业所得税按纳税年度计算。纳税年度自公历1月1日起至12月31日止"的规定，① 将计税成本核算的终止日界定为房地产开发企业在年度中间完工的，可以从完工日期开始选择计税成本核算终止日，但是最迟不得晚于完工年度的12月31日。

第二种理解和处理方法：选择确定的计税成本核算终止日与第一种方法相同，即最迟为完工年度的12月31日，但在计税成本的归集上，又允许企业将完工产品年度终了之日起至汇算清缴申报日前未取得合法票据的工程支出计入计税成本。但此种做法违反了国税发〔2009〕31号文件第34条有关"企业在结算计税成本时其实际发生的支出应当取得但未取得合法凭据的，不得计入计税成本，待实际取得合法凭据时，再按规定计入计税成本"的规定。

第三种理解和处理方法：计税成本可在完工年度次年的5月31日汇算清缴前选择任一时点为核算终止日，汇算清缴时根据完工年度年末账面开发成本和完工年度终了之日至企业确定的计税成本核算终止日期间结算的开发成本确定计税成本。

本案中，某房地产公司强调，检查期间其所开发竣工产品项目的部分成本虽然没有实际发生，但截至稽查局检查开始时间，其竣工产品项目的成本已陆续取得发票且正式列支，此时会计科目记录与税法规定已经完全一致，按照"收付实现"的原则，② 应当将属于检查期间竣工项目的成本全部放入检查期间来计算，因此主张计税成本核算终止日期为稽查局送达《检查通知

---

① 《企业所得税法》第53条规定："企业所得税按纳税年度计算。纳税年度自公历1月1日起至12月31日止。企业在一个纳税年度中间开业，或者终止经营活动，使该纳税年度的实际经营期不足十二个月的，应当以其实际经营期为一个纳税年度。企业在一个纳税年度中间开业，或者终止经营活动，使该纳税年度的实际经营期不足十二个月的，应当以其实际经营期为一个纳税年度。"

② 收付实现制又称现金制或实收实付制，是以现金收到或付出为标准，来记录收入的实现和费用的发生。按照收付实现制，收入和费用的归属期间将与现金收支行为的发生与否紧密地联系在一起。换言之，现金收支行为在其发生的期间全部记作收入和费用，而不考虑与现金收支行为相连的经济业务实质上是否发生。根据《企业所得税法实施条例》第9条的规定，企业应纳税所得额的计算，以权责发生制为原则，属于当期的收入和费用，不论款项是否收付，均作为当期的收入和费用；不属于当期的收入和费用，即使款项已经在当期收付，均不作为当期的收入和费用。《企业所得税法实施条例》和国务院财政、税务主管部门另有规定的除外。

书》的日期。

由此可以看出，该企业的主张已超出以上三种理解和处理方法的范围，我们认为在相关文件没有明确终止日期的情况下，稽查局应当以《企业所得税法》等法律法规为开展执法的直接依据，严格按照企业所得税汇算清缴成本列支时限规定处理。另外，通过检查，稽查局确认该企业部分商品房项目在检查期以后还有陆续竣工备案，且后续成本仍有发生，其检查期间竣工产品后续发生的成本，可以在以后年度的企业所得税汇算清缴工作中进行列支，从整体上看，除滞纳金外并未对该企业的企业所得税缴纳数额造成实质性影响，故稽查局将计税成本终止日期确定为检查期间最后年度的 12 月 31 日，是合理合法的。

四、 案件处理

经过税务机关对政策的细致讲解，某房地产公司对涉税违法事实无异议，并及时缴纳了欠缴的企业所得税、滞纳金。该企业检查期内共补缴企业所得税合计 5 044.14 万元，滞纳金合计 1 227.39 万元。

五、 案件点评

本案是典型的房地产开发企业有竣工备案项目，未及时确认完工产品，结转销售收入、生产成本，未按规定缴纳企业所得税的案件。通过查处该案件，我们可以得出以下几点启示：

一是要进一步加大税法宣传力度，适时对相关房地产企业进行纳税辅导，帮助其及时并准确计算企业所得税应纳税额，不断增强纳税人依法诚信纳税的自觉性，在社会上形成"依法诚信、纳税光荣"的社会氛围，促进税法遵从度。

二是税务检查前应做好充分的准备，有效获取"第三方"数据，熟悉该行业的生产经营流程、财会制度和相应的税收法律法规，掌握稽查的要点，重点确认成本对象①、"已完工开发产品"的单位成本、销售收入、计税成本和实际毛利额等主要数据项目，制定行之有效的稽查方案，提高稽查效率，以求事半功倍。

三是保持与被检查对象的充分交流、沟通，在证据确凿的前提下，做到有法可依、有法必依，确保检查工作的顺利开展。

四是加强与财政部门、土地审批部门、规划立项单位以及产权交易、转移审批确认部门的沟通和信息交换，详细掌握各税种的税源变化情况，为全面监控和评估房地产企业纳税情况收集丰富、准确的信息资料。

股权投资基金公司限售股转让缴纳营业税案

【摘要】限售股是我国股票资本市场的一种特殊形式股票，是股权分置改革前未流通股本在股改后获得流通权，并承诺在一定时期内不上市流通或在一定时期内不完全上市流通的股票。限售股作为一种特殊形式的股票，其取得时并未上市流通，当限售股解禁后，在二级市场销售限售股行为是否属于金融商品买卖行为，是否应征收营业税，以及如何确定限售股买入价，进而依照相关法律法规规定确定限售股转让的计税依据，是税收征管工作的难点。随着《国家税务总局关于营改增试点若干征管问题的公告》（国家税务总局公告2016年第53号）的发布，限售股转让业务的性质及限售股买入价应如何

① 国税发〔2009〕31号文件第26条规定："成本对象是指为归集和分配开发产品开发、建造过程中的各项耗费而确定的费用承担项目。计税成本对象的确定原则如下：（一）可否销售原则。开发产品能够对外经营销售的，应作为独立的计税成本对象进行成本核算；不能对外经营销售的，可先作为过渡性成本对象进行归集，然后再将其相关成本摊入能够对外经营销售的成本对象。（二）分类归集原则。对同一开发地点、竣工时间相近、产品结构类型没有明显差异的群体开发的项目，可作为一个成本对象进行核算。（三）功能区分原则。开发项目某组成部分相对独立，且具有不同使用功能时，可以作为独立的成本对象进行核算。（四）定价差异原则。开发产品因其产品类型或功能不同等而导致其预期售价存在较大差异的，应分别作为成本对象进行核算。（五）成本差异原则。开发产品因建筑上存在明显差异可能导致其建造成本出现较大差异的，要分别作为成本对象进行核算。（六）权益区分原则。开发项目属于受托代建的或多方合作开发的，应结合上述原则分别划分成本对象进行核算。成本对象由企业在开工之前合理确定，并报主管税务机关备案。成本对象一经确定，不能随意更改或相互混淆，如确需改变成本对象的，应征得主管税务机关同意。"

确定得到了明确。但此前发生的限售股转让行为如何定性处理，就成为税收实践面临的一个重要问题。本案中，某股权投资基金公司的 11 只限售股是通过实施公司重大资产重组、首次公开发行上市的方式形成，之后该公司在二级市场将上述 11 只限售股转让，由于当时买入价难以准确认定，该公司未缴纳营业税及附加。虽然该公司转让行为发生在 2016 年第 53 号公告出台之前，但税务机关从有利于纳税人的角度，适用该公告向企业做出了补缴营业税及附加的决定。本文结合税收新政，从实质课税原则、有利于纳税人原则、实体从旧程序从新原则等角度对限售股这类金融商品转让涉及的税收问题进行了分析，在股权投资税务检查及法律依据适用等方面具有一定的参考价值和现实意义。

一、 基本案情

某股权投资基金公司（以下简称"某基金公司"）为中外合资企业，经营范围为对未上市企业进行股权投资，其资产全部委托某产业投资基金管理有限公司（以下简称"某投资管理公司"）管理。

2016 年 3 月 1 日至 3 月 29 日，北京市地方税务局某稽查局（以下简称"稽查局"）对某基金公司 2013 年 1 月 1 日至 2015 年 12 月 31 日的纳税情况进行检查，认定：该企业委托某投资管理公司出售其持有的二级市场挂牌交易的限售股股票的行为，属于金融商品转让行为，应当缴纳营业税及附加。其中，2 只限售股股票为公司上市后实施重大资产重组形成，主要通过定向增发方式取得，应当按照定向增发公告中记载的购买价格确定买入价，以卖出价减去买入价后的差额作为计税依据计算并缴纳营业税及附加；其余 9 只限售股股票均为原始股权投资方式取得在公司上市后形成，应按照首次公开发行（IPO）的发行价确定买入价，以卖出价减去买入价后的差额作为计税依据计算并缴纳营业税及附加，同时应当加收滞纳金。

某基金公司对稽查发现的结论存在异议。该企业认为对未上市企业进行股权投资，并且企业上市后按照国家规定在证券交易市场转让所持股票的行为，不属于《财政部国家税务总局关于营业税若干政策问题的通知》（财税〔2003〕16 号，以下简称财税〔2003〕16 号文件）文件所规定的买卖金融商品的行为，故不应该按照该文件规定缴纳营业税及附加和相应滞纳金。

同时，企业提出，在《国家税务总局关于营改增试点若干征管问题的公告》（国家税务总局公告 2016 年第 53 号，以下简称 2016 年第 53 号公告）①发布之前，限售股转让买入价确定问题，尚未有明确法律法规予以规定，即使税务机关对其限售股转让营业税问题进行税务处理，也应该适用 2016 年第 53 号公告，在确定企业限售股转让行为未处理后，比照该公告规定征收营业税，即对实施重大资产重组形成的 2 只限售股，按照资产重组股票停牌前一交易日的收盘价为买入价；对以原始股权投资方式取得在公司上市后形成的 9 只限售股股票，按照首次公开发行（IPO）的发行价确定买入价。

二、 争议焦点

本案争议的焦点问题主要有以下三个：

第一，某基金公司转让限售股的行为是否应当缴纳营业税？

第二，如何确定转让限售股的营业额？

第三，对于某基金公司转让限售股未缴纳营业税的行为是否可以加收滞纳金？

三、 法理评析

（一）某基金公司转让限售股的行为是否应当缴纳营业税

根据《中华人民共和国营业税暂行条例》（以下简称《营业税暂行条例》）第 5 条第 4 项②和《中华人民共和国营业税暂行条例实施细则》（以下简称《营业税暂行条例实施细则》）第 18 条③的规定，纳税人买卖外汇、有价证券、期货等金融商品需要缴纳营业税。对于本案中某基金公司出售限售股是否适用该条款缴纳营业税需要明确"限售股"是否属于金融商品。《营业

---

①《国家税务总局关于营改增试点若干征管问题的公告》（国家税务总局公告 2016 年第 53 号）第十条规定："本公告自 2016 年 9 月 1 日起施行，此前已发生未处理的事项，按照本公告规定执行。2016 年 5 月 1 日前，纳税人发生本公告第二、五、六条规定的应税行为，此前未处理的，比照本公告规定缴纳营业税。"

②《营业税暂行条例》第 5 条第 4 项规定："外汇、有价证券、期货等金融商品买卖业务，以卖出价减去买入价后的余额为营业额。"

③《营业税暂行条例实施细则》第 18 条规定："条例第五条第（四）项所称外汇、有价证券、期货等金融商品买卖业务，是指纳税人从事的外汇、有价证券、非货物期货和其他金融商品买卖业务。"

税税目注释（试行稿）》（国税发〔1993〕149 号）第 3 条、《国家税务总局关于印发〈金融保险业营业税申报管理办法〉的通知》（国税发〔2002〕9 号）第 7 条①对金融商品买卖做出了解释：股票转让、债券转让、外汇转让及其他金融商品的转让属于金融商品买卖，但是并没有具体明确限售股是否属于金融商品的问题。我们认为，不论是股票、债券还是外汇等金融商品，其共同特点之一在于流通性，而对"买卖金融商品"课征营业税的基础也正是基于金融商品的流通属性。

从实质课税的原则出发，② 对于解禁后的限售股的税法评价应当根据其经济实质定性。限售股通常被理解为具有流通权并承诺在一定的时期内不上市流通或在一定的时期内不完全上市流通的股票，在解禁前不具备流通属性。③但是，当限售股的禁售期限届满后，限售股的流通属性得以恢复，股东有权在股票二级市场上自由转让解禁后的限售股，进入二级市场的限售股也就完全具备了股票的全部特征，与流通股并无差异，因此，解禁后的限售股应当属于金融商品，某基金公司转让限售股的行为属于买卖金融商品的行为。同

①《营业税税目注释（试行稿）》（国税发〔1993〕149 号）第 3 条规定："金融商品转让，是指转让外汇、有价证券或非货物期货的所有权的行为。"《金融保险业营业税申报管理办法》第 7 条规定："金融商品转让，指转让外汇、有价证券或非货物期货的所有权的行为，包括股票转让、债券转让、外汇转让、其他金融商品转让。"

② 实质课税原则的主要适用领域是新事物出现以及商业模式创新的情形，如有学者认为，实质课税原则作为税法解释原则之一，必然承载了税法所追求的价值。实质课税原则可以解决层出不穷的商业创新模式所遇到的税法困境。当实质课税原则适用于商业创新模式时，会面临税法解释与其价值追求的碰撞。参见刘剑文、王文婷：《实质课税原则与商业创新模式》，载《税收经济研究》2011 年第 2 期。

③《财政部国家税务总局证监会关于个人转让上市公司限售股所得征收个人所得税有关问题的通知》（财税〔2009〕167 号）第 2 条规定："本通知所称限售股，包括：1. 上市公司股权分置改革完成后股票复牌日之前股东所持原非流通股股份，以及股票复牌日至解禁日期间由上述股份孳生的送、转股（以下统称股改限售股）；2. 2006 年股权分置改革新老划断后，首次公开发行股票并上市的公司形成的限售股，以及上市首日至解禁日期间由上述股份孳生的送、转股（以下统称新股限售股）；3. 财政部、税务总局、法制办和证监会共同确定的其他限售股。"《财政部国家税务总局证监会关于个人转让上市公司限售股所得征收个人所得税有关问题的补充通知》（财税〔2010〕70 号）第 1 条规定："本通知所称限售股，包括：（一）财税〔2009〕167 号文件规定的限售股；（二）个人从机构或其他个人受让的未解禁限售股；（三）个人因依法继承或家庭财产依法分割取得的限售股；（四）个人持有的从代办股份转让系统转到主板市场（或中小板、创业板市场）的限售股；（五）上市公司吸收合并中，个人持有的原被合并方公司限售股所转换的合并方公司股份；（六）上市公司分立中，个人持有的被分立方公司限售股所转换的分立后公司股份；（七）其他限售股。"

时，该公司的经营范围是专门对未上市企业进行股权投资，如对该公司的这种股权投资行为不以买卖金融商品征收营业税，同样有违营业税的立法目的。

之所以有人对转让限售股征收营业税提出异议，是因为按照现行政策，股权转让行为不征收营业税。[①] 股票与股权从《中华人民共和国公司法》的角度来看，本质区别并不大，主要是公司组织形式的不同所产生的不同分类。有限责任公司的股东出资后取得的对价被称为"股权"，相关凭证为"出资证明书"，股份有限公司股东出资后取得的对价被称为"股份"，相关凭证为"股票"。[②] 从《中华人民共和国证券法》（以下简称《证券法》）的角度来看，二者的区别就相当明显了，"股票"属于证券，而"股权"（即"出资证明书"）则不属于证券。[③] 正因为如此，买卖股权的行为不属于金融商品买卖，而买卖股票的行为则属于金融商品买卖。部分限售股是因为公司上市而形成的，买卖限售股的特殊性在于其取得（或购买）时属于股权，出售（或转让）时属于股票。如果严格解释"买卖金融商品"这一征税对象，应认为其"买"和"卖"时均为"金融商品"才能征收营业税，仅仅"买"时或者"卖"时属于"金融商品"的交易均不能征收营业税。因此，买卖限售股不属于"买卖金融商品"，不能征收营业税。这种解释虽有较真之嫌，但符合法律解释的一般原理，并没有大问题。因此，对买卖限售股征收营业税还应当进行更加深入的论证，由此，才能让反对者信服。

部分限售股在"买"时为"股权"，在"卖"时为股票，说明其在"买"和"卖"的过程中发生了性质转变，由股权转变为股票。根据税法的一般原理，当事物的性质发生变化时，即从应税对象变为非应税对象或者从非应税

---

①《财政部国家税务总局关于股权转让有关营业税问题的通知》（财税〔2002〕191号）第2条规定："对股权转让不征收营业税。"

② 如《公司法》第三章的标题为"有限责任公司的股权转让"，第31条规定："有限责任公司成立后，应当向股东签发出资证明书。出资证明书应当载明下列事项：（一）公司名称；（二）公司成立日期；（三）公司注册资本；（四）股东的姓名或者名称、缴纳的出资额和出资日期；（五）出资证明书的编号和核发日期。出资证明书由公司盖章。"《公司法》在第四章"股份有限公司的设立和组织机构"中开始使用"股票"，如第92条第2款规定："以募集方式设立股份有限公司公开发行股票的，还应当向公司登记机关报送国务院证券监督管理机构的核准文件。"

③《证券法》第2条第1款规定："在中华人民共和国境内，股票、公司债券和国务院依法认定的其他证券的发行和交易，适用本法；本法未规定的，适用《中华人民共和国公司法》和其他法律、行政法规的规定。"

对象变为应税对象时，应当在性质变化的时点按照视同销售进行处理，以性质变化的时点来区分应税和非应税。限售股在从"股权"变为"股票"时应视同销售，即销售"股权"和购买"股票"的行为同时发生。这样，纳税人的行为就在"股权"变"股票"时被区分为两个阶段，前一个阶段为买卖"股权"，按照现行政策，不征收营业税，后一个阶段为买卖"股票"，按照现行政策，应征收营业税。根据这种解释，对买卖限售股的后一阶段征收营业税完全符合"买卖金融商品"的所有要件，对其征收营业税完全符合现行政策的规定。

在本案件审理期间，2016 年第 53 号公告发布并明确 2016 年 5 月 1 日前，纳税人将其持有的限售股在解禁流通后对外转让且未处理的，比照该公告规定缴纳营业税。[①] 按照"实体从旧、程序从新"[②] 原则，对某基金公司转让限售股是否征收营业税属于实体问题，一般应使用旧规定，但是 2016 年第 53 号公告中明确了该公告的溯及力，属于比较特殊的情况，主要原因还是当时的政策上对限售股转让缴纳营业税的具体计税依据并未有清晰明确的界定。2016 年第 53 号公告首次对该问题进行了规定，本案应适用该公告的规定。因此，该基金公司的应税行为应当遵循《营业税暂行条例》，缴纳营业税。

（二）如何确定转让限售股的营业额

根据《营业税暂行条例》第 5 条第 4 项、《金融保险业营业税申报管理办

---

① 国家税务总局 2016 年第 53 号公告第 10 条规定："本公告自 2016 年 9 月 1 日起施行，此前已发生未处理的事项，按照本公告规定执行。2016 年 5 月 1 日前，纳税人发生本公告第二、五、六条规定的应税行为，此前未处理的，比照本公告规定缴纳营业税。"

② "实体从旧，程序从新"原则是指实体法不具备溯及力，而程序法在特定条件下具备一定溯及力。实体从旧、程序从新原则包括两方面的内容：一是有关税收权利义务的产生、变更和灭失的税收实体法，如在应税行为或事实发生后有所变动，除非法律有特别规定外，否则对该行为或事实应适用其发生当时的税法规定，即遵循法律不溯及既往的原则；而税务机关在适用征税程序或履行税收债务时，则不问税收债权债务发生的时期，征管程序上一律适用新法。二是对于新法公布实施以前发生的税收债务，在新法公布实施以后进入履行程序的，新法对其具有拘束力，即遵循新法优于旧法的原则。参见杨志强主编：《税收法治通论》，中国税务出版社 2014 年版，第 23 页。

法》第 14 条第 1 款①以及财税〔2003〕16 号文件第 3 条第 8 项②的规定，股票转让的营业额 = ［卖出价 – （买入价 – 持有期间红利收入）］。

转让解禁后限售股的卖出价以实际成交价确定一般不存在异议，只要这一成交价并非无正当理由地明显偏低。

股票买入价，根据《金融保险业营业税申报管理办法》第 14 条第 1 款的规定，是指购进原价，不包括购进股票过程中支付的各种费用和税金。但是，大多数限售股都是在上市前获得的，限售股的原始成本形成年代较早，无法反映上市公司真实的股权成本。尽管限售股的原始成本低，但股东为获取这部分非流通股的流通权通常会向流通股股东支付各种形式对价，这部分成本无法体现在原始成本中。

另外，对买卖金融商品征收营业税，意味着该商品在出售时必须是金融商品，同时在被购买时同样也应是金融商品。对于限售股，解禁后上市"卖"的时候是金融商品这一点无争议。但是，当股东进行股权投资时，即"买"的时候，限售股的性质为受限制流通的股权，此时并不是严格意义上的金融商品。

那么该如何确定限售股的买入价呢？在本案前期检查时，关于限售股的买入价还没有明确的规定。我们认为，虽然股东最开始投资限售股时，限售股并不是金融商品，但是，当限售股解禁并上市流通后，它就转化为股票，成为金融商品。从营业税的性质看，既然原始成本并非形成于股票流通环节，那么不应该认定为限售股的买入价。限售股的买入价应当在股票流通过程中确定。即限售股转让的卖出价和买入价，应当根据股票在二级市场上的流通价格来确定，使买入价与实际购入成本相接近，适当降低股东转让解禁后限售股的高额营业税税负。

针对这一问题，部分地方的税务机关已经做出了规定。如《天津市地方税务局关于股票转让缴纳营业税买入价确定有关问题的公告》（天津市地方税

---

① 《金融保险业营业税申报管理办法》第 14 条第 1 款规定："股票转让营业额为买卖股票的价差收入，即营业额 = 卖出价 – 买入价。股票买入价是指购进原价，不得包括购进股票过程中支付的各种费用和税金。卖出价是指卖出原价，不得扣除卖出过程中支付的任何费用和税金。"

② 财税〔2003〕16 号文件第 3 条第 8 项规定："金融企业（包括银行和非银行金融机构，下同）从事股票、债券买卖业务以股票、债券的卖出价减去买入价后的余额为营业额。买入价依照财务会计制度规定，以股票、债券的购入价减去股票、债券持有期间取得的股票、债券红利收入的余额确定。"

务局公告 2013 年第 4 号）第 2 条规定："纳税人在股份公司获准上市前取得的股票，以该公司获准上市后首次公开发行股票的发行价为买入价。买入价的扣除凭证为股份公司首次公开发行股票的招股说明书。"这一规定就充分运用了上述两个阶段的理论，对纳税人买卖限售股的，仅对第二阶段按照"买卖金融商品"征收营业税。

在本案审理过程中，国家税务总局 2016 年第 53 号公告明确了限售股买入价确定的方法。虽然该规定涉及的是实体问题，但是考虑到该规定是填补政策的空白，且在政策适用时应遵循"最有利于纳税人的原则"，[①] 本案某基金公司限售股转让行为，如果适用 2016 年第 53 号公告，需要补缴的营业税及附加，比不适用该公告时明显降低。因此，我们认为，从有利于纳税人的角度出发，本案涉及的限售股的买入价可以按照该公告第 5 条的规定确定。[②] 根据该规定，针对限售股的买入价，不同的情况有不同的确定方法。本案中，某基金公司因上市公司实施重大资产重组形成的 2 只限售股，应以该上市公司因重大资产重组股票停牌前一交易日的收盘价为买入价；通过首次公开发行股票并上市形成的 9 只限售股，应以该上市公司股票首次公开发行（IPO）的发行价为买入价。

（三）对于某基金公司转让限售股未缴纳营业税的行为是否可以加收

---

① 法不溯及既往是立法以及法律适用的基本原则，这一原则是为了保护公民与法人的利益的，因此，在有利于公民与法人利益时，立法以及法律适用允许溯及既往。《立法法》第 93 条规定："法律、行政法规、地方性法规、自治条例和单行条例、规章不溯及既往，但为了更好地保护公民、法人和其他组织的权利和利益而作的特别规定除外。"《刑法》第 12 条规定："中华人民共和国成立以后本法施行以前的行为，如果当时的法律不认为是犯罪的，适用当时的法律；如果当时的法律认为是犯罪的，依照本法总则第四章第八节的规定应当追诉的，按照当时的法律追究刑事责任，但是如果本法不认为是犯罪或者处刑较轻的，适用本法。"《税收规范性文件制定管理办法》（国家税务总局令第 20 号）第 13 条规定："税收规范性文件不得溯及既往，但为了更好地保护税务行政相对人权利和利益而作的特别规定除外。"

② 国家税务总局 2016 年第 53 号公告第 5 条规定："单位将其持有的限售股在解禁流通后对外转让的，按照以下规定确定买入价：（一）上市公司实施股权分置改革时，在股票复牌之前形成的原非流通股股份，以及股票复牌首日至解禁日期间由上述股份孳生的送、转股，以该上市公司完成股权分置改革后股票复牌首日的开盘价为买入价。（二）公司首次公开发行股票并上市形成的限售股，以及上市首日至解禁日期间由上述股份孳生的送、转股，以该上市公司股票首次公开发行（IPO）的发行价为买入价。（三）因上市公司实施重大资产重组形成的限售股，以及股票复牌首日至解禁日期间由上述股份孳生的送、转股，以该上市公司因重大资产重组股票停牌前一交易日的收盘价为买入价。"

滞纳金

有观点认为，现行《中华人民共和国税收征收管理法》（以下简称《税收征管法》）及其实施细则中，只规定因税务机关责任不缴或者少缴税款①及经批准的延期缴纳税款期间②两种滞纳金免责情形，并未规定其他滞纳金免征情形，故该基金公司转让限售股行为，因其并未申请延期缴纳税款，要么应加收滞纳金，要么适用《税收征管法》第52条免征滞纳金。

我们认为，基于税收法定原则，③ 对该基金公司转让限售股未缴纳营业税的行为，应当免征滞纳金。根据《中华人民共和国宪法》（以下简称《宪法》）第56条规定④、《税收征管法》第3条规定⑤以及《中华人民共和国税收征收管理法实施细则》（以下简称《税收征管法实施细则》）第3条规定⑥，税收主体必须依法律规定征税，纳税主体必须依法律规定纳税。本案中，虽然把解禁后上市流通的"限售股"视为"金融商品"征收营业税，是《营业税暂行条例》的应有之义，但是当某基金公司纳税义务发生时，如何确定"限售股"的"买入价"并无明文规定，致使纳税人无法确定计税依据，无法正确缴纳税款。即使缴纳了税款，也只能视为预缴税款。因此，在依法治

---

①《税收征管法》第52条第1款规定："因税务机关的责任，致使纳税人、扣缴义务人未缴或者少缴税款的，税务机关在三年内可以要求纳税人、扣缴义务人补缴税款，但是不得加收滞纳金。"

②《税收征管法实施细则》第42条第2款规定："税务机关应当自收到申请延期缴纳税款报告之日起20日内做出批准或者不予批准的决定；不予批准的，从缴纳税款期限届满之日起加收滞纳金。"

③ 税收法定原则也称税收法定主义或税收法律主义，是指税收法律关系主体及其权利义务必须由法律加以规定，没有法律依据，任何主体不得征税，国民也不得被要求缴纳税款。参见杨志强主编：《税收法治通论》，中国税务出版社2014年版，第12页。

④《宪法》第56条规定："中华人民共和国公民有依照法律纳税的义务。"

⑤《税收征管法》第3条规定："税收的开征、停征以及减税、免税、退税、补税，依照法律的规定执行；法律授权国务院规定的，依照国务院制定的行政法规的规定执行。任何机关、单位和个人不得违反法律、行政法规的规定，擅自做出税收开征、停征以及减税、免税、退税、补税和其他同税收法律、行政法规相抵触的决定。"

⑥《税收征管法实施细则》第3条规定："任何部门、单位和个人做出的与税收法律、行政法规相抵触的决定一律无效，税务机关不得执行，并应当向上级税务机关报告。纳税人应当依照税收法律、行政法规的规定履行纳税义务；其签订的合同、协议等与税收法律、行政法规相抵触的，一律无效。"

税和税收法定的大背景下，应当免征该公司转让限售股补缴营业税的滞纳金。①

值得一提的是，该争议焦点并不适用《税收征管法》第 52 条，原因在于本案纳税人转让限售股未缴纳营业税的客观原因在于税法不明确，这并不属于行政机关的责任。行政机关的责任是指行政主体在行使行政职权的过程中所必须承担的法定义务，根据《税收征管法实施细则》第 80 条②的规定，税务机关的行政责任在于依照法律充分履行征税的职能，而完善税法、填补立法空白的职责应该由立法机关承担。由于税收法律法规以及相关政策不明确、不完善而导致的问题，不属于税务机关的责任。

四、 案件处理

税务机关对某基金公司从事限售股买卖的行为做出征收营业税但不加收滞纳金的处理决定，营业额的确定参照了国家税务总局 2016 年第 53 号公告第 5 条的规定，在确保国家税收利益的前提下，尽量公平合理地确定纳税人的税收负担。最终，某基金公司按照税务机关的处理决定，补缴了限售股转让中的营业税及附加。

五、 案件点评

当税收法律法规未就某一税收实体问题做出明确规定，而随着经济社会的快速发展，国家发布新的税收法律法规或规范性文件，填补了税法对相关实体问题缺乏规制的漏洞后，对于新政策发布之前的行为，如何进行法律适用，是税收征管过程中的一大难题。通过对本案的分析，我们可以得出以下两点启示。

---

① 《税收征管法》第 52 条第 2 款规定："因纳税人、扣缴义务人计算错误等失误，未缴或者少缴税款的，税务机关在三年内可以追征税款、滞纳金；有特殊情况的，追征期可以延长到五年。"《税收征管法实施细则》第 81 条规定："税收征管法第五十二条所称纳税人、扣缴义务人计算错误等失误，是指非主观故意的计算公式运用错误以及明显的笔误。"本案并非因纳税人计算错误，而是因为税收政策不明确导致纳税人无法正确计算应纳税额，对此，不应适用该条规定对纳税人补缴税款的行为加收滞纳金。

② 《税收征管法实施细则》第 80 条规定："税收征管法第五十二条所称税务机关的责任，是指税务机关适用税收法律、行政法规不当或者执法行为违法。"

（一）"法不溯及既往"原则在税法领域的理解和适用

一般而言，为保护纳税人的信赖利益，使纳税人能够预测和期待自身行为所能产生的法律后果，原则上应当以行为发生时既有规定来评价行为的性质，进而判断该行为属于税法所规定的哪一类应税范围以及如何征税。"法不溯及既往"是税法领域的一般原则，该原则对于保障人权与自由、维护秩序稳定具有重要意义。

在"法不溯及既往"原则之外，我国同时还规定了法律规范的效力可以有条件地适用于既往行为。为了更好地保护税务行政相对人权利和利益而做出的特别规定，当新旧税法规范对同一涉税问题有不同规定时，应当按照有利于纳税人的原则，对纳税人做有利追溯。即适用新法对过去发生的行为做税法评价所得出的结论，比适用旧法得出的结论，对纳税人更为有利的，税务机关应当适用新法规定，体现出对纳税人权利和利益的保护。

当某一行为按照新旧税法规定均应当缴纳税款，但行为发生时的税法规定未对如何确定计税依据等税收实体要素予以明确，而新的文件对该问题做出补充时，适用新的文件规定评价纳税人过去的行为，属于税法中比较特殊的情况。由于税法评价的滞后性，既有的法律规定有时难以准确及时指导社会实践，而税法解释或者税法的漏洞补充往往是在某种情况发生以后才发布，有时可能需要将税法解释或者漏洞补充的效力合理延伸到在该文件发布之前所发生的行为。例如本案中，某基金公司转让解禁后限售股的行为，按当时的税法规范应当征收营业税，但在买入价的确定上，当时的文件并未有明确规定，如果适用财税〔2003〕16号文件，得出的结论对纳税人而言可能不是特别合理；2016年第53号公告虽然发布在限售股转让行为之后，但公告中对限售股买入价的确定规则，既是对税法漏洞的补充，也体现了对纳税人权益的保障，将该公告的效力适用于其发布以前的行为，具有一定的合理性。税务机关适用该公告做出补缴税款的处理决定，但由于该公告出台前，"限售股"的"买入价"并无明文规定，致使纳税人无法确定计税依据，无法加收滞纳金。这种处理方式既保障了国家税收利益，也得到了纳税人的理解与认可。

（二）加快完善税收滞纳金制度，考虑增加滞纳金减免情形

税收滞纳金具有经济赔偿和执行罚的性质，是纳税人因迟延履行纳税义务对国家税款损失承担的责任。考虑到在补充税法漏洞的新规定发布以前，相关涉税问题税务处理方式不明确，如果纳税人未能履行纳税义务，客观上并非完全由其主观过错造成，让纳税人对过去不能确定的税款承担赔偿责任，超出了纳税人对行为的合理预期与信赖利益，对纳税人而言难以体现税法公平。而我国现行《税收征管法》及其实施细则只规定因税务机关责任不缴或者少缴税款及经批准的延期缴纳税款期间两种滞纳金免责情形，以致税务机关在滞纳金管理方面的弹性很低。

对此，建议加快完善税收滞纳金制度，考虑增加滞纳金减免情形，给予税务机关不收取滞纳金的自由裁量空间，例如对非因纳税人、扣缴义务人的过错，致使纳税人、扣缴义务人不能及时足额申报缴纳税款的情形下，免于征收滞纳金。完善滞纳金处理规则，增加滞纳金减免情形，对降低税务机关执法风险、维护纳税人权益具有重要意义。

解除低价股权转让协议后特别纳税调整案

【摘要】 市场经济主体间因交易行为而签订的合同存在有效、无效、解除等不同情形，对税款征收工作亦有不同的影响，税务机关在税收工作中应依据实际情况综合分析，结合税法、民法、经济法相关理论，在维护税收利益的同时，有效保障纳税人合法权益。本案中，美国某公司将其持有的中国某设备公司部分股权平价转让给中国某科技公司，在受让方未支付转让款的情况下，双方完成了股权变更。税务机关检查发现三家公司构成关联企业①，本

---

① 关联企业，是指与其他企业之间存在直接或间接控制关系或重大影响关系的企业。

次股权转让价格明显偏低不符合独立交易原则①，拟对此开展特别纳税调整。② 但案件调查过程中，美国某公司与中国某科技公司经法院调解解除了转让协议，因美国某公司未取得转让收入，考虑该交易并未造成企业利润转移而侵蚀我国税基，故税务机关对已经解除协议的股权转让交易未进行特别纳税调整。

一、 基本案情

2015 年 8 月，北京市地税局某分局（以下简称"某分局"）收到该区国税局转来的 1 起非居民企业向境内居民企业平价转让股权案件。美国某国际集团有限公司（以下简称"美国某公司"）与某科技公司于 2014 年 9 月先后签订《股权转让协议》《补充协议》，将美国某公司持有的某控制设备（中国）有限公司（以下简称"某设备公司"）50% 的股权平价转让给某科技公司，转让价格为 1000 万美元。2014 年 11 月，转让双方完成股权变更。2014 年 12 月，某科技公司资产负债表显示，长期股权投资增加 6160 万元。

经调查，以上三家公司实际均为其共同的法定代表人洪某所有，以上三家企业构成关联企业，本次股权转让构成关联交易，且价格明显偏低，不符合独立交易原则，主管税务机关拟对此开展特别纳税调整。

案件调查过程中，因受让方某科技公司一直未向美国某公司支付股权转让款项，美国某公司与某科技公司于 2016 年 1 月 6 日协议解除原《股权转让协议》《补充协议》，由某科技公司支付美国某公司违约金 10 万元，并协助美国某公司恢复原来的股权登记。

2016 年 8 月，因某科技公司未向美国某公司支付违约金，美国某公司向

---

① 独立交易原则，亦称"公平独立原则""公平交易原则""正常交易原则"等，是指完全独立的无关联关系的企业或个人，依据市场条件下所采用的计价标准或价格来处理其相互之间的收入和费用分配的原则。独立交易原则目前已被世界大多数国家接受和采纳，成为税务机关处理关联企业间收入和费用分配的指导原则。有学者认为，公允价值标准与独立交易原则是各国税法中普遍采用的两个价值评估标准，但两者的适用范围与适用条件有所不同。可以借用公允价值评估方法对转让定价交易进行独立交易原则测试，但两者的评估目的、分析方法存在显著的差异，在税收实践中可以相互借鉴，但不可完全相互替代。参见吴旭东、李时：《独立交易原则与公允价值标准在税收实践中的运用》，载《涉外税务》2013 年第 2 期。

② 境内外关联企业间的交易行为应符合独立交易原则，对不符合该原则的关联企业间交易，税务机关可对其收入进行税务调整，即开展特别纳税调整。

法院提起诉讼，要求法院确认解除双方《股权转让协议》《补充协议》，同时判令某科技公司协助恢复股权，并支付违约金。同月，经法院民事调解，美国某公司与某科技公司确认签订的《股权转让协议》《补充协议》于2016年1月6日解除，由某科技公司在调解书生效后7日内协助美国某公司办理股权恢复手续，并在9月2日前向美国某公司支付违约金10万元。调解书生效后，双方履行了调解书内容，恢复了股权，支付了违约金。

对税务机关拟开展的特别纳税调整，美国某公司和某科技公司提出异议，认为双方在法院调解下已经解除了合同，并且股权已经恢复原状态，税务机关不能再对其进行特别纳税调整。该案件经北京市地税局研究，并请示税务总局，认为根据《特别纳税调整实施办法（试行）》（国税发〔2009〕2号）的相关规定，鉴于相关交易虽为关联交易，但由于交易最终没有实际完成，非居民企业并未取得所得，采用特别纳税调整方法对其股权交易价格进行调整依据不充分。同时，按照企业所得税法第37条规定，该笔对外支付款项应当扣缴企业所得税，但因该交易为平价转让，非居民企业并没有通过该笔交易取得所得，应扣缴税款为零。最终某分局未对原股权转让行为进行特别纳税调整。

二、 争议焦点

该案争议的焦点问题主要有以下三个：

第一，对交易双方平价转让股权的行为，税务机关发现后是否应进行特别纳税调整？

第二，在交易双方解除股权转让协议后，对双方协议解除前的纳税义务产生什么影响，对税务机关企业所得税的征收会产生什么影响？

第三，在非居民企业股权转让协议解除且未完成实际支付的情况下，税务机关是否有权对原股权转让行为进行特别纳税调整？

三、 法理评析

（一）案情与问题梳理

《中华人民共和国企业所得税法实施条例》（以下简称《企业所得税法实

施条例》）中规定了企业应纳税所得额的计算以权责发生制为原则①。同时，《国家税务总局关于贯彻落实企业所得税法若干税收问题的通知》（国税函〔2010〕79 号）中规定企业转让股权收入，应于转让协议生效且完成股权变更手续时，确认收入的实现，② 这是遵循权责发生制的体现。

本案中，美国某公司与某科技公司于 2014 年 9 月签订股权转让协议并于 11 月完成股权变更，因此对美国某公司的股权转让收入时间应当确认为 11 月。根据《中华人民共和国企业所得税法》（以下简称《企业所得税法》）第 2 条的规定，③ 美国某公司属于非居民企业；根据《企业所得税法》第 3 条的规定，④ 该公司应就来源于中国境内的所得在中国缴纳企业所得税；根据《企业所得税法实施条例》第 7 条的规定，⑤ 该公司转让中国境内某设备公司的股权取得的所得属于来源于中国境内的所得，应当依法在中国缴纳企业所

① 权责发生制又称应收应付制原则，是指收入和费用的确认应当以实际发生为标准。也就是说，一切要素的时间确认，特别是收入和费用的时间确认，均以权利已经形成或义务（责任）已经发生为标准。权责发生制是我国企业会计确认、计量和报告的基础。《企业所得税法实施条例》第 9 条规定："企业应纳税所得额的计算，以权责发生制为原则，属于当期的收入和费用，不论款项是否收付，均作为当期的收入和费用；不属于当期的收入和费用，即使款项已经在当期收付，均不作为当期的收入和费用。本条例和国务院财政、税务主管部门另有规定的除外。"

② 《国家税务总局关于贯彻落实企业所得税法若干税收问题的通知》（国税函〔2010〕79 号）第 3 条规定："企业转让股权收入，应于转让协议生效且完成股权变更手续时，确认收入的实现。转让股权收入扣除为取得该股权所发生的成本后，为股权转让所得。"

③ 《企业所得税法》第 2 条规定："企业分为居民企业和非居民企业。本法所称居民企业，是指依法在中国境内成立，或者依照外国（地区）法律成立但实际管理机构在中国境内的企业。本法所称非居民企业，是指依照外国（地区）法律成立且实际管理机构不在中国境内，但在中国境内设立机构、场所的，或者在中国境内未设立机构、场所，但有来源于中国境内所得的企业。"

④ 《企业所得税法》第 3 条规定："居民企业应当就其来源于中国境内、境外的所得缴纳企业所得税。非居民企业在中国境内设立机构、场所的，应当就其所设机构、场所取得的来源于中国境内的所得，以及发生在中国境外但与其所设机构、场所有实际联系的所得，缴纳企业所得税。非居民企业在中国境内未设立机构、场所的，或者虽设立机构、场所但取得的所得与其所设机构、场所没有实际联系的，应当就其来源于中国境内的所得缴纳企业所得税。"

⑤ 《企业所得税法实施条例》第 7 条规定："企业所得税法第三条所称来源于中国境内、境外的所得，按照以下原则确定：（一）销售货物所得，按照交易活动发生地确定；（二）提供劳务所得，按照劳务发生地确定；（三）转让财产所得，不动产转让所得按照不动产所在地确定，动产转让所得按照转让动产的企业或者机构、场所所在地确定，权益性投资资产转让所得按照被投资企业所在地确定；（四）股息、红利等权益性投资所得，按照分配所得的企业所在地确定；（五）利息所得、租金所得、特许权使用费所得，按照负担、支付所得的企业或者机构、场所所在地确定，或者按照负担、支付所得的个人的住所地确定；（六）其他所得，由国务院财政、税务主管部门确定。"

得税；根据《企业所得税法》第 37 条的规定，① 受让方某科技公司应为美国某公司此项股权转让所得的代扣代缴义务人，应当在支付或者到期应支付（确认收入实现时）的款项中代为扣缴企业所得税。

但是，本案中的非居民企业与居民企业之间的股权转让行为有两个明显特点：一是此次股权转让为平价转让，对美国某公司的收入全额减除取得股权的成本后的余额进行计算，其应纳税所得额为 0；二是在本次股权变更完成后，因受让方某科技公司未支付股权款项的违约行为而导致双方于 2016 年解除了原股权转让协议。对此，协议解除后，美国某公司在已经完成股权转让变更后是否还有纳税义务，税务机关是否还能够开展特别纳税调整值得探讨。

（二）关联企业违反独立交易原则的平价转让应当进行特别纳税调整

根据《中华人民共和国税收征收管理法》（以下简称《税收征管法》）第 36 条以及《企业所得税法》第 41 条的规定②，企业或者外国企业与其关联企业间的业务往来，应当按照独立企业间的业务往来收取或者支付价款、费用，这一规定也被称为"独立交易原则"。关联企业间违反这一原则的，税务机关有权对其交易价格进行合理调整。本案中，税务机关通过调查发现，从高级管理层人员的结构来看，本案三家企业的法定代表人均为同一人；从股权构架上来看，不论是在本次股权转让前还是转让后，三家企业都满足有关关联

---

① 《企业所得税法》第 37 条规定："对非居民企业取得本法第三条第三款规定的所得应缴纳的所得税，实行源泉扣缴，以支付人为扣缴义务人。税款由扣缴义务人在每次支付或者到期应支付时，从支付或者到期应支付的款项中扣缴。"

② 《税收征管法》第 36 条规定："企业或者外国企业在中国境内设立的从事生产、经营的机构、场所与其关联企业之间的业务往来，应当按照独立企业之间的业务往来收取或者支付价款、费用；不按照独立企业之间的业务往来收取或者支付价款，而减少其应纳税的收入或者所得额的，税务机关有权进行合理调整。"《企业所得税法》第 41 条规定："企业与其关联方之间的业务往来，不符合独立交易原则而减少企业或者其关联方应纳税收入或者所得额的，税务机关有权按照合理方法调整。企业与其关联方共同开发、受让无形资产，或者共同提供、接受劳务发生的成本，在计算应纳税所得额时应当按照独立交易原则进行分摊。"《税收征管法实施细则》第 54 条规定："纳税人与其关联企业之间的业务往来有下列情形之一的，税务机关可以调整其应纳税额：（一）购销业务未按照独立企业之间的业务往来作价；（二）融通资金所支付或者收取的利息超过或者低于没有关联关系的企业之间所能同意的数额，或者利率超过或者低于同类业务的正常利率；（三）提供劳务，未按照独立企业之间业务往来收取或者支付劳务费用；（四）转让财产、提供财产使用权等业务往来，未按照独立企业之间业务往来作价或者收取、支付费用；（五）未按照独立企业之间业务往来作价的其他情形。"

企业的持股比例条件。① 因此，税务机关对三家企业之间的关联关系判断正确。根据双方的股权转让协议，美国某公司将持有的中国某设备公司50%的股权以1000万元价格平价转让给某科技公司，按照股权转让收入扣除股权投

---

① 《税收征管法实施细则》第56条规定："税收征管法第三十六条所称关联企业，是指有下列关系之一的公司、企业和其他经济组织：（一）在资金、经营、购销等方面，存在直接或者间接的拥有或者控制关系；（二）直接或者间接地同为第三者所拥有或者控制；（三）在利益上具有相关联的其他关系。纳税人有义务就其与关联企业之间的业务往来，向当地税务机关提供有关的价格、费用标准等资料。具体办法由国家税务总局制定。"《企业所得税法实施条例》第109条规定："企业所得税法第四十一条所称关联方，是指与企业有下列关联关系之一的企业、其他组织或者个人：（一）在资金、经营、购销等方面存在直接或者间接的控制关系；（二）直接或者间接地同为第三者控制；（三）在利益上具有相关联的其他关系。"《国家税务总局关于完善关联申报和同期资料管理有关事项的公告》（国家税务总局公告2016年第42号）第2条规定："企业与其他企业、组织或个人具有下列关系之一的，构成本公告所称关联关系：（一）一方直接或者间接持有另一方的股份总和达到25%以上；双方直接或者间接同为第三方所持有的股份达到25%以上。如果一方通过中间方对另一方间接持有股份，只要其对中间方持股比例达到25%以上，则其对另一方的持股比例按照中间方对另一方的持股比例计算。两个以上具有夫妻、直系血亲、兄弟姐妹以及其他抚养、赡养关系的自然人共同持股同一企业，在判定关联关系时持股比例合并计算。（二）双方存在持股关系或者同为第三方持股，虽持股比例未达到本条第（一）项规定，但双方之间借贷资金总额占任一方实收资本比例达到50%以上，或者一方全部借贷资金总额的10%以上由另一方担保（与独立金融机构之间的借贷或者担保除外）。借贷资金总额占实收资本比例=年度加权平均借贷资金/年度加权平均实收资本，其中：年度加权平均借贷资金=i笔借入或者贷出资金账面金额×i笔借入或者贷出资金年度实际占用天数/365；年度加权平均实收资本=i笔实收资本账面金额×i笔实收资本年度实际占用天数/365。（三）双方存在持股关系或者同为第三方持股，虽持股比例未达到本条第（一）项规定，但一方的生产经营活动必须由另一方提供专利权、非专利技术、商标权、著作权等特许权才能正常进行。（四）双方存在持股关系或者同为第三方持股，虽持股比例未达到本条第（一）项规定，但一方的购买、销售、接受劳务、提供劳务等经营活动由另一方控制。上述控制是指一方有权决定另一方的财务和经营政策，并能据以从另一方的经营活动中获取利益。（五）一方半数以上董事或者半数以上高级管理人员（包括上市公司董事会秘书、经理、副经理、财务负责人和公司章程规定的其他人员）由另一方任命或者委派，或者同时担任另一方的董事或者高级管理人员；或者双方各自半数以上董事或者半数以上高级管理人员同为第三方任命或者委派。（六）具有夫妻、直系血亲、兄弟姐妹以及其他抚养、赡养关系的两个自然人分别与双方具有本条第（一）至（五）项关系之一。（七）双方在实质上具有其他共同利益。除本条第（二）项规定外，上述关联关系年度内发生变化的，关联关系按照实际存续期间认定。"

资成本后余额计税的规定，① 本案中转让方美国某公司转让股权的应纳税所得额为 0，应缴纳的所得税为 0，不需要缴纳所得税。但是，在完成股权变更的 1 个月内，受让方某科技公司的资产负债表中对应该笔收购行为显示增加的长期股权投资为 6 160 万元，高出收购价格 5 160 万元，在如此短的时间内价格变化达到 500%，已远远超出一般市场规律下资产变化的区间范围，且某科技公司不能进行合理说明，② 明显违反了关联企业间的独立交易原则要求。因此，税务机关有权据此对该转让行为进行调查，如相关证据表明交易双方为配置股权构架等目的，确实利用关联关系而不合理的签订转让价格，应当对交易价格进行特别纳税调整。③

---

① 《企业所得税法》第 14 条规定："企业对外投资期间，投资资产的成本在计算应纳税所得额时不得扣除。"《企业所得税法实施条例》第 71 条规定："企业所得税法第十四条所称投资资产，是指企业对外进行权益性投资和债权性投资形成的资产。企业在转让或者处置投资资产时，投资资产的成本准予扣除。投资资产按照以下方法确定成本：（一）通过支付现金方式取得的投资资产，以购买价款为成本；（二）通过支付现金以外的方式取得的投资资产，以该资产的公允价值和支付的相关税费为成本。"《国家税务总局关于加强非居民企业股权转让所得企业所得税管理的通知》（国税函〔2009〕698 号）第 1 条规定："本通知所称股权转让所得是指非居民企业转让中国居民企业的股权（不包括在公开的证券市场上买入并卖出中国居民企业的股票）所取得的所得。"第 3 条规定："股权转让所得是指股权转让价减除股权成本价后的差额。股权转让价是指股权转让人就转让的股权所收取的包括现金、非货币资产或者权益等形式的金额。如被持股企业有未分配利润或税后提存的各项基金等，股权转让人随股权一并转让该股东留存收益权的金额，不得从股权转让价中扣除。股权成本价是指股权转让人投资入股时向中国居民企业实际交付的出资金额，或购买该项股权时向该股权的原转让人实际支付的股权转让金额。"

② 某科技公司称，本次股权转让的目的主要为实现本企业股份在新三板上市，因此与关联公司进行了平价转让股权交易。

③ 《税收征管法实施细则》第 55 条规定："纳税人有本细则第五十四条所列情形之一的，税务机关可以按照下列方法调整计税收入额或者所得额：（一）按照独立企业之间进行的相同或者类似业务活动的价格；（二）按照再销售给无关联关系的第三者的价格所应取得的收入和利润水平；（三）按照成本加合理的费用和利润；（四）按照其他合理的方法。"《企业所得税法实施条例》第 111 条规定："企业所得税法第四十一条所称合理方法，包括：（一）可比非受控价格法，是指按照没有关联关系的交易各方进行相同或者类似业务往来的价格进行定价的方法；（二）再销售价格法，是指按照从关联方购进商品再销售给没有关联关系的交易方的价格，减除相同或者类似业务的销售毛利进行定价的方法；（三）成本加成法，是指按照成本加合理的费用和利润进行定价的方法；（四）交易净利润法，是指按照没有关联关系的交易各方进行相同或者类似业务往来取得的净利润水平确定利润的方法；（五）利润分割法，是指将企业与其关联方的合并利润或者亏损在各方之间采用合理标准进行分配的方法；（六）其他符合独立交易原则的方法。"

（三）民商法中合同的无效、撤销和解除理论对本案在纳税义务和税款征收中产生的影响

本案中，股权转让双方经法院调解解除了原股权转让协议，美国某公司向税务机关主张取消特别纳税调整，理由是双方的合同已经解除，股权将按照协议进行恢复，原股权转让方已没有纳税义务。对此，我们认为应当以《中华人民共和国合同法》（以下简称《合同法》）为依据具体分析。从合同效力的角度来看，合同分为有效合同、无效合同和可撤销或可变更的合同（《中华人民共和国民法总则》施行后取消可变更合同类型）。对于无效合同和可撤销或可变更的合同，是指合同双方或一方违反了《合同法》第 52 条①、第 54 条②的相关规定，由人民法院对合同的效力进行重新审查后，确定为无效、可撤销或可变更的合同，无效合同或者被撤销的合同自始没有法律约束力。③ 而合同的解除，是指已成立生效的合同因发生法定的或当事人约定的情形，或经当事人协商一致，而使合同关系终止的民事行为。合同的解除是合同的权利义务终止的法定情形之一，其法律后果是合同双方权利义务自合同解除之日终止和消灭。④ 对于无效或者撤销的合同，因合同自始无效，其效力具有全面的溯及力，双方的交易行为也自始无效，税务机关的征税行为失去了依据，即使已经完税，如果纳税人提出申请，税务机关也应当退税。而对于合同解除的情形是否具有溯及力，对原合同的效力如何，《合同法》对此做出了比较灵活的规定。目前，合同解除的溯及力在学术界存在一定的争议，我国民法界比较认可的观点是按照立法目的解释《合同法》第 97 条规

---

① 《合同法》第 52 条规定："有下列情形之一的，合同无效：（一）一方以欺诈、胁迫的手段订立合同，损害国家利益；（二）恶意串通，损害国家、集体或者第三人利益；（三）以合法形式掩盖非法目的；（四）损害社会公共利益；（五）违反法律、行政法规的强制性规定。"

② 《合同法》第 54 条规定："下列合同，当事人一方有权请求人民法院或者仲裁机构变更或者撤销：（一）因重大误解订立的；（二）在订立合同时显失公平的。一方以欺诈、胁迫的手段或者乘人之危，使对方在违背真实意思的情况下订立的合同，受损害方有权请求人民法院或者仲裁机构变更或者撤销。"

③ 《合同法》第 56 条规定："无效的合同或者被撤销的合同自始没有法律约束力。合同部分无效，不影响其他部分效力的，其他部分仍然有效。"

④ 《合同法》第 98 条规定："合同的权利义务终止，不影响合同中结算和清理条款的效力。"

定①，一是取决于当事人是否请求恢复原状，二是合同性质是否是能够恢复原状的一次性合同，如果同时满足以上两点，则该合同的解除在民法上具有物权上的追溯力。但是，虽然合同的解除在满足一定条件时可以产生物权上恢复原状的溯及力，但并不能因此认定合同在订立和一方履行合同时点上的其他行为无效，因为该溯及力仅为物上的溯及力，基于合同订立和履行合同一方行为的有效性，不应影响双方已做出的与合同履行相关的其他行为的效力，比如纳税义务。我们认为这是合同无效或者撤销与合同解除之间的一个显著区别。因此，在协议解除前，如履行义务一方按协议规定完税，或者按照税务机关的特别纳税调整方案完税，在协议解除后，税务机关不应退税，守约一方可以按照规定要求违约方赔偿包括税款在内的相应损失。

通过上述分析，我们认为本案中美国某公司和我国某科技公司在实际完成股权变更后又解除协议的行为，虽然可以恢复原股权状态，但并不能否定其完成第一次股权变更时点的纳税义务，从另一个角度分析，双方在签订股权转让协议时，协议有效，且股权变更已完成，满足非居民企业产生纳税义务的法定要件。

（四）非居民企业股权转让协议解除后，对于实际未完成支付的情况不适用特别纳税调整

非居民企业所得税源泉扣缴作为企业所得税征收管理的一种方式，在税收管理上有其自身的特点，支付方在向非居民企业支付交易对价时要按照规定向境外支付。本案中，按照《企业所得税法》第 37 条、《企业所得税法实施条例》第 105 条对源泉扣缴的相关规定②，协议生效，股权实际发生了变更，对外支付企业便实际产生了扣缴税款义务，税务机关对违反独立交易原则的价格应当进行特别纳税调整。但是，本案中一个重要信息是尽管双方完

---

① 《合同法》第 97 条规定："合同解除后，尚未履行的，终止履行；已经履行的，根据履行情况和合同性质，当事人可以要求恢复原状、采取其他补救措施，并有权要求赔偿损失。"

② 《企业所得税法》第 37 条规定："对非居民企业取得本法第三条第三款规定的所得应缴纳的所得税，实行源泉扣缴，以支付人为扣缴义务人。税款由扣缴义务人在每次支付或者到期应支付时，从支付或者到期应支付的款项中扣缴。"《企业所得税法实施条例》第 105 条规定："企业所得税法第三十七条所称支付，包括现金支付、汇拨支付、转账支付和权益兑价支付等货币支付和非货币支付。企业所得税法第三十七条所称到期应支付的款项，是指支付人按照权责发生制原则应当计入相关成本、费用的应付款项。"

成了股权变更，但在税务机关调查过程中，转让方美国某公司以受让方某科技公司并未实际支付交易对价为由，在法院的调解下与对方解除了协议。虽然解除合同与撤销合同不同，解除合同并不否定原交易合同的合法性，但从本次交易的结果看，因协议的解除导致美国某公司丧失了按照协议继续取得收入的权利，某科技公司也同时免除了继续支付款项的责任，交易双方的权利和义务终止，使税务机关失去了按照权责发生制原则和独立交易原则对双方的股权转让行为进行特别纳税调整的事实依据。同时，按照所得税是对收入净所得课税的性质，本案中，某科技公司最终没有完成对外支付，按照《企业所得税法实施条例》第6条的规定①，美国某公司未取得转让收入，该交易并未造成企业利润转移而侵蚀我国税基，也未形成延期纳税的后果。基于此，我们认为对此次交易实施特别纳税调整的依据不充分，对于因未完成实际支付而解除协议的股权转让交易不能进行特别纳税调整。

四、 案件处理

本案经北京市地方税务局研究，同时经向国家税务总局相关司局汇报，认为对此次交易实施特别纳税调整的依据不充分，最终某分局未对美国某公司与某科技公司的股权转让行为实施特别纳税调整。

五、 案件点评

本案在企业所得税反避税管理中具有一定的代表性，同时具备了非居民企业、股权转让、源泉扣缴、协议解除和未实际对外支付等多个因素，给税务机关在案件性质判断和执法把握上带来了一定的困扰，本案的妥善处理给税务机关带来以下几点启示。

（一）执法工作中应善于结合税法与民法、经济法相关理论进行综合分析

税法与民法、经济法之间有紧密的联系，税法中的某些政策制定需要以民法规定为前提，比如《合同法》《婚姻法》《继承法》等，同时税法的制定

---

①《企业所得税法实施条例》第6条规定："企业所得税法第三条所称所得，包括销售货物所得、提供劳务所得、转让财产所得、股息红利等权益性投资所得、利息所得、租金所得、特许权使用费所得、接受捐赠所得和其他所得。"

也需要与经济法若干领域相结合，比如《会计法》《房地产管理法》等。在税收执法工作中，对于一些综合性较强的案件，往往需要税务机关和税务人员综合税法和民法、经济法理论进行客观分析得出结论。对于本案，通过对《合同法》中合同解除概念的理论分析，同时结合所得税的性质，能够得出在合同解除前后，对税务机关征收所得税产生的影响，从而有针对性地指导此类税收工作。因此，培养和提高税务人员将税法与其他部门法相结合的理论分析能力，对指导税收工作具有一定的现实意义。

（二）应加强对企业间经济行为的研究，并从税收角度加以规制

在经济主体间经济活动日益频繁的今天，基于民法意思自治原则，① 法律对企业间协议的拟定和解除并没有过多限定，但这些经济行为却能在很大程度上对税收工作造成影响。本案中，协议双方因一方未支付款项的违约行为，在法院调解下解除协议恢复股权原状，虽然通过分析，我们认为不宜再进行特别纳税调整，但税务机关对待此类问题在没有明确税法依据的情况下，如何界定及处理此类问题确实具有相当难度。因此，建议有权机关在税收立法和执法层面应加强对经济主体间所订立经济协议的研究，对此类行为制定相应的税收规范加以规制。

影视公司向子公司支付管理费企业所得税案

【摘要】 我国企业所得税法规定，企业之间支付的管理费用在计算企业所得税应纳税所得额时不能作为管理费用在成本项下扣除。同时，企业在汇算

---

① 意思自治是指当事人依法享有自愿订立合同的权利，任何单位个人不得非法干预。如有学者认为，意思自治原则的历史发展是"从身份到契约"与"从契约到身份"两种运动的必然结果。一方面，意思自治原则逐步从合同领域渗透到非合同领域。另一方面，意思自治原则在合同领域里的运用有缩小的趋势。我国《涉外民事关系法律适用法》及其司法解释构建了意思自治原则运用的三个层次，其一是将意思自治原则提高到基本原则的层次，当事人依照法律规定可以明示选择涉外民事关系适用的法律；其二是将意思自治原则作为法律适用的一种具体方法的层次，适用于合同、侵权、物权、婚姻家庭等领域；其三是排除或者限制意思自治原则适用的层次，主要体现在弱者权益保护原则、直接适用的法与政策导向等方面。参见徐伟功：《法律选择中的意思自治原则在我国的运用》，载《法学》2013 年第 9 期。

清缴企业所得税时，对于扣除的成本、费用亦应向税务机关提供合法有效的凭证。以上两项规定，税务机关在对企业的企业所得税进行检查时应重点关注。本案中，某稽查局在对某影视制作企业进行税务检查时发现，该企业为了方便影片立项和拍摄，以管理费用的形式向其全资子公司支付拍摄费用，并在计算企业所得税应纳税所得额中扣除，违反了企业所得税相关规定。同时，该企业在企业所得税汇算清缴时对未取得合法有效凭证的成本进行了扣除，亦违反了税法有关规定。税务机关在发现后，对其应纳税所得额进行了调整，要求企业补缴企业所得税并加收滞纳金。通过本案对相关税收法律规定的分析，能够加深税务人员对企业所得税征收中管理费用、允许企业所得税税前扣除的相关凭证等相关规定的理解认识，具有借鉴意义。

一、 基本案情

某影视制作有限公司（以下简称"某影视公司"）是一家以经营电视剧制作、影视策划为主的企业，为了满足拍摄影片需要，该公司投资成立了若干个全资独立核算子公司，这些子公司按照各自分工负责协同完成影片的各期拍摄制作工作。该公司企业所得税在地税缴纳，企业所得税实行查账征收，按季预缴、年度汇算清缴，不享受减免税优惠。2016 年 4 月，北京市地方税务局某稽查局（以下简称"稽查局"）开始对该公司 2013 年 1 月 1 日至 2014 年 12 月 31 日缴纳地方各税的情况进行检查。稽查局按照《中华人民共和国企业所得税法》（以下简称《企业所得税法》）的相关规定对某影视公司企业所得税成本费用等扣除项目的范围和标准进行检查时，发现该公司主要存在以下两个问题：

一是该公司以管理费用名义定期向其全资独立核算子公司支付一定数额的资金，并记在"管理费用"科目，双方未签订任何协议，该公司在计算企业所得税应纳税所得额时将此部分"管理费用"进行了扣除。而按照《中华人民共和国企业所得税法实施条例》（以下简称《企业所得税法实施条例》）第 49 条的规定，企业之间支付的管理费不得在计算企业所得税应纳税所得额时扣除。① 该公司的做法违反了企业所得税的相关政策规定。

---

① 《企业所得税法实施条例》第 49 条规定："企业之间支付的管理费、企业内营业机构之间支付的租金和特许权使用费，以及非银行企业内营业机构之间支付的利息，不得扣除。"

二是该公司在主营业务成本中列支的部分成本，在当期汇算清缴截止时，未取得合法有效抵扣凭据，该企业在部分成本无任何抵扣凭据的情况下，在计算企业所得税应纳税所得额时仍将该部分成本进行了扣除。而按照《企业所得税法实施条例》第27条①及《国家税务总局关于印发〈进一步加强税收征管若干具体措施〉的通知》（国税发〔2009〕114号）第6条②的规定，对未取得合法有效抵扣凭据的成本不得扣除。该公司的做法违反了税收征管的相关规定。

经计算，该企业2013年和2014年共计应调增应纳税所得额21131888.25元，应补缴企业所得税5282972.06元，滞纳金1655631.44元。

二、 争议焦点

本案涉及的焦点问题主要有以下两个：

第一，企业之间支付的管理费能否在计算企业所得税应纳税所得额时进行扣除？

第二，企业所得税的税前扣除中对凭证有何要求？

三、 法理评析

（一）企业之间支付的管理费用能否在计算企业所得税应纳税所得额时扣除问题

按照《企业所得税法》规定，③企业实际发生的与取得收入有关的、合理的支出，包括费用等其他支出，准予在计算应纳税所得额时扣除。可见，

---

①《企业所得税法实施条例》第27条规定："企业所得税法第八条所称有关的支出，是指与取得收入直接相关的支出。企业所得税法第八条所称合理的支出，是指符合生产经营活动常规，应当计入当期损益或者有关资产成本的必要和正常的支出。"

②《国家税务总局关于印发〈进一步加强税收征管若干具体措施〉的通知》（国税发〔2009〕114号）第6条规定："加强企业所得税税前扣除项目管理。重点对与同行业投入产出水平偏离较大又无正当理由的成本项目，以及个人和家庭费用混同生产经营费用扣除进行核查。利用个人所得税和社会保险费征管、劳动用工合同等信息，分析工资支出扣除数额，确保扣除项目的准确性。未按规定取得的合法有效凭据不得在税前扣除。按规定由企业自行计算扣除的资产损失，在企业自行计算扣除后，主管税务机关要加强实地核查，进行追踪管理，不符合规定条件的，及时补缴税款。凡应审批而未审批的不得税前扣除。汇总纳税企业财产损失的税前扣除，除企业捆绑资产发生的损失外，未经分支机构主管税务机关核准的，总机构不得扣除。"

③《企业所得税法》第8条："企业实际发生的与取得收入有关的、合理的支出，包括成本、费用、税金、损失和其他支出，准予在计算应纳税所得额时扣除。"

税法规定企业实际发生的与收入有关的合理费用，是可以在计算应纳税所得额时予以扣除的。同时，按照《企业所得税法实施条例》的规定，《企业所得税法》中所指的费用包括企业在生产经营活动中发生的销售费用、管理费用和财务费用。[1] 一般而言，管理费用是指企业行政管理部门为组织和管理生产经营活动而发生的各项费用，具体包括工资、职工福利费、业务招待费、邮电费、差旅费、董事会费、办公费、汽车费、劳动保险费、运杂费、工会经费、部分研究开发费、职教经费、修理费、诉讼费等。因此，仅从上述税法的相关规定看，只要是符合企业常规生产经营活动、必要和正常支出的管理费用，在计算企业所得税时，是可以扣除的。

目前，从一些企业实际经营情况看，其在生产经营活动中产生的管理费用往往表现为两种形式：一种是在企业自身生产经营中由企业内部的管理部门组织相关活动而产生的各项费用；一种是企业为满足生产经营需要而委托其他企业代为组织管理某些活动而产生的各项费用。这两种形式的费用在一些企业的财务账目处理中一般均被列为管理费用。但上述两种形式的管理费用是否都能够按照《企业所得税法》的规定在计算应纳税所得额时予以扣除呢？《企业所得税法实施条例》第 49 条对此做出了进一步规定，明确了第二种形式的管理费用不能扣除，即企业之间支付的管理费不得扣除。[2] 因此，从税法规定可以看出，虽然都被称作管理费用，但在税务处理上却完全不同，企业因自身管理部门发生的与经营有关的管理费用允许在计算应纳税所得额时扣除，而企业因生产经营需要向其他企业支付的管理费用就不得在税前扣除。

从税收角度，对管理费用在不同情况下做出不同规定，主要原因还在于管理费用的特点。企业自身的管理费用不难理解，主要是企业在生产经营活动中因各种内部管理需要发生的费用，这部分费用，只要是与生产经营相关的，应当在税前予以扣除。但是，在现行市场经济环境下，企业之间的分工日益精细化和专业化，某些特定的事项，委托其他企业或个人去完成，较之自己去做更能节约成本，因此企业之间通过建立委托关系来提供一定的劳务

---

[1]《企业所得税法实施条例》第 30 条规定："企业所得税法第八条所称费用，是指企业在生产经营活动中发生的销售费用、管理费用和财务费用，已经计入成本的有关费用除外。"

[2]《企业所得税法实施条例》第 49 条规定："企业之间支付的管理费、企业内营业机构之间支付的租金和特许权使用费，以及非银行企业内营业机构之间支付的利息，不得扣除。"

服务，在企业生产经营活动中是比较常见的。这种委托提供劳务服务的双方，如果是两个独立的非关联企业，① 则双方一般会签订劳务服务协议，在企业账目科目中以成本列支，因双方不存在关联，所以这种委托服务不能称为"管理"，在财务上一般不会作为"管理费用"处理。但是，如果这种委托提供劳务服务的双方属于关联企业，由于其关联性质，双方往往在经济活动中形成管理与被管理的关系，接受管理方由此产生的支出在财务上习惯按照"管理费用"进行处理。因此，实践中企业间的管理费用支出一般仅出现在具有关联关系的企业之间，而由于企业间的这种特殊关系，往往存在双方在达成管理意向时不签订协议、费用支出不合理等情况。税收立法对企业间的管理费用做出不得扣除的规定，主要是考虑为了避免企业利用与关联方之间的业务往来，滥用管理费名义，虚增费用，转移利润，从而达到避税的目的。对此，《企业所得税法》也有相应的规定，② 即企业与其关联方之间的业务往来，不符合独立交易原则③而减少企业或者其关联方应纳税收入或者所得额的，税务机关有权按照合理方法调整，而《企业所得税法实施条例》第 49 条规定，恰恰是对《企业所得税法》该原则的具体运用。

通过以上分析，可以理解税收立法上对管理费用做出扣除不同规定的用意，那么，是否独立企业间支付的这种"管理费用"就绝对不能扣除？税务总局对此规定进一步进行了明确，并提出了具体要求。

《国家税务总局关于母子公司间提供服务支付费用有关企业所得税处理问

---

① 关联企业，是指与其他企业之间存在直接或间接控制关系或重大影响关系的企业。

②《企业所得税法》第 41 条规定："企业与其关联方之间的业务往来，不符合独立交易原则而减少企业或者其关联方应纳税收入或者所得额的，税务机关有权按照合理方法调整。企业与其关联方共同开发、受让无形资产，或者共同提供、接受劳务发生的成本，在计算应纳税所得额时应当按照独立交易原则进行分摊。"

③ 独立交易原则，亦称"公平独立原则""公平交易原则""正常交易原则"等，是指完全独立的无关联关系的企业或个人，依据市场条件下所采用的计价标准或价格来处理其相互之间的收入和费用分配的原则。独立交易原则目前已被世界大多数国家接受和采纳，成为税务机关处理关联企业间收入和费用分配的指导原则。有学者认为，公允价值标准与独立交易原则是各国税法中普遍采用的两个价值评估标准，但两者的适用范围与适用条件有所不同。可以借用公允价值评估方法对转让定价交易进行独立交易原则测试，但两者的评估目的、分析方法存在显著的差异，在税收实践中可以相互借鉴，但不可完全相互替代。参见吴旭东、李时：《独立交易原则与公允价值标准在税收实践中的运用》，载《涉外税务》2013 年第 2 期。

题的通知》（国税发〔2008〕86 号，以下简称国税发〔2008〕86 号文件）对关联企业间费用扣除相关问题进行了明确：① 一是母公司向其子公司提供各项服务，双方应签订服务合同或协议，明确规定提供服务的内容、收费标准及金额等，此时子公司的该项支出可作为成本费用在税前扣除；二是母公司向其多个子公司提供同类项服务，其收取的服务费可以采取分项签订合同或协议收取，也可以采取服务分摊协议的方式，即，由母公司与各子公司签订服务费用分摊合同或协议，以母公司为其子公司提供服务所发生的实际费用并附加一定比例利润作为向子公司收取的总服务费，在各服务受益子公司之间按《企业所得税法》第 41 条第 2 款②规定合理分摊；三是双方的服务费用价格的确定应满足独立交易原则；四是子公司申报税前扣除向母公司支付的服务费用，应向主管税务机关提供与母公司签订的服务合同或者协议等与税前扣除该项费用相关的材料；③ 五是母公司以管理费形式向子公司提取费用，子

---

① 《国家税务总局关于母子公司间提供服务支付费用有关企业所得税处理问题的通知》规定：一、母公司为其子公司（以下简称子公司）提供各种服务而发生的费用，应按照独立企业之间公平交易原则确定服务的价格，作为企业正常的劳务费用进行税务处理。母子公司未按独立企业之间的业务往来收取价款的，税务机关有权予以调整。

二、母公司向其子公司提供各项服务，双方应签订服务合同或协议，明确规定提供服务的内容、收费标准及金额等，凡按上述合同或协议规定所发生的服务费，母公司应作为营业收入申报纳税；子公司作为成本费用在税前扣除。

三、母公司向其多个子公司提供同类项服务，其收取的服务费可以采取分项签订合同或协议收取；也可以采取服务分摊协议的方式，即，由母公司与各子公司签订服务费用分摊合同或协议，以母公司为其子公司提供服务所发生的实际费用并附加一定比例利润作为向子公司收取的总服务费，在各服务受益子公司（包括盈利企业、亏损企业和享受减免税企业）之间按《中华人民共和国企业所得税法》第四十一条第二款规定合理分摊。

四、母公司以管理费形式向子公司提取费用，子公司因此支付给母公司的管理费，不得在税前扣除。

五、子公司申报税前扣除向母公司支付的服务费用，应向主管税务机关提供与母公司签订的服务合同或者协议等与税前扣除该项费用相关的材料。不能提供相关材料的，支付的服务费用不得税前扣除。

② 《企业所得税法》第 41 条第 2 款规定："企业与其关联方共同开发、受让无形资产，或者共同提供、接受劳务发生的成本，在计算应纳税所得额时应当按照独立交易原则进行分摊。"

③ 由于现行企业所得税月（季）度预缴纳税申报办法中并无上述要求，因此，上述申报税前扣除须提供相关材料的规定应在年度汇算清缴申报时适用。

公司因此支付给母公司的管理费，不得在税前扣除。

从税务总局的该规定可以看出，关联企业间接受"管理"的相关费用若要在企业所得税应纳税所得额中扣除，需要同时满足以下条件：一是企业双方需明确签订详细的服务协议；二是双方确定的服务价格应满足独立交易原则；三是接受"管理"方应向税务机关提供与该扣除费用相关的合同等材料；四是该支出应作为成本费用在税前扣除，但不能以管理费用扣除。实际上，该规定仍然表明企业间的管理费用不能扣除，意在引导关联企业间通过正确的方式开展经济活动，规范关联企业交易行为。

本案中，某影视公司负责影片的投资、发行，为了方便拍摄工作，在其下设置了若干子公司为影片拍摄工作提供专业化服务，具体的拍摄工作主要由其子公司负责承办。某影视公司对其子公司的拍摄费用，以管理费的名义进行支付，没有签订相关服务合同，摄制组根据影片拍摄需求随时从投资方预设账户中提取拍摄费用，在税务处理上也未按照劳务费用进行处理，因此，按照税法上述规定，不能将该类管理费用进行所得税的税前扣除。

（二）企业所得税税前扣除的相关凭证问题

1. 权责发生制与合法有效凭据

《企业所得税法》第 8 条规定："企业实际发生的与取得收入有关的、合理的支出，包括成本、费用、税金、损失和其他支出，准予在计算应纳税所得额时扣除。"《企业所得税法实施条例》第 9 条规定："企业应纳税所得额的计算，以权责发生制为原则，属于当期的收入和费用，不论款项是否收付，均作为当期的收入和费用；不属于当期的收入和费用，即使款项已经在当期收付，均不作为当期的收入和费用。本条例和国务院财政、税务主管部门另有规定的除外。"结合这两条，只要不是"另有规定"，企业所得税的计算一律实行权责发生制，按照权责发生制产生的成本费用，无论款项是否实际支付，均可以在税前扣除。

同时，《税收征管法》第 19 条规定："纳税人、扣缴义务人按照有关法律、行政法规和国务院财政、税务主管部门的规定设置账簿，根据合法、有效凭证记账，进行核算。"《国家税务总局关于印发〈进一步加强税收征管若干具体措施〉的通知》（国税发〔2009〕114号）第六条规定："……未按规定取得的合法有效凭据不得在税前扣除。……"从这些规定可以看出，《企业所得税法》第8条规定的"实际发生"必须提供"合法有效凭据"要求。取得"合法有效凭据"是按照权责发生制实行税前扣除的前提。

2. 何谓税法中的"合法有效凭据"？

"合法有效凭据"，在会计上指能够用来证明经济业务事项发生、明确经济责任并据以登记账簿、具有法律效力的书面证明。具体到税收中，分为以下几类：（1）属于税务发票开具范围的，必须取得发票；（2）属于与国家机关、事业单位、军队、非营利的其他组织发生的业务往来，应取得其开具的"财政票据"或"中国人民解放军有偿服务收费专用票据"①；（3）属于发生的资产损失，税前扣除时必须取得具有法律效力的外部证据和特定事项的企

---

① 《财政票据管理办法》（财政部令第70号）第3条规定："本办法所称财政票据，是指由财政部门监（印）制、发放、管理，国家机关、事业单位、具有公共管理或者公共服务职能的社会团体及其他组织（以下简称'行政事业单位'）依法收取政府非税收入或者从事非营利性活动收取财物时，向公民、法人和其他组织开具的凭证。财政票据是财务收支和会计核算的原始凭证，是财政、审计等部门进行监督检查的重要依据。"第6条规定："财政票据的种类和适用范围如下：（一）非税收入类票据。1. 非税收入通用票据，是指行政事业单位依法收取政府非税收入时开具的通用凭证。2. 非税收入专用票据，是指特定的行政事业单位依法收取特定的政府非税收入时开具的专用凭证。主要包括行政事业性收费票据、政府性基金票据、国有资源（资产）收入票据、罚没票据等。3. 非税收入一般缴款书，是指实施政府非税收入收缴管理制度改革的行政事业单位收缴政府非税收入时开具的通用凭证。（二）结算类票据。资金往来结算票据，是指行政事业单位在发生暂收、代收和单位内部资金往来结算时开具的凭证。（三）其他财政票据。1. 公益事业捐赠票据，是指国家机关、公益性事业单位、公益性社会团体和其他公益性组织依法接受公益性捐赠时开具的凭证。2. 医疗收费票据，是指非营利医疗卫生机构从事医疗服务取得医疗收入时开具的凭证。3. 社会团体会费票据，是指依法成立的社会团体向会员收取会费时开具的凭证。4. 其他应当由财政部门管理的票据。"《军队票据管理规定》（后财字〔1999〕第81号）第2条规定："本规定所称票据，是指军队单位在业务往来结算、价拨装备、被装、物资、器材，提供服务等非经营性经济活动中，开具的收款凭证，是单位财务收支的法定凭证和会计核算的原始凭证。军队单位按照规定开具的收费票据，应当作为军队和地方付款单位的付款依据或报销凭证。"第6条规定："军队票据分为往来票据和收费票据。往来票据，包括收据和借据，只准用于往来性结算业务，不得作为报销凭证；收费票据，包括通用收费票据和专用收费票据，有关联次可以作为报销凭证。各级事业部门、仓库、医院，原使用的专用收款收据和各类装备、被装、物资、器材价拨单，因内部管理工作需要的，可继续保留，但不得作为报销凭证。价拨装备、被装、物资、器材时，应当按价出具统一收费票据，并附相应的价拨物资清单。"

业内部证据；（4）企业发生的支出，如果不需要或客观上无法取得上述票据的，应提供证明业务或事项确实已经实际发生的自制内部凭证作为"合法有效凭证"。自制内部凭证包括经济合同、收付款单据、收发货单据、工资表、材料成本核算表等。自制内部凭证关键要有合理性和真实性才允许税前扣除。

3. 未取得合法有效凭据的纳税调整

税法要求纳税人采购商品、提供劳务必须取得发票的目的在于加强对企业利润的监管，从而正确计算企业所得税应纳税额。但日常经营中，有很多企业业务往来并不规范，企业确有支出却未及时取得凭证，税务机关该如何处理？

《国家税务总局关于企业所得税若干问题的公告》（国家税务总局公告2011 年第 34 号）第 6 条规定："企业当年度实际发生的相关成本、费用，由于各种原因未能及时取得该成本、费用的有效凭证，企业在预缴季度所得税时，可暂按账面发生金额进行核算；但在汇算清缴时，应补充提供该成本、费用的有效凭证。"也就是说，企业在预缴税款时，如果没有凭据，可以暂时按实际发生金额进行成本费用的扣除，但汇算清缴时，则必须取得"合法有效凭据"，否则不允许在税前扣除，应作纳税调增处理。同时，《国家税务总局关于企业所得税应纳税所得额若干税务处理问题的公告》（国家税务总局公告 2012 年第 15 号 ）规定，①对企业发现以前年度实际发生的、按照税收规定应在企业所得税前扣除而未扣除或者少扣除的支出，企业做出专项申报及说明后，准予追补至该项目发生年度计算扣除，但追补确认期限不得超过 5 年。

---

① 《国家税务总局关于企业所得税应纳税所得额若干税务处理问题的公告》（国家税务总局公告 2012 年第 15 号 ）第六条规定："六、关于以前年度发生应扣未扣支出的税务处理问题。根据《中华人民共和国税收征收管理法》的有关规定，对企业发现以前年度实际发生的、按照税收规定应在企业所得税前扣除而未扣除或者少扣除的支出，企业做出专项申报及说明后，准予追补至该项目发生年度计算扣除，但追补确认期限不得超过 5 年。企业由于上述原因多缴的企业所得税税款，可以在追补确认年度企业所得税应纳税款中抵扣，不足抵扣的，可以向以后年度递延抵扣或申请退税。亏损企业追补确认以前年度未在企业所得税前扣除的支出，或盈利企业经过追补确认后出现亏损的，应首先调整该项支出所属年度的亏损额，然后再按照弥补亏损的原则计算以后年度多缴的企业所得税款，并按前款规定处理。"

综合以上规定，对于企业汇算清缴时未取得合法有效凭证的，相关成本费用不能在计算企业所得税应纳税所得额时扣除，但企业在 5 年内就相关成本取得合法有效凭证的，可以对其成本予以追补确认。本案中，影视公司未取得合法有效抵扣凭据，但在企业所得税汇算清缴时自行进行了抵扣，明显违反了税法的上述规定，应当予以纠正。

4. 发票不符合规定的处理

为加强发票管理，防止偷逃税款行为的发生，《税收征管法实施细则》《发票管理办法》《国家税务总局关于进一步加强普通发票管理工作的通知》（国税发〔2008〕80 号）和《国家税务总局关于加强企业所得税管理的意见》（国税发〔2008〕88 号）等规定都对发票的适用进行了规范，① 如果纳税人取得的发票不符合规定，均不得税前扣除或移作他用。即使纳税人能够证明不规范发票甚至是假票是善意取得，也只能说明自己的行为不是偷税，税务机关可以不对其实施相关的行政处罚或者移交公安机关，但依然不能在计算税款时进行税前扣除。

四、 案件处理

稽查局经过仔细核验，做出处理决定，因影视公司未按规定缴纳企业所得税，由该企业补缴企业所得税 5282972.06 元，同时加收滞纳金 1655631.44 元。相关税款和滞纳金已经全部执行完毕。

---

① 《税收征管法实施细则》第 29 条规定："纳税人的账簿、记账凭证、报表、完税凭证、发票、出口凭证以及其他有关涉税资料应当合法、真实、完整。"《发票管理办法》第 21 条规定："不符合规定的发票，不得作为财务报销凭证。"《国家税务总局关于进一步加强普通发票管理工作的通知》（国税发〔2008〕80 号）第 8 条第 2 款规定："落实管理和处罚规定。在日常检查中发现纳税人使用不符合规定发票特别是没有填付付款方全称的发票，不得允许纳税人用于税前扣除、抵扣税款、出口退税和财务报销。对应开不开发票、虚开发票、制售假发票、非法代开发票，以及非法取得发票等违法行为，应严格按照《中华人民共和国发票管理办法》的规定处罚；有偷逃骗税行为的，依照《中华人民共和国税收征收管理法》的有关规定处罚；情节严重触犯刑律的，移送司法机关依法处理。"《国家税务总局关于加强企业所得税管理的意见》（国税发〔2008〕88 号）第二条第 3 款规定："不符合规定的发票不得作为税前扣除凭据。"

五、 案件点评

（一） 正确理解和认识对企业所得税中管理费用的税务处理规定

通过本案的分析，能够清晰地看到企业所得税税收立法对管理费用处理的本意，一方面从保障国家税收利益角度，避免关联企业利用管理费用形式转移利润进行避税；另一方面，从切实维护企业的经济利益角度，引导企业通过正确的方式对企业间的经济往来支出在企业所得税上进行处理。税务机关应在税收工作中结合企业实际情况，认真分析，准确运用。

（二） 合法有效凭证对税务机关判断企业成本费用扣除标准具有现实意义

从税务实践中看，税务机关需要通过企业提供的合法有效凭证，来判断企业发生的相关成本、费用的真实性，合法有效凭证是税务机关核实企业所得税应纳税所得额的重要参考依据，体现了企业向税务机关提交合法有效凭证的必要性。从税收政策上看，我国税法考虑到企业实际情况，对合法有效凭证的税务处理做出了较为合理的规定，对企业所得税汇算清缴时未取得合法有效凭证的企业，相关成本费用虽然不能在计算企业所得税应纳税所得额时扣除，但企业在 5 年内能够取得合法有效凭证的，可以对其成本予以追补确认。但是，在现实中存在一定数量的企业善意取得不符合规定发票情况，这部分企业可能已经尽到了合理注意义务，主观上没有过错，且因客观原因大部分企业很难重新取得有效的发票，如果对未取得发票的企业一概不允许相应成本在企业所得税税前扣除将不尽合理。同时，有关司法机关在审判实践中，也对企业未取得合法有效凭证情况下税务处理方式的合理性予以了考量（详见注释）。① 对于企业善意取得的不符合规定的发票，如企业尽到了合理注意义务且主观上没有任何过错，由于客观原因而实在无法重新取得合法发票的，如能通过其他凭证证实相关支出真实发生且与生产经营有关，又符合有关税前扣除的标准，可以允许企业的该部分成本、费用在经税务机关备案后在企业所得税税前扣除，如此将更为合理。因此，建议有权机关在相关税收政策制定中，对企业所得税税前抵扣提供合法有效凭证的税务处理方式进一步完善。

---

① 未取得合法有效凭据相关司法判例的延伸评析：2011 年 9 月，金湖某铜业有限公司（以下称申请人）从凌源万运金属有限公司购进废铜，2011 年 9 月至 11 月，取得凌源万运金属有限公司提供的 27 份增值税专用发票，税额合计 3 095 936.62 元，2011 年向国税机关认证通过，并申报抵扣税款 3 095 936.62 元。所购废铜已在 2011 年全部进入生产成本，2011 年结转主营业务成本 17 880 058.83 元，2012 年结转主营业务成本 331 332.95 元。2013 年 10 月 14 日，辽宁省凌源市国家税务局稽查局确认上述 27 份增值税专用发票为虚开。2014 年 1 月 22 日，江苏省淮安市国家税务局稽查局（以下称被申请人）做出《税务处理决定书》（淮安国税稽处〔2014〕9 号），要求：第一，申请人补缴增值税 3 095 936.62 元；第二，补缴 2011 年企业所得税 3 312 940.63 元，补缴 2012 年企业所得税 145 813.43 元。做出处理决定后，申请人不服，向江苏省淮安市国家税务局（以下称复议机关）申请行政复议，请求撤销被申请人做出的《税务处理决定书》。复议机关维持了被申请人的决定。申请人不服，向江苏省淮安市清浦区人民法院提起诉讼，一审法院推翻了被申请人和复议机关的决定。被申请人不服，向江苏省淮安市中级人民法院上诉，二审法院维持了一审法院的判决。一审法院认为，被告认定涉案的 27 份增值税专用发票系虚开，原告善意取得，所购货物废铜已在 2011 年全部进入生产成本。国家税务总局对善意取得做明确规定，即"纳税人善意取得虚开的增值税专用发票指购货方与销售方存在真实交易，且购货方不知取得的增值税专用发票是以非法手段获得的。"被告对原告做出补缴增值税的处理，确认原告系善意取得虚开的增值税专用发票。但对原告相应取得收入有关的合理支出未作认定，属事实不清。善意取得的虚开增值税专用发票，税法明确规定不得作为增值税合法有效的扣税凭证抵扣其进项税额。但对 27 份增值税专用发票对应的企业所产生的成本等是否可以作为企业所得税前列支问题，税法没有做出明确规定。被告仅凭原告善意取得的 27 张虚开的增值税专用发票来调增原告的企业所得税，做出要求补缴企业所得税、加收滞纳金的处理决定，属于认定事实不清、法律依据不足，不予支持。二审法院认为，该 27 份增值税发票为案外人虚开，依法不得作为增值税合法有效的扣税凭证抵扣进项税额，但对企业所产生的成本等是否可以在所得税前列支没有规定，上诉人处理决定要求被上诉人补缴企业所得税并加收滞纳金的法律依据不足，原审依法予以撤销并无不当。淮安中院的判决提出了这样一个问题，相关税收法律、法规和规范性文件对善意取得虚开增值税专用发票对应的成本是否允许在企业所得税前扣除没有十分明确的规定。该法院的判决虽然在理论界和实务界均存在较大争议，但也说明了国家税务总局的相关文件并未对这个问题进行非常明确的规定。现实生活中，企业善意取得虚开的增值税专用发票的情形非常普遍，这些企业在主观上并无任何过错。在税收实务中，针对此种情况，对于企业在 5 年内又取得了合法有效的凭证，税务机关对其成本是予以认可的，可以对此进行追补退税，但实际上大部分企业是无法取得合法有效凭证的，一概不允许相应成本在企业所得税税前扣除的确有对该企业过于苛责之嫌。